新三板公司股权激励解决之道

马树立/著

法律出版社 | LAW PRESS

序

改革开放30多年来,我国经济社会发生了沧海桑田的变化,往昔岁月是一幅波澜壮阔的历史画卷。站在风口浪尖紧握日月旋转的中国人,意气风发,从未像此刻更接近实现民族复兴的伟大梦想。从主板到创业板,再到新三板,中国的多层次资本市场从无到有,创造过梦想,也经历过浮沉。

历史总在反复地验证,但历史并不会简单地重复,最新的故事总是在新兴市场中发生的。相对于海外几百年的成熟市场,中国的资本市场是一个年轻的新兴市场,虽然经历了各种坎坷,中国资本市场从出现的第一天起,就站在经济改革与发展的前沿,推动经济体制与社会资源配置方式的变革。我国资本市场的出现和发展,是中国经济从计划体制走向市场体制过程中非常重要的标志,随着市场经济体制的建立和完善,实体经济迫切需要金融领域的支撑,资本市场开始在国民经济中发挥重要的作用。

作为全国性证券交易场所,新三板定位于非上市公众公司发行和公开转让股份的市场平台,为公司提供股票交易、发行融资、并购重组等资本市场服务,为市场参与人提供信息、技术和培训服务。2013年12月以来,全国中小企业股份转让系统制定并完善了多项业务制度,基本的业务规则体系已经建成,挂牌企业数量逐渐上升,至此,中国资本市场形成三足鼎立的格局。新三板不设财务指标门槛,申请挂牌的股份公司可以尚未盈利,只要股权结构清晰、经营合法合规、公司治理健全、业务明确、履行信息披露义务并经主办券商推荐即可申请挂牌,这与主板市场酝酿已久的注册制改革相得益彰。

从我国战国时期的商鞅变法,到16世纪的欧洲文艺复兴,从民主法治的确立,到公司组织形式的普及,制度革新推动着人类社会进步,而制度革新的核心在于人。纵观世界历史,无论国家、社会组织、还是企业,要取得卓越的成就,都离不开人的力量。人类智慧的光辉,才是这一切繁荣的真正起源。而历史上的历次变革,都源于人们内心的呼唤:我们从哪里来?到哪里去?我们到底为谁而干?干完后所得如何分配?

西方国家在法学和经济学领域关于公司治理的研究曾取得卓越成就。1932年美国学者伯利和米恩斯合著的《现代公司与私有财产》首次提出"所有权与控制权"相分离的著名理论。1937年科斯发表《企业的性质》一文奠定了现代企业理论的基础,成为企业家理论探讨的里程碑。此后职业经理人对公司的管理行为成为理论界和实务界关注的焦点。正如任何制度均存在局限性一样,法律天生就具有滞后性和局限性,从其产生伊始就面临诸多需要补充、解释的新情况、新问题。为此,对已牢固树立权利义务观念的法学研究者而言,应该努力抛开既有思维定式,重回问题源头,以分析法学派的方法抛开自然法学家构造的法律"理想国"而重归现实世界。为了防范现代企业中职业经理人的道德风险,降低代理成本,使企业管理人员与股东长远利益趋于一致,股权激励应运而生。

无论是对于一个企业,还是一个民族,人才的重要性不言而喻。放眼现代社会,人们受到各种文化和价值观的冲击,公司里的人忙忙碌碌,却感到迷茫,没有归属感和认同感。人们面临各种压力,内心缺乏一种安全感和一份宁静。如果把国家比喻成一个公司,那么和股权激励最接近的激励措施就是"裂土封侯"。人力资本强调员工能力潜在的资本属性,可以在使用中增值,而不是像通常的资源那样会在使用中耗竭。人力资本的价值不是仅仅以员工个体的价值衡量,它的整体有机性常常是企业最可宝贵的财富。人力资本中最珍贵的部分是企业整体文化价值观和核心竞争力的积极映射,具有强烈的语境(context)依赖性,最难被竞争对手模仿。

中国已经进入工业化的后期,依靠人口红利和能源消耗、放任环境污染的粗放式发展方式渐渐走到尽头,淘汰落后产能,推动产业结构优化升级已经成为迫在眉睫的任务。经济新常态形势下,供给侧结构性改革成为监管层新的施政方向。在互联网经济如日中天,金融支撑性作用被强调的今天,我们不能忘记初心,高端制造业和强大的实体经济才是强国梦想的根本出路。

本书由十章构成,第一章简单介绍新三板的现状及未来,股权激励对于新三板公司的作用;第二章主要分析股权激励的理论基础;第三章讲解我国企业实施股权激励的相关法律规定,签订股权激励合同注意事项,股权激励的法律风险及防范;第四章介绍股权激励的几种典型模式;第五章分析实施股权激励的七大要素;第六章分析持股平台模式下的相关问题;第七章分析股权激励的会计处理和税务筹划问题;第八章按照流程讲述实务操作;第九章分析股权激励过程中可能存在的一些误区;第十章选取若干经典案例并详细剖析。

总想对您表白,我的心情是多么豪迈;总想对您倾诉,我对生活是多么热爱。付梓之际,仿佛完成了一件大事,此时的心境很平静,很恬淡。每一次的阅读和写作,总能把我的心境带入一片宁静的天空,那里有着我熟悉的欢声笑语。在喧嚣的现代社会,这种"采菊东篱下,悠然见南山"的境界,弥足珍贵。

感谢这些日子以来,亲人的付出,朋友的支持。感谢我的团队对我写作的鼎立协助,感谢恩师对我写作的鼓励!限于作者的水平和精力,本书难免存在纰漏之处,还请读者朋友批评指正,不吝赐教!

马树立

2016 年 3 月 16 日于金鸡湖畔

目录

第一章　新三板介绍

■第一节　新三板的现状及趋势

一、新三板的前世今生

20 世纪 70 年代末，改革开放的春风吹向中华大地，从那时起，一场持续的经济改革浪潮慢慢拉开帷幕。此后，中国的资本市场开始萌芽与发展。

相对于国外几百年的成熟市场，中国的资本市场是一个年轻的新兴市场，虽然经历了各种坎坷，中国资本市场从出现的第一天起，就站在经济改革与发展的前沿，推动了经济体制与社会资源配置方式的变革。我国资本市场的出现和发展，是中国经济从计划体制走向市场体制过程中非常重要的标志，随着市场经济体制的建立和完善，实体经济迫切需要金融领域的支撑，资本市场开始在国民经济中发挥重要的作用。

多层次资本市场，是为适应实体经济不同层次需求而逐步形成的市场体系。成熟市场国家在几百年的时间沉淀中，自发形成了多层次资本市场，而我国的多层次资本市场更多是在监管层顶层设计和学者推动等背景下逐步发展起来的。在资本市场上，具有不同规模大小的投资者和资金需求者，他们对市场金融服务的需求不同。长期以来，我国中小企业面临融资困难的问题，资本市场是大型企业的乐园，内在投融资需求不匹配的资本市场，极易导致非法金融交易活动的发生。新三板的出现正是构建我国多层次资本市场的重要一步，它是更接地气的基石。

新三板即全国中小企业股份转让系统，起源于 2001 年的“代办股份转让系统”。2001 年 6 月 12 日为解决“两网”系统及退市公司股票流通问题，中国证监会设立代办股份转让系统即“老三板”；2006 年 1 月 16 日中国证监会正式批准中关村科技园非上市股份公司进入代办转让系统进行股份报价转让试点；2012 年 7

月8日国务院批准设立全国中小企业股份转让系统即“新三板”;2012年9月20日全国中小企业股份转让系统有限责任公司成立;2013年1月16日全国中小企业股份转让系统揭牌;2013年12月13日国务院发布《关于全国中小企业股份转让系统有关问题的决定》(国发〔2013〕49号),明确指出,全国股份转让系统是经国务院批准,依据证券法设立的全国性证券交易场所;证监会就落实上述国务院决定有关事项答记者问时指出,全国股份转让系统是继沪深交易所之后第三家全国性证券交易场所,在场所性质和法律地位上,与证券交易所相同,都是多层次资本市场体系的重要组成部分。作为全国性证券交易场所,全国股份转让系统定位于非上市公众公司发行和公开转让股份的市场平台,为公司提供股票交易、发行融资、并购重组等资本市场服务,为市场参与人提供信息、技术和培训服务。2013年12月以来,全国中小企业股份转让系统制定并完善了多项业务制度,基本的业务规则体系已经建成,挂牌企业数量逐渐上升,至此,中国资本市场形成三足鼎立的格局。

2016年3月新三板挂牌公司数量突破6000家,正式超过沪深两市当时2800家上市公司的总和,创造这项记录,新三板用了不到三年时间。新三板挂牌的5000家企业覆盖了全国31个省市,总市值3万多亿元,总股本4000多亿元,涉及80多个不同行业。新三板已经形成以科技型、成长型、创新型中小微企业为主体的市场,其中中小微企业占比96%,民营企业占比97%,高新技术企业占比77%。

场外市场,亦称柜台交易,即OTC(Over The Counter Market),指各种在证券交易所外进行股票、债券等证券交易的场所。美国的纳斯达克(NASDAQ)是场外市场的典范,其在2006年获得美国证券交易委员会授予的证券交易所牌照。新三板被认为是“中国的纳斯达克”。从上市门槛看,新三板不设财务指标,采用备案制,更加包容与开放,让更多处于初创期的科技型企业能够借力资本市场。从制度设计来看,新三板借鉴了纳斯达克的做市商制度,通过引入做市商发现股票价值、增强流动性,新三板正在探索逐步建立内部分层、竞价交易、转板等制度。市场期望新三板发展成为下一个纳斯达克,新三板也在努力借鉴纳斯达克的成功经验,但更多是在有选择地借鉴,毕竟二者所处的发展阶段不同,新三板要在短时间内通过自上而下的制度安排,实现自我完善。

2015年7月29日经证监会批准,中国证券业协会发布《场外证券业务备案管理办法》(以下简称《办法》),于2015年9月1日正式实施。该《办法》第2条定义的“场外证券业务”将全国中小企业股份转让系统排除在外,这意味着新三板作为“非上市股份公司股权交易平台”的定位将逐渐成为历史,新三板会成为继上海证券交易所和深圳证券交易所之后,我国第三个全国性的证券交易所。虽然该《办法》由中国证券业协会制定,法律位阶较低,但我们从中不难看出监管层对新三板的预期。

2015 年 11 月 24 日全国中小股份转让系统召开新闻发布会，公布新三板分层意见征求方案。挂牌公司分层的总体思路为“多层次，分步走”。未来全国股转系统将由多个层级的市场组成，每一层级市场分别对应不同类型的公司。起步阶段将挂牌公司划分为创新层和基础层，随着市场的不断发展和成熟，再对相关层级进行优化和调整。参考境外成熟市场分层的指标和经验，全面分析全国股转系统挂牌公司的财务状况、交易状况和公司治理等情况，结合全国股转系统定位于服务“创新型、创业型、成长型”中小微企业的特点，设置三套并行标准，筛选出市场关注的不同类型公司进入创新层。基础层主要针对挂牌以来无交易或交易极其偶发且尚无融资记录的企业，还包括有交易或者融资记录但暂不满足创新层准入标准的企业。创新层公司优先进行制度创新的试点，基础层公司继续适用现有的制度安排。

标准一　净利润+净资产收益率

（1）最近两年连续盈利，且平均净利润不少于2000万元（净利润以扣除非经常性损益前后孰低者为计算依据）

（2）最近两年平均净资产收益率不低于10%（以扣除非经常性损益前后孰低者为计算依据）

标准二　营业收入复合增长率+营业收入+股本

（1）最近两年营业收入连续增长，且复合增长率不低于50%

（2）最近两年平均营业收入不低于4000万元

（3）股本不少于2000万元

标准三 市值+股东权益+做市商家数+投资者人数

（1）最近有成交60个做市转让日的平均市值不少于6亿元

（2）最近一年年末股东权益不少于5000万元

（3）做市商家数不少于6家

（4）合格投资者不少于50人

在达到上述任一标准的基础上，须满足最近12个月完成股票发行融资（包括申请挂牌同时发行股票），且融资额累计不低于1000万元；或者最近60个可转让日实际成交天数占可成交天数的比例不低于50%，并符合公司治理、公司运营规范性等共同标准。

为更好地支持中小微企业发展，发挥金融对经济结构调整和转型的支持作用，全国股份转让系统围绕企业特别是中小微企业成长过程中对资本市场的需求特点，建立了以信息披露为核心，最大限度地减少行政审批及充分体现市场化和包容创新精神的业务规则体系。新三板针对中小企业的特点和需求，制定了一系列特色鲜明的挂牌准入、发行融资、交易结算、并购重组和投资者适当性等制度规则。在挂牌准入方面，新三板不设财务指标门槛，申请挂牌的股份公司可以尚未盈利，只要股权机构清晰、经营合法合规、公司治理健全、业务明确、履行信息披露义务并经主办券商推荐即可；在交易规则方面，针对中小微企业股本规模较小、股权分散程度较低的现实特点，以及未来股本扩张、公允定价等需求，提供协议、做市和竞价三种交易方式；为有效防范风险外溢，放大市场创新空间，设立了较高的投资者适当性标准等。

表1-1　新三板挂牌与创业板、主板和中小板上市条件比较

标准	新三板	创业板	主板和中小板
股本	无要求	发行后总股本≥3000万元	发行前总股本≥3000万元；发行后总股本≥5000万元
资产	无要求	最近一期末净资产不少于2000万元，且不存在未弥补亏损	最近一期无形资产（扣除土地使用权、水面养殖权和采矿权等后）占净资产的比例不高于20%

续表

标准	新三板	创业板	主板和中小板
财务指标	1. 无硬性财务指标要求，亏损企业可挂牌（连续亏损且受产业限制的除外） 2. 业务明确，具有2年以上持续经营记录	最近2年连续盈利，最近2年净利润累计不少于1000万元；或者最近1年盈利，最近1年营业收入不少于5000万元。净利润以扣除非经常性损益前后低者为计算依据	1. 最近三年净利润为正数且累计超过3000万元 2. 最近三年经营活动现金流量净额累计 > 5000万元或最近三年营业收入累计 > 3亿元 3. 最近一年期末无形资产占净资产的比例 < 20% 4. 最近一期末无未弥补亏损
董事与高管	无特别要求	主要董事及高管最近2年内未发生重大变化	主要董事及高管最近3年内未发生重大变化
实际控制人	最近2年发生变化的，需解释原因，并说明公司是否具有持续经营能力	最近2年内未发生变更	最近3年内未发生变更
审核制度	全国中小企业股份转让系统有限责任公司审查	证监会核准	证监会核准

全国股份转让系统主要服务于创新型、创业型、成长型中小微企业，其挂牌企业与主板上市公司相比，呈现出“小而美”的特征。企业规模不大，处于成长早期，但具有自己的盈利模式，在某些细分领域占据领先地位，具有较高的成长潜力和广阔的发展前景。这类企业由于轻资产的特点，难以从银行类机构获得及时、充足的信贷资金支持，而沪深交易所较高的市场准入门槛，也让此类企业难以借力资本市场。新三板将此类企业作为主要服务对象，使资本市场支持实体经济的时间点前移，进而带动社会资本对创新体系的支持前移。可以说，新三板的出现，大大提升了资本市场容量，吸引各类金融资源聚集，真正实现围绕产业链部署创新链，围绕创新链完善资金链的创新驱动战略要求。

二、新三板的未来

作为新兴的资本市场，新三板为市场参与者带来了众多机遇。中小微企业能够以更低的成本借力资本市场，通过资本运作，快速发展壮大。投资者则面临更多投资机遇：挂牌公司中具有较强创新实力和较大成长空间的企业数量可观，为价值投资带来机会;挂牌公司行业分布广泛,投资者可以据此在行业层面进一步优化投资组合;将来挂牌公司并购重组会越来越活跃,这为投资者获得高溢价退出或者公司事件性利好带来机会;市场分层管理及不同层次市场间估值水平差异带来更多投资机会;挂牌公司申请首次公开发行或转板上市带来的投资溢价机会。新三板在推动券商回归投资银行本质、成为企业全方位解决方案提供商等方面发挥重要作用。券商可以通过业务整合,释放融资创新活力,并在此过程中实现转型升级和差异化发展。律师事务所、会计师事务所、资产评估机构等中介机构也可以在越来越多的挂牌上市、发行融资、并购重组等业务中找到自己的定位和收获。

当下投资者和挂牌企业对新三板分层、竞价交易、转板和退市等制度的落实有着各种期待,我们认为这些利好的政策终会实现,只待时机成熟。

当前,新三板分层管理被认为是最先落实的制度,因为竞价交易、转板和退市的前提都是需要合理甄别出质地不同的企业。新三板挂牌的企业中,从规模、经营能力、股票流动性上看,参差不齐。建立完善的分层制度能够更有针对性地强化对优质企业的培育,帮助投资者更好地决策,同时也为低层级企业提供宽松的融资环境。我们认为分层宜分步实施,可以先两层后三次,分层标准可采用财务指标、流动性指标等综合评价机制,并可以在分层后的高层次做市股票中,引入竞价因素。挂牌企业达到更高层级的标准,可以从内部通道上升到更高层级;如果达不到现有层级的持续挂牌标准,则可能面临降级;如果连最低层次的标准都达不到,就会面临退市的命运。

上文提到新三板被认定为场内市场,场内市场区别于场外市场一个重要的标志就是采取竞价交易。所谓竞价交易,是指在场内以连续方式自由竞价的交易模式,现在 A 股市场正常交易时段实行的就是这种交易模式。目前,新三板的交易方式主要有两种,即协议转让和做市转让。前者交易价格由买卖双方自行商定,但这种商定的交投价格很难反映股票的真正市场价值,也很难形成大规模交投。后者通过券商做市,即券商"喊价",虽然能够在一定程度上反映股票的市场价值,但是仍然难以吸引投资者大规模参与。目前,协议转让交易中一对一成交容易被操纵,常见的操纵方式即为同一控制人对倒交易,影响股票价格的正常形成。协议转让的特性容易引发操纵市场、内幕交易等行为,因而国外成熟市场较少采用这种交易方式。若竞价交易成功推出,新三板的交易将更加透明。新三板竞价交易目前还处于技术开发、相关配套规则制定阶段,相信,根据市场发展情况会在适当时候推出来。

新三板的转板制度是吸引众多企业申请挂牌的重要原因之一,转板制度如果实现,将在 IPO 之外开辟一条全新的通往主板的绿色通道,对上市公司壳资源的稀缺性产生重大冲击,这对于苦于排队等待审核的众多企业来说,无疑带来了福音。根据国务院《关于全国中小企业股份转让系统有关问题的决定》和中国证监会《非上市公众公司监督管理办法》的规定，新三板挂牌公司如果符合《证券法》规定的条件，在股份总数、股权分散程度、规范经营、信息披露真实等方面达到要求的前提下，可以直接向证券交易所申请上市交易。按照国务院于 2014 年 5 月发布的《关于进一步促进资本市场健康发展的若干意见》的精神，时任证监会主席肖刚曾公开表示，将在创业板建立单独层次，支持尚未盈利的互联网和高新技术企业在新三板挂牌一年后到创业板上市，这为市场对未来的转板制度充满了遐想。2015 年 12 月 23 日国务院总理李克强主持召开国务院常务会议，会议决定：……建立上海证券交易所战略新兴板，支持创新创业企业融资。完善相关法律规则，推动特殊股权结构类创业企业在境内上市。增加全国中小企业股份转让系统挂牌数量，研究推出向创业板试点。规范发展区域性股权市场，这意味了新三板公司转板通道已有政策支撑。

从法理上讲，退市追求的是程序上的正义，它着眼于成熟的市场体系、稳定的金融秩序和广大投资者的利益。退市制度作为我国资本市场制度建设的重要内容之一，需要在现有法律规则下，按照市场化的需要进行进一步探索。通过对质量差、不规范运作企业的降级乃至淘汰，退市与挂牌遥相呼应，构成市场健康发展的动态调整措施，能够保持市场的融资能力和投资价值。

目前，新三板已经取得了很好的成绩。不仅挂牌企业的数量有了明显的提升，融资规模也取得了很好的效果。截至 2016 年 1 月，新三板挂牌公司成交股数 200 多亿股，成交金额 2000 多亿元，已经超过创业板。新三板发展的成败关系到我国多层次资本市场体系建设的成败，新三板发展不好，我国资本市场就是不完整的。因为主板市场的企业数量有限，所以新三板关系到我国想要提高企业直接融资比例，提高直接融资覆盖面的比例成败的关键。虽然新三板正以市场化的姿态和广阔的胸怀接纳和包容申请挂牌企业，但不是什么企业都可以登陆新三板。目前，管理层已经开始强调挂牌企业的质量，一些标准已经开始明显细化，并趋于严格，如 2015 年 9 月 8 日，全国中小企业股份转让系统有限责任公司发布了《全国中小企业股份转让系统挂牌业务问答——关于挂牌条件适用若干问题的解答(一)》，其中明确规定申请挂牌主体全资、控股或通过其他方式纳入合并报表的子公司的审查标准与申请挂牌主体相同。如果申请挂牌企业子公司较多的话，申请挂牌的工作量将大大提高。此外，管理层正在研究逐步制定有关内核的程序及机制，把审核的程序前移，未来券商内核人员的工作将加重。针对流动性不足引起的担忧，管理层认为，市场的繁荣不在于投资者的投资规模和参与者数量的多少，而在于挂牌公司的质量。

随着新《证券法》出台时间的临近，中国的注册制即将在万众期待中来临。《证券法》修订草案明确了股票注册程序，取消股票发行审核委员会制度，规定公开发行股票并拟在证券交易所上市交易的,由证券交易所负责对注册文件的齐备性、一致性、可理解性进行审核,交易所出具同意意见的,应当向证券监督机构报送注册文件和审核意见,证券监督机构10日内没有提出异议的,注册生效。草案对发行人申请公开发行股票注册提出原则性要求,即发行人具有符合法律规定的组织机构;最近三年财务会计报告被出具无保留意见;发行人及其控股股东、实际控制人最近三年内没有犯罪记录。值得注意的是,为确保注册制改革的顺利推出,现阶段注册制改革的范围限定于股票,为此,修订草案规定股票发行实行注册制,维持债券及其他证券发行实行核准制。

2015年时任证监会主席肖刚在监管工作会议上,对注册制指出:“企业拥有发行股票筹集资本的天然权利,只要不违背国家利益和公众利益,企业能不能发行、何时发行、以什么价格发行,均应由企业和市场自主决定。”从审批制到核准制,再到注册制,我国股票发行核准制度的变化,体现了政府与市场关系的变化。注册制是体现市场化、法治化要求,在市场参与各方主体责任配置合理、责任分配到位的共管共担的综合性治理体系和治理机制。

注册制下,“上市资格”不再稀缺,大量中小企业、民营企业将获得与大型国企公平竞争的机会。全民创业、创新的热情会被激活,中国经济转型升级就有可能实现。在真正注册制下,由于股票供应量接近无限,股市的估值将大大降低,市场中绝大多数股票将维持8~15倍市盈率,只有极少数前景非常好的公司才能享受高估值。大量物美价廉股票的出现,将吸引中国老百姓重新配置自己的资产,楼市高估值的时代自然结束。资本市场将逐步成为未来中国最大的资金池。

A股要实现注册制,不可能只是靠条件设置来进行注册制改革,最好的方法就是用新三板进行过度。注册制推出对二级市场是利空,但对新三板是利好。因此,注册制的条件逐步成熟的情况下,新三板的机会再次显得尤为突出。我们认为A股未来会有很多机会,但是未来机会的起点应该从新三板开始。

历史总在反复地验证,但历史并不会简单地重复,最新的故事总是在新兴市场中发生。2016年的中央经济工作会议,提出了供给侧改革,其中一项就是发展股票市场。相信在不远的未来,作为股票市场一部分的新三板将成为我国真正意义上的第三家全国性证券交易所,以市场化的思维接纳更多企业和投资者,奠定我国多层次资本市场的坚固基础,让资本的盛宴惠及更多参与者!

第二节　新三板挂牌条件

新三板的挂牌条件主要参见《全国中小企业股份转让系统业务规则(试行)》

和《全国中小企业股份转让系统股票挂牌条件适用基本标准指引(试行)》等规定,以下结合上述文件对新三板挂牌条件进行分析。

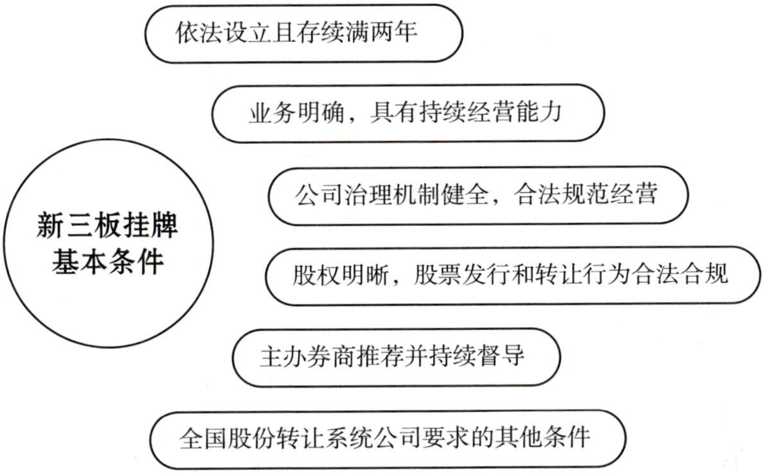

一、依法设立且存续满两年

(一)依法设立

依法设立,是指公司依据《公司法》等法律、法规及规章的规定向公司登记机关申请登记,并已取得《企业法人营业执照》。个人独资企业、合伙企业等非法人形态的企业,无法改制为有限公司或股份公司。

1. 公司设立的主体、程序合法合规。

(1)国有企业需提供相应的国有资产监督管理机构或国务院、地方政府授权的其他部门、机构关于国有股权设置的批复文件。

(2)外商投资企业须提供商务主管部门出具的设立批复文件。

(3)《公司法》修改(2006 年 1 月 1 日)前设立的股份公司,须取得国务院授权部门或者省级人民政府的批准文件。

实践中经常会遇到拟挂牌企业历史沿革中存在国有企业或含国有成分的投资机构进入或退出的情形,需要关注其进入和退出时是否履行了国有股权投资和退出的相关法定程序。进入时,要关注是否经有权部门履行决策程序,是否对目标公司进行评估、备案,是否需要国有资产监管部门批准等;增资时,是否改变国有股权的比例,如果改变,是否履行评估、备案等手续;退出时,是否履行评估、备案,是否在产权交易所交易,是否经过国有资产监管部门批准等。

2. 公司股东的出资合法合规,出资方式及比例应符合《公司法》相关规定。

(1)以实物、知识产权、土地使用权等非货币财产出资的,应当评估作价,核实财产,明确权属,财产权转移手续办理完毕。

无形资产出资要注意核查是否存在用职务发明进行出资,若存在,一般可通过减资程序予以规范,财务上将减掉的无形资产做专项处理,并将通过减资置换出来的无形资产赠予公司,但此时,该等无形资产研发费用不能计提。

(2)以国有资产出资的,应遵守有关国有资产评估的规定。

(3)公司注册资本缴足,不存在出资不实情形。

(4)股东以未分配利润转增股本的,公司应当代缴代扣个人所得税。若未代缴个人所得税,应采取相关防范措施应对可能发生的追缴税费风险。

(二)存续满两年

存续满两年是指存续两个完整的会计年度。根据《会计法》(1999 年修订),会计年度自公历 1 月 1 日起至 12 月 31 日止。因此两个完整的会计年度实际上指的是两个完整的年度。

存续满两年,从股份公司设立起计算。有限责任公司按原账面净资产值折股整体变更为股份有限公司的,存续时间可以从有限责任公司成立之日起计算。整体变更不应改变历史成本计价原则,不应根据资产评估结果进行账务调整,应以改制基准日经审计的净资产额为依据折合为股份有限公司股本。申报财务报表最近一期截止日不得早于改制基准日。实践中应当注意,财务报表的有效期是 6 个月,股转系统要求申报企业至少给其留出 2 个月审核时间,因此企业申报时距其最近一期财务报表有效期截止日不能少于 2 个月,否则股转系统会直接要求企业加审。

实践中,多采用有限公司以净资产折股整体变更为股份公司的股改方式,此时股东出资应当全部缴足,即实收资本等于注册资本。另外,根据《公司法》规定,有限公司变更为股份公司,折合的股本总额不能高于公司净资产值,如果审计后的净资产低于实收资本,可以通过减资、溢价增资、赠予等方式解决。

二、业务明确,具有持续经营能力

(一)业务明确

业务明确,是指公司能够明确、具体地阐述其经营的业务、产品或服务、用途及其商业模式等信息。

公司可同时经营一种或多种业务,每种业务应具有相应的关键资源要素,该要素组成应具有投入、处理和产出能力,能够与商业合同、收入或成本费用等相匹配。公司业务如需主管部门审批,应取得相应的资质、许可或特许经营权等。公司业务须遵守法律、行政法规和规章的规定,符合国家产业政策以及环保、质量、安全等要求。

(二)具有持续经营能力

持续经营能力,是指公司基于报告期内的生产经营状况,在可预见的将来,有能力按照既定目标持续经营下去。公司业务在报告期内应有持续的营运记录,不应仅存在偶发性交易或事项。营运记录包括现金流量、营业收入、交易客户、研发费用支出等。

公司应按照《企业会计准则》的规定编制并披露报告期内的财务报表,公司不存在《中国注册会计师审计准则第 1324 号——持续经营》中列举的影响其持续经营能力的相关事项,并由具有证券期货相关业务资格的会计师事务所出具标准无保留意见的审计报告。

财务报表被出具带强调事项段的无保留审计意见的,应全文披露审计报告正文以及董事会、监事会和注册会计师对强调事项的详细说明,并披露董事会和监事会对审计报告涉及事项的处理情况,说明该事项对公司的影响是否重大、影响是否已经消除、违反公允性的事项是否已予纠正。

公司不存在依据《公司法》第 180 条规定的解散情形,或法院依法受理重整、和解或者破产申请。

三、公司治理机制健全,合法规范经营

(一)治理机制健全

公司治理机制健全,是指公司按规定建立股东大会、董事会、监事会和高级管理层(以下简称“三会一层”)组成的现代公司治理架构,制定“三会议事规则”、《关联交易管理制度》、《对外担保管理制度》等公司治理和内控制度,并能有效遵守和运行。

公司依法建立“三会一层”,并按照《公司法》、《非上市公众公司监督管理办法》及《非上市公众公司监管指引第 3 号——章程必备条款》等规定建立公司治理制度。

公司“三会一层”应按照公司治理制度进行规范运作。在报告期内的有限公司阶段应遵守《公司法》的相关规定。公司董事会应对报告期内公司治理机制执行情况进行讨论、评估。

由于申请在新三板挂牌的多为中小民营企业,家族企业不在少数,股改时可

以考虑引进管理层或外部董事,还可以适时引入独立董事,以更好地规范企业沿着现代企业的管理模式运作。

(二)合法规范经营

合法规范经营,是指公司及其控股股东、实际控制人、董事、监事、高级管理人员须依法开展经营活动,经营行为合法、合规,不存在重大违法违规行为。

公司的重大违法违规行为是指公司、控股股东、实际控制人最近24个月内因违反国家法律、行政法规、规章,受到刑事处罚或适用重大违法违规情形的行政处罚。

重大违法违规情形是指,凡被行政处罚的实施机关给予没收违法所得、没收非法财物以上行政处罚的行为,属于重大违法违规情形,但处罚机关依法认定不属于的除外;被行政处罚的实施机关给予罚款的行为,除主办券商和律师能依法合理说明或处罚机关认定该行为不属于重大违法违规行为的外,都视为重大违法违规情形。

公司最近24个月内不存在涉嫌犯罪被司法机关立案侦查,尚未有明确结论意见的情形。

控股股东、实际控制人合法合规,最近24个月内不存在涉及以下情形的重大违法违规行为:(1)控股股东、实际控制人受刑事处罚;(2)受到与公司规范经营相关的行政处罚,且情节严重;情节严重的界定参照前述规定;(3)涉嫌犯罪被司法机关立案侦查,尚未有明确结论意见。

现任董事、监事和高级管理人员应具备和遵守《公司法》规定的任职资格和义务,不应存在最近24个月内受到中国证监会行政处罚或者被采取证券市场禁入措施的情形。

公司报告期内不应存在股东包括控股股东、实际控制人及其关联方占用公司资金、资产或其他资源的情形。如有,应在申请挂牌前予以归还或规范。

公司应设有独立财务部门进行独立的财务会计核算,相关会计政策能如实反映企业财务状况、经营成果和现金流量。

四、股权明晰,股票发行和转让行为合法合规

(一)股权明晰

股权明晰,是指公司的股权结构清晰,权属分明,真实确定,合法合规,股东特别是控股股东、实际控制人及其关联股东或实际支配的股东持有公司的股份不存在权属争议或潜在纠纷。

公司的股东不存在国家法律、法规、规章及规范性文件规定不适宜担任股东的情形。申请挂牌前存在国有股权转让的情形,应遵守国资管理相关规定。申请挂牌前外商投资企业的股权转让应遵守商务部门的规定。

实践中股权不明晰的情况主要有,股权代持、历史上存在职工持股会、集体企业改制程序不全、股权质押、股权转让纠纷等。中介机构应当向股东说明诚信在资本市场的重要性,向股东充分了解股权是否存在潜在纠纷,并提出股权还原的解决方案。

(二)股票发行和转让行为合法合规

股票发行和转让合法合规,是指公司的股票发行和转让依法履行必要内部决议、外部审批(如有)程序,股票转让须符合限售的规定。

公司股票发行和转让行为合法合规,不存在下列情形:(1)最近36个月内未经法定机关核准,擅自公开或者变相公开发行过证券;(2)违法行为虽然发生在36个月前,目前仍处于持续状态,但《非上市公众公司监督管理办法》实施前形成的股东超200人的股份有限公司经中国证监会确认的除外。

公司股票限售安排应符合《公司法》和《全国中小企业股份转让系统业务规则(试行)》的有关规定。在区域股权市场及其他交易市场进行权益转让的公司,申请股票在全国股份转让系统挂牌前的发行和转让等行为应合法合规。公司的控股子公司或纳入合并报表的其他企业的发行和转让行为需符合《全国中小企业股份转让系统股票挂牌条件适用基本标准指引(试行)》的规定。

五、主办券商推荐并持续督导

公司须经主办券商推荐,双方签署《推荐挂牌并持续督导协议》;主办券商应完成尽职调查和内核程序,对公司是否符合挂牌条件发表独立意见,并出具推荐报告。

六、全国股份转让系统公司要求的其他条件

此项条件没有在法律法规中明确提出,实践中由股转系统把握,可参照IPO的一些条件适用,主要涉及公司及行业前景、公司独立性、关联交易与同业竞争、资质与许可、环境保护与产品质量技术标准、劳动用工、重大诉讼等问题。2015年6月26日全国股份转让系统公司发布了《挂牌审查一般问题内核参考要点(试行)》,对申请挂牌公司一般问题的反馈意见进行了标准化整理。2015年9月8日全国股份转让系统公司发布了《全国中小企业股份转让系统挂牌业务问答——关于挂牌条件适用若干问题的解答(一)》对相关要求进行了细化。

第三节 新三板的功能

企业在新三板挂牌，意味着企业从私人公司转变为公众公司，必须面对公司经营和财务信息公开、规范运营成本增加、大股东控制权减弱等现实问题。但资本市场带来的利好是远远大于其弊端的，中小企业登陆新三板，是企业成长过程中的一座里程碑，对企业意义深远。

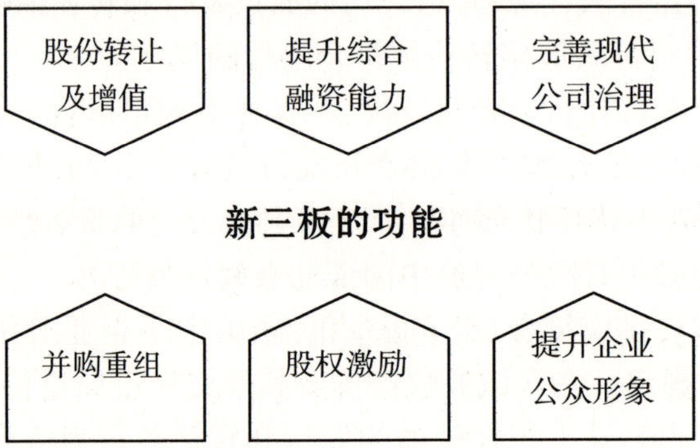

一、实现股份转让和增值

普通公司估值方式较为单一，通常以净资产为基础估算，不能体现出企业发展潜力。资本市场更看重的是企业未来的成长性而非过往表现。新三板是非上市公众公司股票公开转让的交易场所，挂牌公司股票可以依法自由转让，提高了企业股份的流动性。随着做市商制度的完善，竞价交易机制的逐步引入，这种流动性会不断增强，股票的价值也会在二级市场被充分挖掘，使股东更多地享受到企业高成长带来的估值提升，从而达到财富增值的理想效果。

相比于上市公司股份转让的限制，新三板公司股份转让相对宽松，除了同样要遵守《公司法》关于发起人、董事、监事、高管人员股份转让的限制之外，新三板公司控股股东及实际控制人在挂牌前直接或间接持有的股票在挂牌之日、挂牌满1年和2年之日，分别解限售1/3。而其他股东转让股份不受限制，在挂牌之日可一次性全部转让。新三板的出现，为VC和PE开辟了一条新的退出通道，越来越多的股权投资机构参与到新三板企业的股权投资，他们的加入有利于发现挂牌公司股份价格、提高新三板的流动性。

二、提高综合融资能力

融资困难是我国中小企业长期面临的主要问题之一，银行出于控制风险考虑，多将贷款提供给信用良好的国有企业、大型企业。挂牌公司可以根据自身需要，在挂牌同时发行股票，或挂牌后通过发行股票、债券、优先股等多元产品进行融资。新三板设置了快速融资豁免和储架发行制度，对于向特定对象发行股票后股东累计不超过200人的，豁免向中国证监会申请核准，还可以申请一次核准，分期发行。这些举措符合中小企业的经营特点，提升了企业融资速度与资金使用效率。

根据2013年11月30日国务院发布的《关于开展优先股试点的指导意见》（国发〔2013〕46号），非上市公众公司可以非公开发行优先股，这意味着将来新三板企业可以通过发行优先股拓宽融资渠道，获得更多私募股权投资机构的投资。

在债权融资方面，新三板公司可以发行公司债、可转换债、中小企业私募债等。企业挂牌后，信用提升，可以更低成本获得银行贷款，另外由于公司股权估值显著提升，银行看到企业股权的市场化价值，更乐于为企业提供股份质押贷款等授信业务。由此，新三板公司获得多元的融资渠道，综合融资能力显著提高。

三、完善现代公司治理

申请在新三板挂牌的多为处于初创期、成长期的中小企业，其中家族企业不在少数，许多公司尚未建立完善的现代企业管理架构和运行管理机制。在筹备新三板挂牌过程中，申请挂牌企业在主办券商、律师事务所、会计师事务所等专业机构的辅导下，会逐步建立起现代企业的组织机制，实现所有权与经营权分离，形成有效的制衡机制和信息披露制度，提高企业经营管理水平。

企业登陆新三板后，需要根据股转系统的要求继续规范经营管理，完善关联交易管理制度、对外担保管理制度、对外投资管理制度等内控制度，并按规定履行持续信息披露义务。在专业机构的建议下，企业在经营方向、资本运作等战略层面会有新的领悟。战略投资者的加入，也会给企业带来管理、技术、销售等方面的支持。经过几轮蜕变，新三板公司在战略决策、股权结构、内部管理、财务体系等方面都会得到质的提升和全面优化。

四、进行并购重组

资本市场平台的并购重组是优化资源配置、推动产业结构调整与升级的重要战略途径。新三板公司通常处于细分行业领先地位，增长潜力大，发展过程中主动整合产业链上下游企业，以及被上市公司等收购的情况时有发生。证监会已出台《非上市公众公司收购管理办法》及《非上市公众公司重大资产重组管理办法》，减少事前行政审批事项，突出企业自治，降低并购重组成本。挂牌企业可借助市场平台进行产业整合，实现强强联合、优势互补的乘法效应。

五、实施股权激励

人才对于创新创业型中小微企业尤为重要，股权激励是吸引和留住人才的重要手段。挂牌公司股权有了公允的市场定价和顺畅的进出通道，便于实施股权激励。新三板支持挂牌公司以期权、限制性股票等多种方式灵活实行股权激励计划。企业可以灵活选择股权激励方式，只要履行信息披露义务即可。

六、提升企业公众形象

企业跻身新三板，成为公众公司，由此获得更多关注与机遇。我们知道，上市公司壳资源非常宝贵，不仅因为上市门槛高、企业要为此付出巨大努力，还因为在我国“身份”本身就是一种资源，拥有了某种身份就意味着你比别人拥有更多机会。新三板公司的身份，同样非常宝贵，它是一笔无形的财富，能够提升公司信用和声誉，更好地获得市场的认可。新三板公司的身份，能给企业带来广告宣传效应，树立品牌形象，扩大知名度和影响力，赢得供应商和客户的信赖，获得更多的政府支持，这些都有利于公司进一步的业务拓展、产品推广、商业合作、人才引进等。

另外，企业一旦打开资本市场的大门，潜在的投资或并购机遇会纷至沓来，企业就可以借助资本的力量走上快速扩张的道路。

七、降低直接上市的成本

过去，企业想在主板上市只有 IPO 和借壳两个途径，大量企业为此付出巨额成本，并苦于 IPO 的漫长排队等待。前已述及，符合条件的新三板挂牌企业如果要在沪深交易所上市可以直接向交易所提出申请，这为众多中小企业实现登陆 A 股的资本梦想开通了一条绿色通道。通过主办券商的持续督导，企业对资本市场的运作规则和法律法规逐渐了解，并有意识地沿着规范的轨道运行，为日后的上市提前做好准备。此外公司提前成为公众公司，进入公众视野，可以降低直接 IPO 前需要花费的媒体公关成本。

■第四节 股权激励对新三板公司的作用

股权激励，就是让员工通过某种形式获得公司的股权，享有一定的经济权利，能够以股东身份参与企业决策、分享利润、承担风险，从而勤勉尽职地为公司长期效力的一种激励机制。随着中国经济的发展，中国企业越来越多地学习西方企业引入股权激励机制，股权激励亦不是上市公司的专利，新三板企业等初创型、科技型中小企业迫切需要借助股权激励优化薪酬结构、提升企业活力。新三板公司进行股权激励，具有以下意义：

一、战略布局

在漫长的历史长河中，人类创造了辉煌的成就。从秦始皇统一六国到拿破仑建立法兰西第一帝国，从战国的百家争鸣到民国的人文荟萃，从中国明清时期兴盛的商帮到现代公司制度的建立，从古罗马到文艺复兴后的意大利城邦，从大航海时代的欧洲到全球化时代的今天，人类文明仿佛灿烂的繁星，散落在无尽的时空和浩瀚的宇宙中。纵观世界历史，无论国家、社会组织，还是企业，要取得卓越的成就，都离不开人的力量，人类智慧的光辉，才是这一切繁荣的真正起源。而历史上的历次变革，都源于人们内心的呼唤：我们从哪里来？到哪里去？我们到底为谁而干？干完后所得如何分配？

东汉末年的三国，是一个大动荡的时代。以曹操、刘备、孙权为代表的魏、蜀、吴三家，为争夺全国的统治权，展开了一场又一场生死大搏斗。“若建非常之功，必待非常之人”。三国的创立者，都知道人才对他们功业的极端重要。他们在争夺人才中争天下，在争夺天下中争人才。因此从一定意义上说，三国的纵横捭阖、军事较量，是一场争夺人才的大战。“盛衰之理，虽曰天命，岂非人事哉！”

曹操前期的五位重要谋士——荀彧、荀攸、程昱、郭嘉、贾诩，都是主动投奔曹操的，其中有四个人来自曹操的对手的阵营，郭嘉和荀彧是从袁绍那里投奔曹操的。郭嘉临走的时候跟袁绍的谋士说了一番话，这番话很重要，郭嘉是这么说的，他说：“夫智者审于量主，故百举百全，而功名可立也。袁公徒效周公之下士，而未知用人之机，多端寡要，好谋无决，欲与共济天下大难，定霸王之业，难矣。”

郭嘉的这段话有三层意思：第一层意思，就是一个智慧的人，尤其是一个准备做谋士的人，要能够善于为自己选择一个好老板。你要是老板选错了，那你这一肚子的学问、知识、谋略，就没有用武之地；如果你老板选对了，那你就可以功成名就。第二层意思，袁绍不是一个好老板，为什么呢？袁公徒效周公之下士，那么周公是如何下士的呢,“一沐三握发,一饭三吐哺”,就是说他正在洗头,突然有人通报说有一个人才来了,马上停止洗头,把头发抓住去接见。正在吃饭的时候,有人通报说人才求见,马上把嘴巴里的饭吐出来,然后出去接见。洗一次头他三握发,吃一餐饭他三吐哺,他非常尊重人才,求贤若渴。郭嘉说,这个样子袁绍是学会了,但是没有学到周公的精髓,所以袁绍的礼贤下士是靠不住的,何况袁绍本人还有一些什么毛病,所以袁绍不是好老板。还有第三层意思,郭嘉没有明说,我们可以猜出来,那就是曹操是个好老板。

由此我们可以看出,在谋士郭嘉的眼里,曹操才是一个能够成就大事的人,所以他才毅然决然地离开袁绍投奔曹操。也就是说,人才都是择贤主而归附的,因为人才只有在一个好老板手底下才会实现自己最大的人生价值。

建安十三年(公元208年),曹操平定了北方割据势力,控制了朝政。他又亲率百万雄师,饮马长江,准备渡江消灭孙权和刘备,进而统一全中国。冬十一月十五日,天气晴朗,风平浪静,曹操下令:“今晚在大船上摆酒设乐,款待众将。”是夜,明月皎洁,长江宛如横飘的一条素带。再看船上众将,个个锦衣绣袄,好不威风。曹操告诉众将官:“我自起兵以来,为国除害,扫平四海,使天下太平。现在只有南方我还没得到,今天请你们来,为我统一中国同心协力,日后天下太平,我们共享荣华富贵。”文武们都站起来道谢,曹操非常高兴,先以酒奠长江,随后满饮三大杯。酒酣,操取槊(长矛)立于船头,并横槊告诉众将说:我拿此槊破黄巾,擒吕布、灭袁术、收袁绍,深入塞北,直达辽东,纵横天下,颇不负大丈夫之志,在这良辰美景,我作歌,你们跟着和。接着,他慷慨而歌:

对酒当歌,人生几何?譬如朝露,去日苦多。
慨当以慷,忧思难忘。何以解忧,唯有杜康。
青青子衿,悠悠我心。但为君故,沉吟至今。
呦呦鹿鸣,食野之苹。我有嘉宾,鼓瑟吹笙。
明明如月,何时可掇。忧从中来,不可断绝。
越陌度阡,枉用相存。契阔谈宴,心念旧恩。
月明星稀,乌鹊南飞。绕树三匝,何枝可依?
山不厌高,海不厌深。周公吐哺,天下归心。

凡能成大事者,多为真性情。这首著名的《短歌行》,以乐府古提创作,通过宴会歌唱形式表达,内容深厚,庄重典雅,感情充沛,巧妙地运用比兴手法,寓理于情,将政治思想熔铸在浓郁的抒情意境中,以沉稳顿挫的笔调抒写了诗人求贤若渴的思想和统一天下的雄心壮志。“对酒当歌,人生几何。譬如朝露,去日苦多。”人生是很短的,我们应该利用这短暂的人生干出一番轰轰烈烈的事业来,因此需要有大量的人才、朋友来帮助我。所以他的用人之道是站在这样一个对宇宙、人生的哲学思考的高度产生出来的,绝非一般意义上的用人之道。

"吾任天下之智力，以道御之，无所不可。"——《三国志·武帝纪》。曹操是我国历史上著名的战略家、政治家、军事家和文学家，建安十五年、十九年、二十二年，他依次发出了具有划时代意义的《求贤令》、《敕有司取士毋废偏短令》、《举贤勿拘品行令》，突出了人才的重要性，充分显现了他知人善任，重视群体智慧、虚心纳谏的广阔胸怀。

商场如战场，古往今来，成就大业者，没有哪一个人是凭一己之力完成的。企业家要让自己成为优秀的领导者，要有长远的眼光，宽广的胸怀，深谋远虑地战略布局，然后广纳贤才，为我所用。企业家不能事无巨细自己一人干。

"互联网+"、"工业4.0"、"大数据"一系列新概念的提出，让企业管理层目不暇接。如何在技术迅速发展的时代，让"人"这个最关键的生产要素发挥最大价值，帮助企业立于不败之地？

经营管理的高度专业化和复杂化，使得管理者的管理经验、管理能力、管理秩序与方法，以及各种技能与公司的运营密不可分，如果将这些人力资本从现代企业中分离出去，只让一般劳动力在现代企业中劳动，现代企业就一定会瘫痪。这就说明仅靠货币资本而没有人力资本，现代企业就无法经营，人力资本与货币资本一样是现代企业不可或缺的最基本的生产要素。货币所有者在企业分配中享有剩余索取权，人力资本所有者也应当享有相当的剩余索取权，只有这样才能符合市场经济规律。如果人力资本的投入没有及时地获得承认，人力资本所有者便会采取投机行为。

企业要在激烈竞争的市场中处于不败之地，就要保持足够的战斗力，要在战略层面就比别人想得远，要有足够的资本迎接挑战。21世纪什么最贵？人才！在这个不缺钱的年代，人力资本的价值已经超过金融资本，成为最稀缺资源。好的人力资本，是不能用金钱来衡量的，因为好的人力资本蕴藏着不可估量的潜力，能把好的人力资本恰当地运用到企业的发展当中，企业的未来就有无限的可能，甚至整个民族的未来都有可能改变。

从企业的角度看，在市场日趋国际化和充满不确定性的今天，企业面对的情况非常严峻：竞技场上的常速、常规跑道已经过于拥挤，"尽力地跑"常常并不能保证企业能够保持现有地位。如不能及时更换发展策略，很可能会被挤出比赛。企业家需要在战略层面，做一次自上而下的整体性规划，考虑将长效机制引入公司，而人力资本的运用无疑在现代公司战略中处于核心地位。

着眼于长期发展的企业应该把打造人力资本作为自己发展战略中的重中之重，而股权激励自其诞生那一天起，就承载着企业家通过巧用贤能让企业发展壮大的梦想。

二、留住人才

千军易得，良将难求。古往今来，有无数君王渴望得到人才，但不是每一个创业者都能得到苏秦、张仪、张良、韩信这样经天纬地之才的辅佐。其实，员工追随的不是老板，而是他内心的梦想，除非你是他梦想的化身，否则早晚会离开你。

公元前196年，淮南王英布起兵反汉。由于其英勇善战，军势甚盛，刘邦不得不亲自出征。他很快击败了英布，最后其部将将英布杀死。在得胜还军途中，刘邦顺路回了一次自己的故乡沛县，把昔日的朋友、尊长、晚辈都邀来，共同欢饮数十日。一日酒酣，刘邦一面击筑，一面唱着一首自己即兴创作的《大风歌》；而且还慷慨起舞，伤怀泣下。席间由一百多人歌唱助兴，刘邦击筑伴奏，气氛极为热烈，和大家一起饮酒，在宴席上他唱道：

大风起兮云飞扬，

威加海内兮归故乡，

安得猛士兮守四方！

这首诗充满着一种王霸之气，前两句直抒胸臆，雄豪自放，最后一句却也抒发了作者内心对国家尚不安定的担心和惆怅。

假如说项羽的《垓下歌》表现了失败者的悲哀，那么《大风歌》就显示了胜利者的悲哀。而作为这两种悲哀的纽带，则是对于人的渺小的感伤。

作为皇帝，要保住天下，必须有猛士为他守卫四方，但世上有没有这样的猛士？如果有，他能否找到他们并使之为自己服务？这就并非完全取决于他自己了。第三句，安得猛士兮守四方，这最后一句比照上一句，都是直抒胸臆，写他的心情与思想，但这最后一句，刘邦没有继续沉浸在胜利后的巨大喜悦与光环之中，而是笔锋一转，写出内心又将面临的另一种巨大的压力。打江山难，守江山更难！居安思危，如何让自己与将士们辛劳打下的江山基业，不在日后他人觊觎中得而复失，回到故里后，去哪里挑选出更加精良的勇士来巩固自己的大好河山，使大汉江山固若金汤？所以，第三句的“安得猛士兮守四方”，既是希冀，又是疑问。他是希望做到这一点的，但真的做得到吗？他自己却无从回答。可以说，他对于是否找得到捍卫四方的猛士，也即自己的天下是否守得住，不但毫无把握，而且深感忧虑和不安。也正因此，这首歌的前两句虽显得踌躇满志，第三句却突然透露出前途未卜的焦灼和恐惧。假如说，作为失败者的项羽曾经悲慨于人定无法胜天，那么，在胜利者刘邦的这首歌中也响彻着类似的悲音，这就难怪他在配合着歌唱而舞蹈时，要“慷慨伤怀，泣数行下”。

刘邦作为汉朝开国皇帝，是中国历史上杰出的政治家、卓越的战略家和指挥家。同时他也是汉民族和汉文化伟大的开拓者、对汉族的发展、华夏文明的延续，以及中国的统一和强大作出了突出贡献。出生卑微的刘邦，能够战胜不可一世的项羽，在很大程度上得益于他虚怀纳谏、巧用贤能，若没有萧何、张良、韩信这些人才的尽心辅佐，他很难成就如此霸业。“成也萧何败也萧何”、“萧何月下追韩信”这样的典故很多，我们的祖先在很早以前就明白了人才对于成就事业的重要性。

从两河流域的神庙银行，到古埃及的奴隶制工场；从丝绸之路上栉风沐雨的阿拉伯商队，到北欧繁忙的行会、作坊，几千年来，世界上有过各种各样的商业组织，如今，它们当中的绝大多数都已被湮没在历史厚重的尘埃里。得益于现代国家和民主制度的建立，人的创造力从旧制度中解放出来，而后所有权观念和契约精神强化，再后来公司将资本和人力巧妙聚集起来，人类社会进入空前的繁盛期。

如果把国家比喻成一个公司，那么和股权激励最接近的激励措施就是“裂土封侯”。因为，股权激励兼具物质激励和非物质激励的双重属性，不但是对公司所有权的物质分配，共享公司价值，还意味着激励对象成为公司的主人，极大地提升激励对象的归属感和荣誉感。由此可见，刘邦是运用股权激励的高手，正是如此，他才能够起于微末，建立中华民族的第一品牌“汉”，家族垄断300年，其品牌影响力传袭至今。

前已述及，人力资本是现代社会中最宝贵的资源。人力资本强调员工能力潜在的资本属性，可以在使用中增值，而不是像通常的资源那样会在使用中耗竭。人力资本的价值不是仅仅以员工个体的价值来衡量，它的整体有机性常常是企业最宝贵的财富。人力资本中最珍贵的部分是企业整体文化价值观和核心竞争力的积极映射，具有强烈的语境(context)依赖性，最难被竞争对手模仿。

那么企业家怎样才能留住人才，为我所用呢？你要人家死心塌地跟你创业，你就要给人家一个跟着你的理由。世界上没有绝对的忠诚，只有绝对的依赖。无论是实股、虚股、股票期权、限制性股票或者其他衍生形式的股权激励，都是试图打破传统薪酬结构的尝试，让员工成为企业的主人，参与到企业的成长，分享企业发展带来的回报。

目前新三板挂牌企业80%以上集中在信息技术等高科技领域，行业竞争日趋激烈，人才流动频繁，吸引和激励人才成为高科技企业制胜的关键。股权激励是现代企业员工薪酬制度的有力补充，可以帮助高科技挂牌企业达到留住人才的目的。

三、上下同欲

自然科学领域的技术对人类社会的发展起到巨大作用，但笔者认为推动人类社会发展的根本动力是伟大的制度。

战国时期，商鞅废井田、奖军工，将秦军打造成虎狼之师，最终缔造了中国历史上第一个统一的封建王朝。《孙子兵法》有云：“道者，令民于上同意者，则可与之死，可与之生，而不畏危也。”此处的“道”是一种价值观，一种思想，有了这种

"道",人民、士兵就会对你高度认同,愿意与你同生共死。这也就是为什么,历朝历代的统治者,都注重思想文化领域的统治。放到今天,这种"道"就是我们所说的企业文化,尤其是企业要营造自己的品牌理念、企业文化,让员工有一种认同感和归属感,把企业当成家,把老板的事情当成自己的事情去做,这样的企业才能最终在市场经济的竞争中生存下来,并发展壮大。

伟大的法国大革命已然远去,自由主义和民族主义似乎一起被埋葬。但笼罩着欧洲大陆的不过是暴风雨前的宁静:工业化、科学技术的滚滚洪流和人们郁积的不满预示着新的变革。在大洋彼岸,古老的亚洲大陆,新生的力量正试图挑战一切旧秩序。狄更斯写道:"It was the best of times, it was the worst of times, it was the age of wisdom, it was the age of foolishness, it was the epoch of belief, it was the epoch of incredulity, it was the season of Light, it was the season of Darkness, it was the spring of hope, it was the winter of despair, we had everything before us, we had nothing before us, we were all going direct to Heaven, we were all going direct the other way—in short, the period was so far like the present period, that some of its noisiest authorities insisted on its being received, for good or for evil, in the superlative degree of comparison only."放眼现代社会,人们受到各种文化和价值观的冲击,公司里的人忙忙碌碌,却感到迷茫,没有归属感。人们面临各种压力,内心缺乏一种安全感和一份宁静。股权激励,让人们重新找到自我,重拾信息,继续前行。

杜邦公司董事长柯爱伦曾经说过:"我认为一家理想的公司是这样的地方:每位员工都能够充分参与,并且全力为公司的成功贡献自己力量。"要员工认同你的文化,首先要满足员工生存和发展的需求,股权激励最核心的理念就是解决同欲同求的问题,最大限度地减少代理他人事务的边际成本,让员工明白:你不是在为我干,你是在为你自己干!

新三板企业多为初创型的企业,企业缺乏资金,需要人才,上下同欲可以有效降低成本、提高效率。股权激励将公司业绩的增长与个人的收益水平紧密结合,使得拥有公司经营权的公司高管及核心员工通过持有股份增加参与公司管理的主动性、积极性,促进公司管理效率的提升。

四、优化薪酬体系

根据马斯洛需求理论,人的需求分成 5 个层次,即生理需求、安全需求、爱与归属需求、尊重需求和自我实现需求。随着人们需求的多元化发展,传统的工资 + 奖金的薪酬模式已经不能吸引越来越多的青年才俊,他们就职时不只考虑当下的回报,还会考虑今后的上升空间。创业不能只雇用员工,更需要分享股权,把有能力的员工变成创业合伙人或者事业合伙人。360 公司从一开始就做了员工持股计划，最初员工持股比例达到40%，最后几轮稀释后在上市前降低到22%，这是很高的比例。初创型的公司引入股权激励机制可以降低支付工资带来的现金流压力，用明天的钱激励现在的员工。

在不同的激励方式中，工资主要根据经理人的资历条件和公司情况、目标业绩预先确定，在一定时期内相对稳定，与公司目标业绩的关系非常密切。奖金一般以超目标业绩的考核来确定经理人该部分的收入，因此与公司的短期业绩表现关系密切，但与公司的长期价值关系不明显，经理人有可能为了短期的财务指标而牺牲公司的长期利益。但是从股东投资角度来说，他更多关心的是公司长期价值的增加。尤其是对于成长型的公司来说，而不仅仅是短期财务指标的实现。股权激励的内涵和外延远远超过普通的薪酬制度，它对员工来说不仅意味着增加自己的财富，还意味着获得尊重、信任、成就和荣誉。

在传统薪酬制度范畴内，劳资关系是呈对抗状态的，你多我少的矛盾无法调和，引入股权激励后，劳资一体化，大家共同努力，创造出一种劳资共享的局面；传统薪酬模式中，以老板为中心，命令自上而下，运行僵化，效率低下，股权激励模式下员工开始自我管理，以人为中心，整个企业的运作达到收放自如的境界；传统薪酬模式给经理人和核心技术人员的薪酬比社会平均工资略高。企业随时面临人才流失的风险，股权激励模式下，人才在为自己干，只要努力工作，收入会比在没有引入股权激励机制的竞争对手那里高很多，于是企业掌握了用人的主动权。

在企业聘请专业机构实施股权激励计划时，专业机构会同时实施一套考核体系，针对不同的被激励者，考核指标会有不同，如对企业高管和对经销商的考核就会有不同的侧重点。往往，对核心高管采用注册股的现实激励，对中层干部采用虚股的激励，对基层员工采用薪酬福利的激励方法。这样针对不同员工的需求，采用不同的激励方法，与工资、奖金等传统薪酬结合，形成优化的薪酬体系。从资本的角度上讲，企业的绩效最终取决于物质资本与期权人力资本的有机组合。所谓企业绩效的帕累托最优，就成为两种资本共同利益的最大化。

此外，新三板挂牌企业中有许多家族企业，往往存在一股独大的现象，股权结构较为单一，通过实施股权激励计划可优化公司股权结构、留住与吸引人才、减少管理层与员工的短期行为，提升管理效率与效能，这是投资人选择目标公司时很看重的一点。股权的分散程度，未来也可能成为衡量挂牌企业是否适合引入竞价交易的标准之一。目前是实施股权激励相对合适的时期，新三板暂时流动性不够充分，这与股权激励的权益锁定正好契合，待几年后新三板市场流动性增强，激励对象获授权益解锁可自由选择退出时机。

五、新三板公司实施股权激励的现状

近 20 年来，股权激励得到了广泛推行和迅猛发展，据美国《财富》杂志公布的数据，全球 500 强中已有超过 85% 的企业实施了股权激励。如今股权激励已经不是大型企业的专利，在新三板这样的新兴市场中，挂牌企业的股权激励也开展得如火如荼。2015 年以来，实施股权激励的新三板企业数量呈现一个加速上涨的态势，在股权激励法方式的选择上也开始展现出多元化趋势。

根据我们的统计，在 2015 年 1 月至 12 月挂牌企业发布的公告，共有 124 家新三板挂牌企业公布股权激励方案，部分企业实施两种股权激励方案，其中有 51 家企业为做市转让，73 家企业为协议转让。新三板企业采用股票期权、限制性股票、员工持股计划、股票增值权、虚拟股权、激励基金等多元的股权激励方式，其中股票期权、限制性股票、员工持股计划等规范类股权激励方法依旧是新三板企业采用的主流模式。

2015 年 5 月 26 日新三板挂牌企业新科生物（430175）发布公告，披露公司限制性股票激励计划方案：为补充公司流动资金，优化公司财务结构，同时为了充分调动中高层管理人员及核心技术（业务）人员的积极性，激励中高层管理人员及核心技术（业务）人员关注公司的长期增长，达到长期激励的效果，公司决定以 3 元/股的价格（当时股票价格为 6 元/股）针对 60 名公司高管和核心技术（业务）人员发行了 266.67 万股票限制性股票，涉及的普通股数量约占总股本 7653.46 万股的 3.48%；激励对象持有的限制性股票分四次解锁，锁定期分别是自授予日起满 12 个月、24 个月、36 个月和 48 个月，锁定期满后激励对象可分别解锁（或由公司回购注销）占其获授总数 10%、20%、30% 和 40% 的限制性股票。此外，公司还做了行权考核：（1）2015～2018 年的 4 个会计年度均以 2014 年净利润为固定基数，净利润增长率分别不低于 20%、40%、60%、80%。（2）根据《科新生物限制性股票激励计划实施考核管理办法》，激励对象上一年度绩效考核合格。

根据公司披露的《新科生物：重大资产重组报告书》，公司现金购买金豪制药 85% 的股份，进一步扩大业务领域与市场份额，推动公司主营业务的发展，因而我们认为在公司进行开拓业务、产业升级之时采用限制性股票激励计划较为合理。

不过最近新方式也逐渐被采用，如挂牌企业精冶源首次采用虚拟股权激励方案。我们认为，随着新三板市场的不断发展以及股价激励的普及，新三板企业实施股权激励的数量将呈现持续上升的趋势，而股权激励方式的选择上也会出现“百花齐放”的盛况。

新三板是一片希望的田野，新兴业态企业在这里占据主导地位，这些企业的成长更多是靠人才资本与物质资料结合时产生的价值，而灵活有效的激励制度，对稳定高管和核心技术人员具有积极作用，挂牌企业如何选择适合自身成长的股权激励方案是值得研究的重要课题。股权激励是一把“双刃剑”,但总体来说,利大于弊,只要运用得当,会在企业内部产生积极的化学反应,实现人尽其才,物尽其用,让企业走上快速发展之路。

第二章　股权激励概论

■第一节　股权激励的概念

一、概念

股权激励(stockholder's rights drive)是一种使经营者获得公司一定的股权，让其能够享受股权带来的经济效益与权利，能够以股东的身份参与企业决策、分享利润、承担风险，从而激励其勤勉尽责地为企业长期发展服务的激励方法。股权激励是企业为了激励和留住核心人才而推行的一种长期激励机制。有条件的给予激励对象部分股东权益，使其与企业结成利益共同体，从而实现企业的长期目标。这也是吸引特殊人才和专业人才的人力资源配置方法之一。

西方国家在法学和经济学领域关于公司治理的研究曾取得卓越成就。1932年美国学者伯利和米恩斯合著的《现代公司与私有财产》首次提出"所有权与控制权"相分离的著名理论。1937年科斯发表《企业的性质》一文奠定了现代企业理论的基础，成为企业家理论探讨的里程碑。此后职业经理人对公司的管理行为成为理论界和实务界关注的焦点。正如任何制度均存在局限性一样，法律天生就具有滞后性和局限性，从其产生伊始就面临诸多需要补充、解释的新情况和新问题。为此，对已牢固树立权利义务概念的法学研究者而言，应该努力抛开既有思维定式，重回问题源头，以分析法学派的方法抛开自然法学家构造的法律"理想国"而重归现实世界。为了防范现代企业中职业经理人的道德风险，降低代理成本，使企业管理人员与股东长远利益趋于一致，股权激励应运而生。

二、国外发展

学界普遍认为现代意义上的股权激励起源于美国。20世纪50年代，美国菲泽尔公司设计并推出了世界上第一个股票期权计划。几年后，美国潘尼苏拉报纸公司第一次推出员工持股计划。股权激励，作为一种长期激励机制，出现时的最早动机是为了逃避高额的所得税，那时在美国主要实行的是员工持股计划，带有明显的福利性质，可以获得税收方面的大幅度优惠。

此后股权激励在美国上市公司中不断运用，发展出多种衍生形式。在世界范围来看，股票期权是最经典、应用最广泛的股权激励形式。由于股票期权通常是授予给公司的经理层，因此也通称为经理股票期权。经理股票期权作为长期激励机制，有助于解决股东与经营者之间的代理问题，并实现剩余索取权和控制权的对应，因而能鼓励经理人员克服短期行为，更多地关注公司的长期持续发展。基于股票期权的特性，国外公司普遍采用股票期权以及类似的股权激励制度，利用股权激励制度给公司员工（包括经理层）戴上了“金手铐”，从而实现了公司与员工（包括经理层）利益的一致。同时，股权激励制度曾经创造了一个又一个亿万富翁的神话。毫无疑问，股权激励制度在激励企业经营者、减少代理成本、改善治理结构、促进稳健经营等方面的作用已经成为不争的事实。

20 世纪的美国，是一幅大变革的画卷，是一个国家走向全球权力顶峰的时期。在这一期间，美国进行了一系列深刻而广泛的改革，怀着崛起的梦想、平等与民主的希望，有过动荡与挫折，历经两次世界大战，终成世界一极。美国人认为获得人力资本的一个重要方式是进行人力资本投资。当经理人获得高额的股权激励时，就会预期到在本企业工作的时间会更长，未来获得股票增值带来的超额收益，他们会加大对特质性人力资本投入的力度。20 世纪以来，在美国的土地上，诞生了全世界最值钱的公司，这其中就包括互联网领域的微软和苹果，苹果创始人乔布斯曾经只拿着“一美元”的年薪，在创新思维的驱动下，他和他的团队让苹果成为全球市值最高的公司，而持有苹果股票的员工们都成为了亿万富翁。据统计，全球 500 强企业中，绝大多数都实行了股权激励机制，那些我们耳熟能详的企业，如福特、惠普、IBM、沃尔玛、Google，等等，都曾在股权激励机制的推动下，得到快速发展。

三、国内发展

古代的中国曾经创造了辉煌的文明，中国古人的智慧在很多领域曾经领先于世界，但中国古人创造出新的事物多源于朴素的应用需求，不注重理论总结，这导致了近代中国没有赶上工业革命的结局。正如蹴鞠起源于中国，却在英国发展成为现代足球，火药起源于中国，却在西方发展成洋枪洋炮一样，其实股权激励在古代中国就已经有了雏形。

晋商，曾在中国历史上称雄 500 年。股权激励在中国起源于山西票号中的身股机制，东家就是现在意义上的股东，而掌柜则是职业经理人，东家委托掌柜经营打理好票号，如何确保掌柜的和东家是一条心，努力把票号打理好呢？传统的身股机制，有效地解决了东家和掌柜之间的委托代理问题。那么什么是身股呢？身股也可以称为“顶身股”，晋商的股份制中有一个独特的创造，就是顶身股制度。所谓顶身股就是在企业的股份构成中，除出资人的银股外，还有掌柜阶层和资深职员持有的人身股。顶身股实际上并不出一文资金，而是凭自己的劳动，因此，有的地方也称其为劳力股。银股是事实上的资本股份，身股则纯粹是收益股份。身股以一俸相当于银股的一股，一般大掌柜顶一俸，二掌柜以下到资深职员，根据工作年限和表现分别顶九厘以下的不同等次。这种顶身股制度实质上是一种激励机制。它有利于调动员工的积极性，避免了企业内盗行为，保证了资金的安全。因为，你一旦顶上了股份，企业经营业绩的好坏就和员工个人的利益挂起了钩，你也不用三心二意，另打算盘，只有一心一意做好工作，企业效益好了，水涨才能船高，自己才会得到好处。

现代意义上的股权激励自然是舶来品，从20世纪中叶开始，股权激励在美国高科技企业广泛运用，并取得了良好的效果，而后推广至其他行业，乃至被世界各国企业逐步认可和接受。2006年我国在股权分置问题基本妥善解决后，上市公司开始进行股权激励计划。近两年，随着市场环境的变化和企业竞争的深入发展，非上市公司也逐渐参与进来。

20世纪80年代以来，中国企业开始学习西方企业，在企业治理中引入股权激励机制。2005年之前，由于法律的限制，实施股权激励的企业往往需要采用变通的方法，效果初显，但没有广泛推广开来。

2005年我国修订了《公司法》和《证券法》，在法律层面解决了股权激励计划股票来源等问题。此后我国又陆续出台了一些法律法规，主要是在税收、股权激励的会计处理、上市公司股票期权计划等方面作出规定。2005年财政部、国家税务总局颁布《关于个人股票期权所得征收个人所得税问题的通知》，财政部颁布了《企业会计准则第11号——股份支付》，中国证监会颁布了《上市公司股权激励管理办法(试行)》。此后，相继有国资委、财政部出台了《国有控股上市公司(境外)实施股权激励试行办法》，中国证监会出台了《股权激励有关事项备忘录1号》、《股权激励有关事项备忘录2号》和《股权激励有关事项备忘录3号》，证监会发布的关于《上市公司股权激励管理办法(征求意见稿)》即将实施。

在“互联网+”的时代，大批互联网科技企业异军突起，这些企业注重人力资本的维护和增值，创造的财富神话让传统企业望其项背。国内以阿里巴巴为例，从公司创立的第一天起，马云就建立了一套共享机制，通过员工持股计划的股权激励方式，让所有最终成果都由股东和员工一起分享，公司逐步成为中国最具影响力的互联网公司之一，也是全球著名的B2B电子商务集团，上市后公司“遍地”百万富翁。1999年9月马云带领下的18位创始人发布了首个网上贸易市场“阿里巴巴在线”，正式成立了阿里巴巴集团。创业之时，阿里巴巴就注重员工股权激励,公司股权已随同工资、奖金和福利一起,成为阿里巴巴集团员工待遇的一部分;公司在美 IPO 之时,公司股票的发行价高达 68 美元,持股员工市值也水涨船高,2 万名员工中有 1 万多名员工是公司股东,上市之后都变成千万以上的身家。这种“财散人聚”式的股权分享方式,将财富效应覆盖到公司员工的同时,阿里巴巴集团也逐步成为具有千亿市值的“电商巨无霸”。阿里巴巴以“客户第一”和“团队合作”作为企业价值观,在公司里,员工就是客户,公司与员工一起成长,一起分享成功的喜悦。

相关法律、法规和规范性文件的出台,填补了我国股权激励法律制度的空白,初步建立起上市公司股权激励的法律框架,但上市企业具体实施股权激励计划在细节方面还有很多不确定性,企业凭着自己的感觉去做,股权激励实施不当会面临诸多法律风险和财务风险。现阶段,非上市公司实施股权激励计划几乎没有文件可以依据。

纵观新三板市场,市场化运作的初衷减弱了行政干预在市场规范中的地位及作用,监管机构并未出台任何与挂牌企业股权激励相关的政策、法规。坚持以市场为导向的监管思路为挂牌企业股权激励计划设计带来了更大的想象空间,只是为避免风险,企业在实施相关计划时最好在专业机构和人士的指导下进行。

■第二节　股权激励的理论基础

股权激励是法人治理中的长期激励机制,它的产生有着深厚的理论基础,其主要的理论基础是新制度经济学所关注的委托—代理理论和人力资本理论,当然还基于其他一些现代企业管理研究的成果。

一、委托代理理论

伯利和米恩斯在《现代企业与私有财产》中提出现代企业经营权和所有权相互分离的特征,所有者委托经理人从事经营与管理决策,所有者为委托人,经理人为代理人,二者之间形成一种委托—代理关系。经济学家米契尔·詹森(Michael Jensen)和威廉·麦克林(William H. Mecking)在 1976 年发表的论文《企业理论:管理行为、代理成本及其所有结构》中首次提出委托代理理论。

委托—代理制是所有者将其拥有的资产根据预先达成的条件委托给经营者经营,所有权仍归出资者所有,出资人按出资额享有剩余索取权和剩余控制权。经营者在委托人授权范围内,按企业法人制度的规则对企业财产行使占有、支配、使用和处置的权力。委托—代理理论是新制度经济学重点研究的领域,该理论认为企业就是由一系列契约构成的，由于契约制定、履行有交易成本，信息的不对称使代理过程中始终存在机会主义行为。机会主义行为的存在，使代理人在与委托人签订合约前会隐藏对自己不利的不良信息，而这可能对委托人造成损害，这种事前的机会主义行为造成的结果是“逆向选择”。

对于代理人的两种机会主义行为，由于管理行为的不可观察，使委托人难以有效地对代理人进行日常的监督考核，因此需要通过建立一种机制与代理人分享剩余索取权，改变代理人单纯被雇佣的身份，建立起风险与利益共担的长期激励机制。理论和实践证明股权激励可以将公司高管人员的个人利益与公司股东的长远利益紧密地联系起来，鼓励公司高管更多地关注公司长远发展，形成风险与利益共担机制。

现代代理理论认为，要减少经理人员的逆向选择和道德风险问题给公司股东带来的利益损失，对经理人员实行长期激励显得非常重要。经理人的报酬应该与公司业绩的边际变化相关联。美国哈佛大学经济学教授奥德雷通过实证分析证明，当经理人拥有公司股权比重在5% ~20%时，公司的盈利能力最强。过少的持股比例导致激励不足，过多的持股比例会削弱股东的利益和股东对经理人员监督任免的控制权。

股权激励制度的实施解决了对经理人的长期激励问题，因为股权激励使得经理人获得了长期的预期收益，从而使得经理人与股东的所有者利益目标保持一致，克服了经理人员的逆向选择和道德风险。股权激励由此成为有效平衡股东利益和管理者利益的机制。在某种意义上，衡量法人治理结构是否完善的标准之一便是是否对经理层实施了长期激励——股权激励。

二、交易费用理论

新制度经济学家科斯是交易费用理论的代表人物，1937年科斯在伦敦经济学院学报发表了一篇著名论文《企业的性质》。文章指出：如果没有企业制度，每一要素所有者都直接参加市场交易，那么，市场交易者的数量就特别巨大，交易摩擦将更加激烈，解决摩擦的费用将极高，因而交易成本高昂。企业作为一种组织，以内部交易代替外部市场交易，从而减少市场交易者数目，减少交易摩擦，降低交易费用。

科斯认为，企业是一个人力资本与非人力资本共同订立的特殊市场合约。在工业化时代，决定企业生存与发展的主导要素是企业拥有的物质资本，即货币资本的所有者利益要高于其他要素的所有者，企业的所有权、决策者等就掌握在股东手中。然而，在知识经济时代，货币资本与人力资本的地位发生了重大变化，货币资本的地位相对下降，而人力资本的地位相对上升，经营者的知识、经验和技能由于不能与其拥有者分离，在企业中占据了越来越重要的地位。人力成为资本，能为企业创造剩余价值,劳动者与股东一样也应当拥有对企业的产权。如果经营者的人力资本投入不能得到及时的肯定,人力资本所有者完全可以关闭人力资本的输出,或者采取机会主义行为损害股东利益。人力资本的回报形式逐渐向剩余索取权转变,以股权为核心的激励模式也就被逐渐重视。

科斯提出了有别于正统经济学分析的达到资源配置帕累托有效的条件:交易成本为零,产权界区明确,交易自愿。也就是说,在交易成本为零的条件下,定义清晰的产权关系下自愿交易是资源配置有效性的充要条件。这就是所谓的“科斯定理”。

基于交易费用理论,股权激励作为企业制度机制,是降低交易成本的有效途径,并将可能达到资源配置的帕累托效应:交易自愿,交易成本为零。股权激励是公司以股权为基础与激励对象之间建立起一种约束机制,能有效减少公司与激励对象之间的利益分歧,减少甚至消除公司内部交易成本。

根据交易费用理论,企业和市场是相互替代的两种资源配置方式,企业代替市场会降低利用市场机制的交易费用,但同时又会带来内部管理费用的上升。如果通过股权和期权的激励,使企业的经营管理人员内部化,成为企业的有机组成部分,必然会降低交易成本,提高资本收益率。

三、现代收入理论

物资资料的生产方式是社会存在和发展的基础,马克思和恩格斯在《德意志意识形态》一书中第一次提出生产关系的概念。生产关系包括生产资料所有制、人们在生产中的地位和相互关系、产品如何分配三个主要方面。股权分配理论是对传统收入分配理论的重大突破,是对收入分配的一次重大变革。

股权激励首次在分配领域引入人力资本收益分配概念,相对于工资、奖金、福利等传统的工作收入而言,股权激励能更有效地将员工利益与公司绩效关联起来,满足员工更高层次的发展需求,是企业吸引和留住人才的“金手铐”。

股权分配的技术性比工资分配更强,股权分配的依据是对经理和技术人员的长期激励的需要,是对经理和技术人员的长期努力、责任贡献,以及使企业取得长期绩效的报酬。与之相对应,工资分配却是对企业所有员工短期激励的需要,是对企业所有员工当期劳动成果、责任贡献的报酬。股票期权的存在使收入分配从现期或短期收入分配变为长期收入分配,持续时间长,着眼于长期收益;而工资收入是短期激励收入,着眼于短期收益。股权收入不是劳动收入,而是人力资本的投入性收入;期权分配不是工资分配,而是一种资本收益分配。从收入水平上看,股权收入一般远远高于工资分配标准。从与金融市场的联系情况看,股权使企业的分配直接与金融证券紧密联系在一起,是金融衍生产品,是人力资本投资于股票市场的表现形式,能大幅提高个人收入,体现人力资本的价格成为实现的可能。

允许人力资本参与企业利润分配,但由于人力资本与人身的不可分离存在一定的风险,作为股东而言希望一方面可以激励经理层充分释放知识和能力等;另一方面需要经理层与其共担风险。股权激励的制度安排,就是将人力资本所有者的预期收益"抵押"在企业之中,通过一定的业绩和时间条件将经营者的利益与企业利益紧密相连,形成利益与风险共同体。

股权激励使得股东与企业经理人员、技术人员之间的委托—代理问题,转化为物质资本所有者与人力资本所有者之间如何分割利润的关系,将二者的利益统一起来,实现了两种资本的有机组合。同时,股权激励也将人力资本与普通的人力资源区别开来,充分实现了对核心管理人员和骨干员工的价值肯定。

四、人力资本理论

在古典企业中,由于企业所有权人和经营者属于同一权利主体,故不存在委托代理关系,而在现代企业中,在所有权与经营权分离的情况下,经营管理呈现专业化发展趋势。在现代企业中,由于股权分散和管理的专业化,股东并不直接经营、管理公司的财产,因为拥有少数股权的个别股东直接参与管理公司不但成本过高,而且也没有必要。在这种情况下,聘用职业经理管理公司就成为可能和必然。

在现代企业中,人力资本价值是企业最主要的无形资产之一,人力资本作为要素投入,应该同其他资本一样参与企业利润分配。人力资本与其所有者不可分离的特征,决定了要对人力资本进行充分的激励。现代企业理论认为,人力资本由于分工而存在专用性风险,并且这种专用性风险呈日益加大的趋势。作为企业风险的承担者之一,人力资本可与物质资本分享企业的剩余索取权。

由于经营管理的高度专业化和复杂化,掌握一定管理经验和核心技术的特殊人才具有一般劳动力无法比拟的稀缺性,他们的经验和技术成为企业不可或缺的生产要素,能够为企业带来极大的剩余价值,推动企业增值,因而被称为人力资本。按照剩余价值理论及市场经济规律,人力资本所有者也应当同货币所有者一样,享有一定的剩余价值索取权。如果人力资本的投入的回报不能及时得到承认和保障,人力资本所有者就会采取投机行为。实行股权激励就是通过授予激励对象一定股权的方式肯定人力资本所有者的价值及剩余价值索取权,及时消除企业经营管理者及核心员工的短期化行为,引导他们关注企业长期利润。

股权激励等收益分享机制的实行使企业的所有权结构发上了重要变化,经营者通过获取部分剩余索取权而逐渐成为企业的重要股东,从而,经营者将自身的利益与股东的利益紧密地联系起来,有效地进行自我激励,能最大限度地发现企业获利机会,最大限度地规避损害企业的不利情况,更多地关注股东利益和公司的长远发展。

五、博弈论

博弈论是关于理性的参与主体,在冲突与合作的情况下的战略决策行为以及决策的均衡结果理论。博弈论是二人在平等的对局中各自利用对方的策略变换自己的对抗策略,达到取胜的目的。博弈论思想古已有之,我国古代的《孙子兵法》、《三国演义》等著作是反映早期博弈论的优秀作品。1944 年冯 · 诺依曼和摩根斯坦共著的划时代巨著《博弈论与经济行为》将二人博弈推广到多人博弈结构,并将博弈论系统地应用于经济领域,从而奠定了这一学科的基础和理论体系。

现代经济活动中,当市场参与者数量有限,存在不完全竞争和信息不对称的情况下,人们之间的行为是直接相互影响的,为追求自身利益的最大化,主体在决策时必须考虑对方的反应,以采取优势战略。

在博弈论里,个人效用函数不仅依赖于自己的选择,而且依赖于他人的选择。博弈论强调个人理性,在给定的约束条件或者给出个人支付函数及战略空间,每个人都选择最优战略以追求效用(支付函数)的最大化。

根据博弈理论,在经理人和股东之间,以及经理人之间,参与人都是理性的经济人,他们之间存在博弈关系,他们的行为都取决于自身的效用函数,最终目标都是在一定的约束条件下实现个人利益最大化。

公司经营剩余索取权的分配形式是经理人效用函数中的一个极其重要的变量,分配体制直接影响管理人的决策安排。因此,在分配制度的安排中,为使股东与经理人达到共同的效率,就应该按照"激励相容"的原则采取相应的激励措施,使经理人的支付函数与股东的支付函数相接近,即收益相等。

第三章　新三板公司股权激励的法律基础

卢梭在《论人类不平等的起源和基础》中曾写道："服从法律：无论是我或任何人都不能摆脱法律的光荣的束缚。"股权激励是一柄"双刃剑"，在现代商业社会中实施股权激励，必须要受到法律的规制。

第一节　股权激励的法律规范

2005 年我国修改了《公司法》和《证券法》，这次修改体现了我国商事法学研究的进步，商事领域的这两部重要法律此后为我国经济社会发展作出重要贡献。从这以后，我国公司可以采用发行股份的方式解决股权激励股票来源的问题。《公司法》第 142 条规定："经股东大会决议，股份有限公司可以收购本公司股份用于奖励给本公司职工，但不得超过本公司已发行股份总额的 5%，并且用于收购的资金应当从公司的税后利润中支出，所收购的股份也应当在一年内转让给职工。"该条是第一次、也是目前唯一一处在我国公司法层面提到股权激励的内容，虽然《公司法》强制要求用于奖励给公司职工的股份应当在一年内转让给职工，与定位于对企业高管进行中长期激励的股权激励不符，但该条仍然具有重要意义。

2005 年财政部、国家税务总局颁布《关于个人股票期权所得征收个人所得税问题的通知》，财政部颁布《企业会计准则第 11 号——股份支付》，在税收、股权激励的会计处理、上市公司股票期权计划等方面作出规定；2005 年 12 月证监会发布了《上市公司股权激励管理办法（试行）》作为上市公司实施股权激励的纲领性指导文件；2006 年国资委、财政部联合发布了《国有控股上市公司（境外）实施股权激励试行办法》；2008 年证监会又连续发布了《股权激励审核备忘录 1 号》、

《股权激励审核备忘录2号》、《股权激励审核备忘录3号》对上市公司规范股权激励相关细节进行了明确;2014年6月针对上市公司员工持股计划,证监会《关于上市公司实施员工持股计划试点的指导意见》出台,2015年12月18日关于《上市公司股权激励管理办法(征求意见稿)》等,一系列的政策法规对上市公司规范股权激励及员工持股计划进行了较为系统的规范。

目前针对非上市公司股权激励的规定很少,新三板挂牌公司实施股权激励多是参照上市公司的规定并结合自身情况灵活运用。基于对公司股权稳定性的考虑,证监会要求公司IPO前确定的股权激励计划必须执行完毕才能上市,或者终止该计划后再上市。《全国中小企业股份转让系统业务规则(试行)》第2.6条规定:"申请挂牌公司在其股票挂牌前实施限制性股票或股票期权等股权激励计划且尚未行权完毕的,应当在公开转让说明书中披露股权激励计划等情况。"这一条表明,区别于A股上市公司的规定,新三板允许拟挂牌企业携带期权等未来或有权益挂牌,即新三板允许企业在挂牌之前就实施期权等股权激励计划。《全国中小企业股份转让系统挂牌公司信息披露细则(试行)》第41条规定:"实行股权激励计划的挂牌公司,应当严格遵守全国股份转让系统公司的相关规定,并履行披露义务。"与上市公司相同,实施股权激励计划属于公司重大事件,挂牌公司应当及时履行信息披露义务。

作为新兴的资本市场,新三板市场化运作的初衷减弱了行政干预在市场规范中的地位及作用,坚持以市场为导向的监管思路为挂牌企业股权激励计划设计带来了更大的想象空间。不同于规范上市公司股权激励的《上市公司股权激励管理办法(试行)》,全国中小企业股份转让系统公司作为新三板挂牌企业的监管机构已明确表示原则上不出台专门针对挂牌企业股权激励的相关政策,支持挂牌企业股权激励市场化运作。此举加强了新三板挂牌企业实施股权激励计划的可操作性及灵活性,但从降低股权激励计划的未来法律风险的角度考虑,在项目实操过程中,建议挂牌公司在公告激励计划的同时采取一些风险控制措施,例如,独立第三方财务顾问出具财务顾问报告;公司独立董事针对激励计划出具的意见;公司律师出具针对激励计划合法合规性的法律意见书等。

由于没有相关政策限制,新三板公司采用期权或限制性股票作为激励工具时,在定人、定量、定时、股份资金来源及业绩考核的设定上将更加灵活,但需考虑新三板公司定向增发的一般规定。股票期权或限制性股票等规范股权激励计划相较于向激励对象增发新股最大的优势是可以在股票价格的低点对股价进行锁定,对于成长性较好的新三板挂牌企业股价的快速上涨可以使激励对象获得更大的收益。除此之外,价格经过折扣的限制性股票及无须激励对象即刻出资的股票期权减轻了激励对象现阶段的出资压力。短期来看,新三板流动性不足,这与中长期激励计划初期的权益锁定正好契合。待几年后新三板市场流动性增强,正是激励对象获授权益解锁退出进行部分套现的时机。因此,目前是挂牌企业推出中长期激励计划的最佳时期。

■第二节 股权激励合同的法律特征

对于股权激励中企业与员工签订的一系列股权激励合同的性质,出现纠纷时适用何种法律的问题,理论界与实务界都存在一定争议。我国《合同法》采用民商合一体系编制,《合同法》只调整平等主体之间的财产关系,不调整身份关系。股权激励合同涉及股权、薪酬、工作年限等众多问题,似乎超越了《合同法》和《公司法》的调整范围。

于是,有人认为股权激励计划中服务期限与违约金绑定的安排属于公司与激励对象间劳动合同的组成部分,由此引发的纠纷应按劳动合同纠纷对待,按照劳动合同纠纷解决程序处理,适用劳动法、劳动合同法的有关规定判断其效力。

持该种观点的主要理由是:

"金手铐"股权激励合同的当事人是作为用人单位的公司和作为劳动者的激励对象。以优惠价格发行新股的前提是激励对象的劳动者身份,目的是激励劳动者充分发挥劳动力的价值,使其与出资者形成激励兼容。事实上,用人单位主张股权激励对象承担违约责任,也是以其违反劳动合同法上的义务,即提前离职为主要理由。

"金手铐"股权激励合同的目的是回馈激励对象的既有贡献、稳定劳动关系。股权激励计划是以优惠价格向激励对象发行新股,在我国目前的股票发行体制下,股票上市后,其市价必然要远远高于原始发行价。其中巨大的差价,公司事前完全有充分的预期。即便如此,公司仍然以较低的价格向激励对象发行新股,恰恰说明了股权激励的目的并非出于融资的考量,而是对激励对象既有贡献的回馈,也可能是为了稳定与激励对象之间的劳动关系,希望激励对象可以长期、尽责地为公司服务,以保障公司的长期、健康、稳定发展。

根据国家税务总局2012年18号《关于我国境内企业实行股权激励计划有关企业所得税处理问题的公告》的文件精神,公司实行股权激励的相关支出可以作为"薪酬"在企业所得税中进行税前扣除,这表明税务部门认可将股权激励归属于"薪酬"。这与《劳动法》第50条"工资应当以货币形式按月支付给劳动者本人"的规定并不冲突,相对于工资,薪酬实际上是上位概念。薪酬包括工资、奖金、福利、股权激励等多个部分,且《劳动法》这一规定的立法目的旨在保障劳动者权利,主要强调工资需按时(每月)发放且不得以实物等非货币形式发放,因此对于该条规定不应作出不利于劳动者的解释。而股权激励合同是在工资基础上当事方对于薪酬的进一步重新约定,是关于工资之外薪酬的补充约定。因此,从合同内容的维度考察,公司与激励对象签订的股权激励合同,是对双方劳动合同中薪酬条款及合同期限条款的一种补充。

对于公司实施股权激励计划引起的纠纷,目前国内最著名的莫过于富安娜"天价违约金"案,该案成为雇主维权的经典案例。

2007年6月富安娜以定向增发的方式,向高级管理人员及业务骨干发行700万股限制性股票,发行价格为1.45元/股,希望通过建立和健全激励约束机制,吸引和留住优秀人才。

2008年3月为了配合IPO进程,富安娜终止上述计划,并将所有限制性股票转换为无限制性的普通股。同时,与原有的激励对象协商签署了《承诺函》。双方在《承诺函》中约定:持有原始股的员工"自承诺函签署日至公司上市之日起三年内,不以书面的形式向公司提出辞职、不连续旷工超过七日、不发生侵占公司资产并导致公司利益受损的行为,若违反上述承诺,自愿承担对公司的违约责任并向公司支付违约金"。

2008年7月至2009年9月,富安娜26名持股员工先后违反《承诺函》的约定,离职、跳槽。

2012年12月富安娜对该26名自然人股东就《承诺函》违约金纠纷一事,向深圳市南山区人民法院提起民事诉讼,要求判令26名被告分别赔偿违约金,累计达8121.67万元。该案后进入二审程序。

2015年1月19日持续两年有余的富安娜天价股权激励索赔系列案"落槌",在这宗堪称A股"史上最贵"的股权激励索赔系列案中,作为原告的上市公司富安娜大获全胜。据深圳市富安娜家居用品股份有限公司(以下简称富安娜)发布的消息,深圳市中级人民法院作出终审判决,16名离职骨干员工将赔偿老东家富安娜3230.52054万元及相应的利息。此前,该系列案的首案已于2013年12月结案,被告曹琳被判支付富安娜违约金189.885696万元及相应的利息。

该案的焦点问题有二,第一,该案应当适用何种法律;第二,违约金是否应当得到支持。

对于第一个问题,在富安娜看来,实行股权激励计划以优惠价格向员工增发股份,本是为了吸引和留住优秀人才,提高公司可持续发展的能力。员工取得股票后,违反了《承诺函》的规定,应按照自己的承诺承担相应违约责任,支付违约金。股权激励并不是劳动力的对象,不属于劳动报酬,员工获得股票后经工商登记成为公司股东,双方就股权激励计划发生争议,应适用《公司法》和《合同法》调整。

被告方则认为,员工和公司建立的是劳动关系,本案属于劳动争议案件而非合同纠纷。理由包括两个方面:首先,员工和公司就各自权利义务通过签署《劳动合同》予以明确;其次,《承诺函》内容涉及最低服务期限的保证,公司要求员工出具该函以达到限制员工辞职的目的,故《承诺函》应当属于《劳动合同》的附件,是《劳动合同》的组成部分。因此,本案属于劳动争议案件,应当先由劳动争议仲裁委员会进行处理,适用《劳动合同法》。

对此,深圳市中级人民法院认为被告的股权收益是依股东身份而获得的,不适用劳动法,适用于民商事法律规范调整。原告及被告双方未将股权收益作为劳动报酬,股权收益也从未以劳动报酬的考核方式予以考核发放,该案系合同纠纷。

关于第二个问题,富安娜认为,作为本案关键证据的《承诺函》皆为被告本人亲自签署,是客观真实的。公司为配合上市的要求,召开股东大会终止了限制性股票激励计划,将所有限制性股票转换为无限制性普通股,采用由激励对象出具《承诺函》的方式继续对激励对象进行约束,也并未损害员工利益,《承诺函》合法有效。

根据《承诺函》,激励对象如在公司 A 股上市之日起 3 年内以书面形式向公司提出辞职或连续旷工超过 7 日的,应向公司支付违约金。该违约金的约定并不适用《劳动合同法》,不存在无效之说。员工违反《承诺函》,构成违约,应支付违约金。

多数被告声称公司提供的承诺函是伪造的,与当时签署的不一样;除与公司和解的三名被告外,剩余 23 名被告都向法院申请对承诺函进行司法鉴定。同时,《承诺函》为一方单方行为,不符合合同构成要件。公司仅以《承诺函》主张双方存在合同行为无法律依据和事实依据。依据《劳动合同法》第 22 条规定,约定服务期只限于出资培训。除《劳动合同法》第 22 条、第 23 条规定的情形外,用人单位不得与劳动者约定违约金,而《承诺函》中有关服务期及违约金的内容显属违法,应为无效。

对此,法院认为,激励对象因身为公司高级管理人员或主要业务骨干而被公司认可具有认购限制性股份的资格,激励对象与公司之间劳动合同关系的成立和存续,影响到激励对象与公司之间股权关系的成立和存续。但劳动合同关系与股权关系属于两个独立的、不同性质的法律关系,有着不同的权利义务内容,不能混为一谈。

此种《承诺函》实为原《限制性股票激励计划(草案)》回购条款的变通和延续,亦体现了激励与约束相结合的原则,激励对象按照《承诺函》向公司支付"违约金"后所能获得的利益仍为激励对象违反承诺日上一年度审计的每股净资产价。《承诺函》继续对提前辞职的激励对象所能获得的股份投资收益予以限制,并不违反公平原则,是合法有效的。

笔者认为,不能因为股权激励合同涉及内容广泛而轻易排除《合同法》、《公司法》的适用，应结合涉案条款、股权激励计划的实施目的、认定合同效力后的社会影响、诚实信用原则等看待股权激励合同的法律性质。

长期以来，A 股拟上市公司在实施股权激励时，经常陷入“激励对象低价获得股权，公司成功上市，离职抛股”的激励怪圈，违背股权激励留住人才的初衷，成为资本市场一大顽疾。该案的恰当判决，有力维护了公司和股东权利，还原了股权激励的本质，体现了诚实信用原则在现代社会民商事法律关系中的重要地位，对于其他公司实施股权激励具有极强的借鉴意义。

■第三节　新三板公司股权激励的法律风险及防范

鉴于目前非上市公司实施股权激励缺乏完备的法律规范体系，具有较大的灵活性和盲目性，新三板公司实施股权激励计划时应当聘请独立财务顾问和法律顾问进行辅导，并注意以下法律问题。

一、创始人控制权保护

从 1843 年英国法中出现福斯规则和 1881 年美国衡平规则的确立至今，西方发达国家已经对公司控制权进行了 100 多年的研究，从资本多数决原则，到后期的利益相关者理论，国外的公司控制权研究已经产生了诸多理论。近年来国内出现的“达娃之争”、国美控制权之争、雷士照明事件、万科股权争夺等让人们看到民营企业家控制权保护的重要性，不管是引进外部投资者、实施股权激励、上市还是并购重组，都会面临这一问题。社会进步离不开社会财富的增长，企业是社会财富最主要的制造者，而企业家是社会生产的组织者，现代社会最稀缺的资源，和平年代的英雄，其利益如果得不到保护，社会进步将被严重阻碍。

一般来说，出资股东享有股份出资所有权、公司事项表决决定权、利润分红收益权、转让权和继承权等权利。根据人才及资源的价值不同分别采取不同的激励措施，分别赋予不同的权利种类可以一定程度上解决股权稀释问题。比如，为了防止由于股权激励赋予其他人股权而丧失对公司的实际控制权，可以仅由被激励人享有一定股权份额的利润分红收益权，而不享有其他权利，这样被激励人即使享有了部分股东权利也无法行使核心的所有权和表决权，这样就保障了出资人的实际控制权。当然对公司具有重大核心作用的人才，也可以适当增加其他权利，使得他享有更多的股东权利，如转让权、表决权、继承权等。当然这些权利有些不能办理工商变更登记，因此可以采取股权期权激励协议或者承诺书等书面法律文件予以确认并对该等文件予以公证。

股权期权激励的核心目的是做到利益共享、风险共担，增强企业核心团队的向心力，使得大家更具有凝聚力。但是，良好设想不是都能实现的，如果由于各种原因使得团队无法按照原定目标走下去，该如何处理呢？如果不能预先解决好“退出机制”的构建，一旦出现合作各方都不愿看到分道扬镳的局面，而由于利益问题，最终将会使得双方矛盾激化，对簿公堂。

因此，在股权期权激励实施前，就要对可能发生的不利后果提前予以设定解决办法。一是预先设定股权期权丧失的条件，如果被激励人没有达到公司设定的目标，应当约定由出资人收回股权期权。二是约定回购条件，如果股权激励采取实际股权出让的方式，被激励者是可以获得公司股东出资人地位的。因此，可以提前约定好如果达不到设定的目标或者被激励人退出公司，则需要将股权无偿或者按照一定价格由创始人回购，确保创始人对公司享有绝对的控制权。

企业家要把握公司控制权，应当重点关注股权结构、控制协议、核心资源（技术、商标、销售渠道等）、董事会席位、公司章程、担任职务等方面。企业家通过系统性的安排，在保证自身控制权稳定的前提下，实施股权激励才是有战略眼光的决策者。

二、签订书面合同

落实股权激励方案需要签订书面合同，对双方权利义务进行明确约定，不能仅仅公布实施方案、与激励对象口头约定，或以劳动合同替代股权激励合同。中关村在线就是反面例子：公司与若干技术骨干签订《劳动合同》，约定员工工作满12个月后可以获得公司分配的股权8万股。这所谓“8万股”的不清晰约定就成了定时炸弹：公司总股本有多少？8万股占公司总股本的比例？该比例对应有多少权益，权益价值按净资产还是市值核定？获得权益的对价多少？凡此种种，均没有明确约定，以致最后产生纠纷。

如果涉及知识产权，若权利人为员工个人，可以股权激励为契机，与员工签订知识产权许可协议，约定专利等技术由员工许可公司实施。此外，还有一个协议要签订，就是保密协议或者在激励协议里约定保密条款，因为激励方案实施后，激励对象可能对公司核心技术、重要客户、财务账册、经营数据享有一定的知情权，这需要被激励对象履行保密义务。

三、处理好与投资协议的关系

若公司已经进行融资或正在进行融资谈判，我们建议要进行四方面的核查或披露：第一，需要对拟投资人披露股权激励计划；第二，需要核查当时签订的投资协议，是否对股权激励比例有所限制；第三，核查投资协议对股权激励方式（如增资、代持转让等）是否有所限制；第四，一般情况下投资人都要求后一轮的投资价格不得低于上一轮，如果股权激励采用定向增资形式，则增资的对价不得低于投资人的对价，除非投资协议另有规定。

若以上问题没有处理好，实施股权激励将与投资协议发生冲突，投资人可追究公司创始股东的违约责任，不利于挂牌公司股本结构稳定和持续经营。

四、被激励对象离职问题

根据《劳动合同法》的规定，仅在两种情况下用人单位可与劳动者约定违约金：一是用人单位为劳动者提供费用进行专业技术培训并约定服务期限，如果劳动者违反服务期约定，应当按照约定向用人单位支付违约金，违约金的数额不得超过用人单位所支付的培训费用；二是如果劳动者违反与用人单位达成的竞业限制约定，应当按照约定向用人单位支付违约金。除了前述两种法定情形之外，用人单位不得与劳动者约定由劳动者承担违约金，否则约定无效。

企业实施股权激励一般都会要求员工出具承诺函或在合同中约定相关条款，要求被激励对象一定期间内不得离职，否则要向公司支付违约金。前已述及，这样的约定根据《劳动合同法》是无效的。但富安娜“天价违约金”案，以公司方大获全胜告终，其关键点在于将劳动者身份与股东身份区别，该案法律关系认定为民事法律关系而非劳动合同关系。这表明合同的效力问题是复杂多变的，判断合同效力时应当将法律规范的目的、规范冲突的法益和不同情况下的案件事实综合起来分析，权衡利弊，以最大限度地协调各方利益。所以企业在实施非上市公司股权激励时，不能想当然地去操作，我们曾经遇到新三板挂牌项目的客户在我们的建议下采取股权激励计划，但由于企业想当然的自行操作，给挂牌造成了障碍，使公司挂牌的时间被迫推迟。我们认为应当聘请律师等专业人士进行把关，盲目操作可能让好事变成坏事，毕竟法律问题是复杂多变的。譬如，某股权激励给的是实股，可以以股东身份约定违约金。但如果实施的是虚股或者期权，鉴于股东身份不明，只能禁止行权，约定违约金有较大无效可能。

五、创始股东出资义务未完全履行

若创始股东未按期履行出资义务，在实施股权激励计划实施后，若授予的是实股，激励对象即成为股东，此时激励对象可以创始股东未缴足出资为由，向创始股东主张违约责任。因此，为避免争议甚至索赔，应在实施股权激励计划前弥补出资瑕疵。

六、税务风险

根据《股权转让所得个人所得税管理办法（试行）》（以下简称《办法》）第11

条规定，申报的股权转让收入明显偏低且无正当理由的，主管税务机关可以核定股权转让收入。《办法》第十四条规定，“……6个月内再次发生股权转让且被投资企业净资产未发生重大变化的，主管税务机关可参照上一次股权转让时被投资企业的资产评估报告核定此次股权转让收入……”因此，若以股权转让的方式进行实股激励，转让对价若低于对应的公司净资产，将可能被税务机关重新核定转让收入，以调高所得税纳税税基。鉴于《办法》是2015年1月1日才开始施行，各地尚未出台相关配套文件，实施股权激励能否作为转让对价偏低的合理理由，有待税务机关予以明确。

七、防止对IPO或转板造成障碍

鉴于目前登陆A股的一些要求，非上市公司如果有上市打算，应当在实施股权激励计划中提前谋划。

团队稳定要求：最近三年（创业板为两年）主营业务、董事、高管没有发生重大变更，实际控制人未发生变更。

对此，建议上市前保证高管团队的稳定，不要因实施股权激励计划造成重大变更。

持续盈利要求：主板中小板：最近三个会计年度净利润均为正数且累计净利润超过3000万元人民币；最近三个会计年度经营活动产生的现金流量净额累计超过5000万元，或最近三个会计年度的营业收入累计超过3亿元；发行前股本超过3000万股（发行后超过5000万股）；创业板要求：最近两年连续盈利，最近两年净利润累计不少于1000万元，或者最近一年盈利，最近一年营业收入不少于5000万元；最近一期末净资产不少于2000万元，且不存在未弥补亏损；发行后股本总额不少于3000万元。

在实施实股激励计划中，激励价格与公允价值之间的差额要作为股份支付进行会计处理，在等待期内确认为费用，如此一来股权激励操作将影响公司利润。公司须关注该等影响是否会导致无法达到上市要求的利润水平。

此外，不管是IPO还是申请在新三板挂牌都有股权明晰的要求，对此应当注意：上市前避免采用授予选择权的实股，授予期股的，行权期应该在上市前届满，保证股权结构的稳定；上市前代持关系要解除，因此不建议用代持、信托方式对准备上市公司的员工进行实股激励；虚拟股权或其他形式的激励工具转化为实股的时间窗口设定，要避开上市前；新三板股份公司授予的对象可以超过200人，但需要证监会核准。

八、其他问题

实施股权激励是一个系统性的工程，对公司未来的影响深远，要保证股权激励对公司发展产生积极作用，就要在方案实施前制订严密计划，深谋远虑，防范风险。除以上问题，股权激励还可能涉及其他法律风险，要视不同企业的具体情况而定，如上市公司明确禁止公司监事作为激励对象，非上市公司不受该约束。但鉴于监事地位特殊，不排除今后有法规约束，企业应根据自身情况作出合理安排。

第四章　股权激励的模式

结合中国上市公司和新三板公司已采用的股权激励模式，笔者总结出了 11 种模式，这 11 种模式既有中国企业独创，也有国外的舶来品，本章就具体每种模式的特点和适用条件进行介绍，希望企业根据自身的情况选择适合自己的模式。

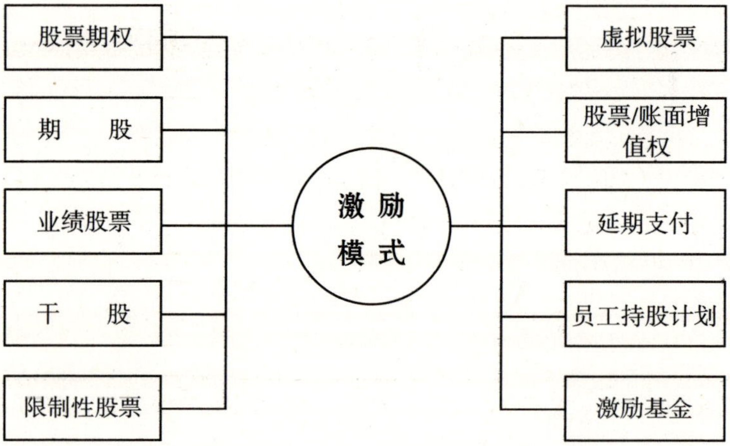

第一节　股票期权

从世界范围来看，股票期权是使用最多的一种模式，在美国，最常见、效果最显著的激励模式是股票期权制度。股票期权之所以适用最广泛，就在于其简便易行。其他几种激励模式都是由股票期权衍生而来。

在此详细介绍股票期权的特点及价值。

一、股票期权的特点

“股票期权”指股份公司赋予激励对象购买本公司股票的选择权，具有这种选择权的人，可以在规定的时期内以事先确定的价格（行权价）购买公司一定数量的股票，也可以放弃购买股票的权利，但股票期权本身不可转让、抵押、质押、担保和偿还债务。

股票期权具有较强的人身属性，股票期权对应的是公司和激励对象双方。实质是公司对激励对象授予的一种看涨期权。在授予日（公司授予激励对象股票期权的日期），激励对象不能行权，一般情况下，激励对象持有股票期权一定时间后才能行使权利。激励对象获得行权权利的日期为行权的授予日。行权的授予日与行权日之间的期间为等待期；行权日与股票期权到期日之间的期间为行权期；在行权期被授予后，激励对象可以以约定价格购买股票，行权日期就叫行权日；已授予行权权的期权就叫可行权股票期权。

股票期权在授予时必须约定期权的行权价格、执行时间、所能购买的数量等关键事项。在股票期权到期日之前的行权期间内，如果公司股票的市场价格高于约定的行权价格，激励对象就会行使期权，按当初约定的价格买进公司股票，再按照市场价格卖出，卖出价与买入价之间的差额就是激励对象股票期权的收入。如果当时公司股票的市场价格低于当初约定的价格，被激励对象就只能放弃行权了。一般情况下，激励对象的股票期权是无偿授予的。也有些公司在授予股票期权时，为了增加激励对象的约束力度，要求激励对象支付一定的费用，也就是期权费。

表 4－1　股票期权的特点和优点

1. 激励对象可以自由决定是否行权和行权的比例，公司无权干涉。股票期权对于激励对象来说，是一种权利。权利在不违反法律法规和他人合法权益的情况下是可以自由处分的
2. 股票期权是一种典型的延期支付手段。是以公司未来经营业绩的提升作为激励对象享受期权的基础。而企业的业绩提升是一个中长期的动态的目标，这就促使对象为了获得股票期权而在一个相对长远的期间内都必须努力工作
3. 股票期权使公司、股东的利益与激励对象的个人利益紧密捆绑在一起。这种捆绑对于公司和激励对象双方来说都是一种互利共赢的局面。一方面，公司因为激励对象的勤勉工作而收获了经营业绩上的提升和股东财富的增加。另一方面，激励对象也为自己的辛勤劳动赢得了公司的认可和物质上的回报
4. 股票期权名义上只是增加了公司的股份数额和改变了公司的股权结构，公司账面的现金支出并未减少，这就不同于奖金形式的激励措施。因此，股票期权对一些流动资金紧张的公司十分有吸引力，还能增加公司股票的活跃度
5. 股票期权是一种看涨期权，可以锁定激励对象的风险，使其能够专心忙于工作，不至于因为时时处处关心自己的股票期权价格情况而无暇他顾

二、影响股票期权模式价值的几个关键因素

在股票期权模式下,影响期权价值的是内在价值和时间价值。

期权的内在价值是指当期权立即执行时的财务价值。作为一种看涨期权,对激励对象来说,股票期权的内在价值就是股票价格高于行权价格的部分价值。当行权价格小于股票的市场价格,对激励对象来说,此时行权就是有利的。

时间价值是期权的另一重要构成部分。期权的时间价值是指随着时间的推移,公司股票价格的变动有可能使期权增值,从而给期权的权利人带来额外收益。

下面着重从期权定价模型的几个关键因素分析股票期权的价值:

行权价格

由于"期权的内在价值=股票市场价格-行权价格",因此,授予期权计划时的行权价格越高,股票期权的价值就越低

股票市场价格

行权时股票价格越高,则股票期权价值越高

行权期间

股票的行权期间越长,行权过程中选择的交易时点越多,则权利人获得自身利益最大化的机会越多

股价波动率

股票上下波动的概率越大,则公司股价上升或下降的机会越大,股票期权的激励对象可出手获益的机会也就越大

无风险利率

无风险利率是指通过将资金投资于某一项无风险的投资对象而得到的利息率。经济学上通常将国债利率视作无风险利率。无风险利率增加时,股票价格的预期增长率有增加的趋势,对激励对象来说,是一种利好消息

红利支付率

正常情况下,股票的价格等于除息日前的价格减去红利部分。因此,红利的增加就导致股票价格降低,从而使股票期权的价值降低

企业成长性

企业的成长性越好,未来行权时的股票价格越有可能上涨,相应期权的价值就越高。这就是为什么建议初创期的公司采取股票期权的原因

人力资本依附性

企业业绩高度依赖于激励对象的人力资本,如果激励对象工作越努力,公司股价上升的概率就越高,期权价值也就越大。而人力资本依附性越低,期权的价值也就越低

三、股票期权的缺点

就像硬币是有两面的，股票期权也有其自身的缺点。股票期权的缺点主要体现在以下几方面：

1. 高度依赖于股票市场的有效性

股票期权是否能够发挥其作用取决于一个健全而高度发达的资本市场，这就是为什么股票期权能够在美国蔚然成风的原因所在。而反观我国，由于统一的资本市场仅仅只有20余年的发展历史，相关制度不完善，致使市场这只"看不见的手"常常处于失灵状态。激励对象对股价波动持有戒心，不愿意积极配合公司实施股票期权计划，也难以将公司利益与激励对象个人利益真正捆绑在一起。

2. 企业的成长性

如果一家企业处于初创期，现金流紧张，同时企业的发展前景一片大好，则企业完全可以采取股票期权的模式激励员工。但如果企业进入成熟期，预期企业的业绩增长速度平稳，此时实施股权激励就不太明智。

3. 适合采取股票期权的企业

股票期权被美国上市公司广泛采用，因其与股票价格挂钩，导致国内的一部分企业家或商业咨询人士误认为这种模式只适用于上市公司。其实，这是对股票期权计划的一种误解。无论是上市公司还是新三板公司，只要是符合股票期权的特点和适用范围，都可以适用。股票期权的特点是高风险、高收益，比较适合那些初始资本投入较少、资本增值较快、在资本增值过程中人力资本依附性较强的行业和企业。一般来说，适合采用股票期权的激励模式的企业有以下几个条件：

企业处于竞争性行业，企业面临的市场环境险恶，管理层和核心员工为了企业的发展需要付出更多的心血。而如果公司采用股权激励的方式对目标员工进行鼓励无疑会进一步刺激这些员工尽忠职守、鞠躬尽瘁，进而收到的激励效果也是最明显的。如果企业所处行业竞争不足，则员工进取心就会大打折扣，公司即使实施股权激励的方式进行激励，也往往是事倍功半。

企业的成长性好，具有发展潜力。企业有较好的发展潜力，意味着企业面临的市场还有进一步拓展的空间，广大员工仍然有施展自身聪明才智的广阔舞台。在这种情况下，明智的企业家就要审时度势，主动通过股票期权的手段激励公司员工为了公司和本人的美好明天而放手拼搏。

人力资本依附性较强。当企业的经营业绩依赖于管理层和核心员工的人力资本投入时，企业的利益和激励对象的利益就牢牢捆绑在一起了。

所以，股票期权对于初创期或者快速发展期的生物制药、电子、通信、网络、软件、咨询等人身依附性较强的行业更加适合。在企业的初创期和快速成长期，企业自身的经营和发展对资金的需求巨大。一方面，企业无法拿出大量的现金给激励对象；另一方面，这些企业的未来发展前景又十分让人看好。因此，通过实施股票期权进行激励，能够使激励对象的未来收益与企业的未来业绩紧密结合起来。既减少了企业货币资金的支出，又达到了吸引和留住人才的激励目标，可谓“一箭双雕”。

【案例4-1】

楼兰股份（430657）的股票期权激励计划

2014年12月26日，新三板挂牌企业楼兰股份（430657）发布公告，披露公司股票期权激励计划：

为了充分调动核心技术人员积极性，留住优秀人才，考虑到公司自身资本增值较快，同时为降低激励成本，公司决定以6.60元/股的价格针对19名核心技术人员发行了72万份股票期权，涉及的普通股数量约占总股本3500.05万股的2.06%；公司规定自股票期权授予日起二十四个月，自授予日起至满足行权条件后10个工作日可以开始行权，授予日为激励计划经公司股东大会审议通过之日。公司还做了行权考核：(1)公司最近一个会计年度财务会计报告未被注册会计师出具否定意见或者无法表示意见的审计报告。(2)股票期权有效期内，激励对象研发工作有重大技术突破，并由此显著降低公司产品成本，而且经董事会组织评定通过。

楼兰股份是一家专注于汽车营销领域的咨询服务企业集团，以车联网技术研发与应用为发展方向，目前能提供分销管理、客户关系管理、IT系统建设及咨询、数据传输和分析等整体解决方案，主要应用在汽车产业中的汽车销售及汽车后市场服务领域。楼兰股份是属于高科技行业，其注册资本约为2.17亿元，公司2014年年报显示：公司归母净利润3123.70万元，同比增长2873.24%，资本增值很快；公司2014年研发费用高达4363.26万元，环比增加69.09%，针对研发技术人员的投入不断增加，公司注重人力资本增值，公司较为适合股票期权激励计划。

■第二节 期　　股

期股也叫股份期权，是具有中国本土化特色的“股票期权”激励模式。在2006年《公司法》生效之前，由于受法律和政策的诸多限制，适用股票期权模式无法解决激励所用股票的来源问题。一些北京和上海的上市公司就找到了这种变通的激励方式。该模式实际上是股票期权的改造模式。

随着2006年新《公司法》的生效,股票期权模式下的股票来源问题解决了,但这种模式并没有因此而"寿终正寝",反而在非上市民营企业和国有企业中焕发了"第二春"。

一、期股的特点

与股票期权相比,期股的主要特点为激励对象需要先行支付一定数额的资金或者期股资格,然后通过分期付款的方式最终购买所有授权股份。被激励对象的首付部分一般是用自己的奖金或家庭财产进行支付。而每年的分期付款部分则可以通过股份分红的方式予以弥补,股份分红与分期付款可能存在差额,差额部分就要根据具体情况要么由激励对象补足差额,要么作为投资收益或者用于期股的支付。

在期权模式下,股份价格一般是按照净资产的价格进行定价。对于2006年之前的上市公司,是用非流通股票进行期股的支付的。期股的偿付价格是按照授予期股时企业的净资产价格进行定价,一旦价格确定,不管以后年度净资产如何变动,激励对象都以授予时的价格进行支付。

在期股模式下,激励对象支付完所有的期股的款项之前,其未取得全部期股的所有权,而只有分红权,这时激励对象的股东权利是不完整的,要受到一定的限制。

表4-2　期权模式的操作要点

1. 公司和被激励对象约定在将来某一时间内以一定价格(一般时授予时的每股净资产)购买一定数额的股份
2. 激励对象在被授予期股时,需要先以现金方式出资认购期股,现金出资这部分被称作实股,认购部分被称作期股。但是,实股和期股都不能马上兑现,而是现行取得实股期股的分红权、配股权等部分权益(没有表决权和对实股的处分权)
3. 然后再分期按照约定价格购买期股的所有权,购股资金主要来源于期股分红所得、实股分红所得和现金。如本期的分红所得不足以支付本期购股支出,以购股者其他资产补足差额
4. 在既定时间内支付完购股款项后,取得完全所有权,但期满后还有一定年限的锁定期(根据公司法规定和公司章程约定)
5. 锁定期结束之后,激励对象成为公司真正的股东,拥有其股东全部的自益权和共益权

二、期股激励模式下需要注意的几个关键要素

1. 激励对象的任期和以分红回填的期限可以不一致。如果激励对象的任期

届满但期股的回填期未到，激励对象通过竞争上岗的方式被继续聘任，可以继续抵补期股价款；如果激励对象从公司离职，经独立第三方会计师事务所审计后，按其实际回填的期股数额兑现其收益，但兑现期限也应相应延期。

2. 激励对象期股价款的回填的方式可以灵活设计。常见的有三种方式：第一种是以企业的净资产的收益、经营者所持期股每年获得的红利作为分期购买期股的资金来源；第二种是由激励对象与公司或者大股东签订协议，从激励对象完成一定业绩考核指标后的超额部分中提取一定比例的收益用于抵补期股所需价款；第三种是激励对象与大股东或者公司签订借款合同，以低息或者银行存款利息借款给激励对象，激励对象以自己的资金支付完首付后，用借款购买剩余的部分，获取所购股份的分红权，然后再按照约定的每年分红所得偿还借款的本金和利息。以上三种方式可以单独使用，也可以合并使用。

3. 激励对象任期未届满主动离职，或者任期内未达到协议约定的考核指标水平，均属于违约情形。一般会在期股合同中对这种情况进行约定，取消激励对象的期股期权和收益，其个人现金出资部分作为风险抵押金也要相应扣除。

4. 适合采用期股模式的企业。期股模式是适合中国国情的股权激励模式在我国资本市场有广阔的适用空间，但期股模式的最优适配企业主要包括：具有明确上市计划的公司。对于该类公司，可以用期股模式对激励对象进行3～5年的股权激励。然后在原始股巨大的增值潜力下，继续对激励对象进行中长期激励。

所有适合用股票期权的新三板公司。凡是满足所处行业为竞争性、人力资本依附性较强和成长性较好的新三板公司，都是适合期股模式进行员工激励的。

非上市的国有企业。在推动混合所有制改革，实现国有企业的快速发展和国有资产的保值增资之目的，也可以考虑期股的。

【案例4－2】

H公司注册资本5000万元，净资产5000万元，股价为每股1元。公司实施期股激励计划，让经理人A持股2%，即100万股，按照持股份额为其出资额的4倍来确定，则经理人A持有实股25万股，持有期股75万股。

该方案要求经理人A首先出资25万元，剩余期股在未来3年内，每年将25万股期股转为实股。如果第一年分红超过25万元，则25万股期股可顺利转为实股。到下一年度，经理人A可取得50万股期股和50万股实股的分红，以抵补25万股期股的价款。如果第二年分红总额小于25万元，则经理人A需要用自有资金来补足。

三年后,75 万股期股全部转为实股,经理人 A 便实际拥有公司 100 万股股票的所有权。经理人 A 可以选择继续持有股票,将该股票锁定两年,考核合格后真正成为公司的股东。若经理人 A 任期届满而离职,则由独立的会计师事务所经过两年审计,确认其在三年任期内无违法行为,则其可以将该 100 万股份全部兑现,或兑现其中一部分股权激励收益,另一部分继续持有,享受股东的各项权利。

第三节　业绩股票

业绩股票在上市公司、新三板公司和其他非上市公司中使用比较广泛,该模式的建构和执行较为简单,是适合我国国情的股权激励模式之一。

一、在上市公司中的应用

上市公司的业绩股票设计要点是:

在年初的公司年终奖指标设计上为激励对象确定一个合适的业绩目标和与之相对应的股票授予数量或激励基金提取额度。如果激励对象在未来的考核期内通过了业绩考核,公司就奖励其一定数量的股票或者提取一定数量的奖励基金为其购买预定数量的股票,一般采用后一种方式。

业绩股票的考核期一般为 3 ~5 年。

业绩股票要设置一定期限的禁售期。激励对象如果是公司的董事或者高级管理人员的,其持有的股票每年转让的数量不得超过其持有的公司股份总数的 25% ,其所持有的公司股票在离职后半年内不得转让。当然,公司也可以约定严于公司法规定的禁售期。

业绩股票有严格的限制条件,如果激励对象的业绩未达标,或者出现业绩股票合同中约定的有损公司利益的行为或者离职等情形,公司有权取消其未兑现的业绩股票。

设置风险抵押金。有的上市公司,如泰达股份的业绩股票方案中设计了风险抵押金条款,达不到业绩考核指标的激励对象,不仅得不到业绩股票,而且还要被追加处罚。因此,上市公司在设计本公司业绩股票激励方案中应慎重考虑是否设置这一条款。

【案例 4－3】

B 公司的业绩股票方案

B 公司是我国 A 股一家上市公司，为了将经理人的利益和公司的利益紧密联系在一起，达到对管理层的激励目的。公司通过了对董事、高级管理人员和核心骨干成员的业绩激励方案。

方案的要点是：在未来 5 年内，公司的净资产每年增长率在 15% 以上的，且在公司实现有预定业绩目标的情况下，从每年的税后净利润中提取 15% 作为激励基金；如果 5 年内，公司的净利润每年增长率在 8% ～10%，则从每年的税后净利润中提取 8% 作为激励基金；如果 5 年内，公司每年的净资产增长率低于 8%，那么激励对象则得不到任何奖励。

激励基金用于激励对象购买公司的流通股票，并作相应冻结。激励对象是董事和高级管理人员的，业绩股票在上述人员离职半年后出售；激励对象是核心骨干成员的，禁售期是获得业绩股票后 3 年，禁售期满之后，每年可出售业绩股票分别为 20%、30% 和 50%。

B 公司业绩股票计划是根据激励对象完成业绩目标的情况，以普通股作为支付方式给予每个经理人以股权激励。在该模式下，为了获得免费股票，经理人不仅需要在公司工作满 5 年，在期满以后，约定的业绩目标不得低于某个目标。由于禁售期的限制，使得业绩股票"约束"激励对象的时间更长。

从本质上说，业绩股票是一种奖金，这种奖金是以股票的方式为载体。但因为可以在股票的获取方面设置诸多限制条件，所以，业绩股票具有长期激励的效果。

业绩股票在我国的上市公司和新三板公司中使用范围较广，这主要是：第一，上市公司和监管部门都比较看重企业的财务会计指标；第二，这种激励模式只关注公司的业绩考核结果，不关注公司的股价涨跌。

二、在非上市公司的应用

当业绩股票模式应用到非上市公司时，又称作业绩股份，业绩股份的设计思路与上市公司一样，只是在这种情况下，不需要提取激励基金用于购买股份的步骤。

业绩股份设计中，一般不设置风险抵押金。因为在上市公司业绩股票设计中股份是免费的，而非上市公司业绩股份是根据业绩采用买股赠股的方式，其中买的部分就是风险抵押金的效果。

【案例4－4】

深圳兰泰德的业绩股权计划

深圳兰泰德有限公司是一家有限责任公司，主要从事IC代理和销售，老板张先生持股比例为100%。2012年张先生打算对经理人和核心骨干成员实施股权激励。

一名业内专业人士设计了业绩股权方案，方案的要点如下：

整体思路。张先生计划将其持有的公司股权的25%～30%用于股权激励，分三期进行，每一期持续的时间均为3年，计划用10年时间完成整个公司的股权激励计划。第一期从2012年1月1日开始，张先生计划将其持有的10%用于股权激励；第二期由张先生将其持有的公司股权的8%～10%用于激励；第三期由张先生将其持有的公司股权的8%～10%用于股权激励。

业绩股份的转让和赠与。在2012年1月1日实施的股权激励方案中约定，在2012年、2013年、2014年3个年度内，若激励对象每年1月1日至当年12月31日的完整会计年度内，业绩达到要求的100%，则张先生在第二年的6月30日之前向激励对象以上年度公司净资产的1%的价格（公司2012年的净资产大约是1200万元人民币，每1%股权大约是12万元人民币，以审计数字为准）转让公司1%的股份，同时免费赠与激励对象1%的股权；如果业绩达到当年业绩的90%，则张先生第二年6月30日前向激励对象以净资产1%的价格转让公司0.9%的股权，同时免费赠与激励对象0.9%的股权；如果业绩达到当年业绩的80%，则张先生第二年6月30日前向激励对象以净资产1%的价格转让公司0.8%的股权，同时免费赠与激励对象0.8%的股权；如果业绩达到当年业绩的70%，则张先生第二年6月30日前向激励对象以净资产1%的价格转让公司0.7%的股权，同时免费赠与激励对象0.7%的股权；如果业绩低于要求的70%，则张先生不向激励对象转让股权，也不免费赠与股权。

行权期。激励对象的业绩达到上述转让或免费赠与的前提下，激励对象在半年内有权选择行权或放弃行权。激励对象决定放弃行权时，张先生与激励对象签署股份转让协议，激励对象向张先生支付相应的款项。2015年6月30日前，双方共同将转让或赠与的股权到工商管理部门办理变更登记，激励对象成为公司的股东。

业绩股份的锁定期。受让或受赠股权股权后，激励对象持有的业绩股份在2016年12月31日之前不得以任何形式出售、转让、交换、记账、抵押、担保、偿还债务等。在办理股权登记之前，如果激励对象违反本约定，张先生可解除股份转让协议，股份转让款原价退还给激励对象不在办理股权的工商登记；在办理股权登记后，如果激励对象违反本约定，激励对象将按照股份相应净资产的两倍向张先生支付违约金。

> 主动退出机制。在 2016 年 12 月 31 日以后，激励对象可将业绩股份转让、赠与，但张先生有优先受让权。
>
> 被动退出机制。在 2016 年 12 月 31 日之后，如果激励对象离开公司，其所获得的业绩股份根据是否上市进行处理，如果公司已经上市，那么激励对象可以自行处置；如果公司没有上市，则由张先生按当时的净资产价格进行回购。

三、适合业绩股票模式的公司

业绩股票设计和实施起来都比较简单和方便，尤其是对于上市公司来说避免了激励方案与股票价格过度挂钩的风险。

总体来说，业绩股票比较适合现金流比较充裕、业绩稳定型的、处于成长期后阶段或成熟期的上市公司和新三板公司。

业绩股票模式还可以变通使用，将奖励给激励对象的股票变成奖金。这种变种模式也叫业绩单位模式，业绩单位的适用范围和业绩股票是一致的。

第四节 干　股

干股是指股东与激励对象事先签订一份赠与协议，后以该赠与协议为依据，激励对象无偿取得一定数量股份的分红权。此种只享有股票分红权，没有实际取得股票所有权的形式即为干股。

一、特点

1. 取得干股以生效的赠与协议为前提，如果赠与协议无效、解除或被撤销，那么激励对象就失去了分红资格。

2. 干股为无偿取得，不需要激励对象拿出自有资金来实际购买股票。

3. 激励对象取得干股后，其是否具有相应比例的表决权，取决于赠与协议的约定和公司章程的具体规定。

4. 激励对象取得的干股仅能参与公司的分红，而不能进行转让买卖。

5. 干股模式不受公司股价高低的影响，实际上就是拿出公司一部分净利润来进行分红，公司业绩越好，净利润越高，激励对象取得的分红就随之越多。

二、适用方式

干股模式的应用范围较广，单独适用干股模式对经理人的长期约束力较差，因为经理人在年初取得了上一年度的干股分红后，可以选择留任，也可以选择离开，该模式是无法约束经理人的，无法实现经理人与公司利益长期捆绑。鉴于上述弊端，一般将干股模式与其他模式组合使用，如果公司计划对经理人实施股权激励，可以先采用干股模式进行尝试，待时机成熟后采用其他模式，此时经理人可以利用此前干股分红取得的资金来购买其他股权激励模式下的股票，从而真正拥有公司股票，实现股权激励的目的，同时取得经理人利益与公司长远利益相捆绑的效果。

第五节　限制性股票

"限制性股票"是指挂牌公司以低于二级市场上的价格授予激励对象一定数量的本公司股票，激励对象以自筹资金购买公司股票。预定目标如果未实现，公司有权将免费赠与的限制性股票无偿收回或者以激励对象购买折扣进行回购。

一、限制性股票模式的设计要点

1. 有明确的特定目标。限制性股票计划的特定目的通常有两种，一种是较长的服务年限限制，另一种是约定的业绩目标。

2. 在授予限制性股票计划的同时，通常将分红权授予激励对象。

3. 限制性股票一般安排有禁售期限。在禁售期限到期或者行权授予之前，激励对象离开公司，限制性股票就会作废，且在未授予之前不能出售和转让受到限制的股票。如果限制性股票是公司无偿赠送给激励对象，由公司无偿收回；如果是以折扣价格出售给激励对象的，公司以原来的折扣进行回购。

二、限制性股票的应用

股票期权和限制性股票是我国证监会颁布实施的《上市公司股权激励管理办法》中推荐的两种主要股权激励模式，由于限制性股票不必和股票价格挂钩，能够规避我国资本市场有效性比较差的问题，2006 年之后，限制性股票是我国上市公司使用最多的股权激励模式。

我国上市公司的限制性股票计划是更看重业绩，主要表现在两个方面：一方面是限制性条件基本上是业绩标准，而不是较长的服务年限；另一方面，证监会对上市公司使用限制性股票的业绩条件和禁售期十分严格。以下是我国有关法律法规和部门规章对业绩条件和限售期的规定：

《上市公司股权激励管理办法》明确规定："上市公司授予激励对象限制性股票，应当在股权激励计划中规定激励对象获授股票的业绩条件、限售期限。"

《股权激励有关事项备忘录 1 号》中规定："限制性股票计划股票来源采用定向增发的话，发行价格不低于定价基准日前 20 个交易日公司股票均价的 50%；自股票授予日起 12 个月不得转让，激励对象 12 个月不得转让，激励对象为控股股东、实际控制人的，自股权授予日起 36 个月内不得转让。"2015 年 12 月 18 日证监会发布的《上市公司股权激励管理办法》（征求意见稿），上市公司在授予激励对象限制性股票时，应当确定授予价格或授予价格的确定方法。授予价格不得低于股票票面金额，且原则上不应低于下列价格较高者：

1. 股权激励计划草案公布前 1 个交易日的公司股票交易均价的 50%
2. 股权激励计划草案公布前 20 个交易日、60 个交易日或者 120 个交易日的公司股票交易均价之一的 50%

上市公司采用其他方法确定限制性股票授予价格的，应在股权激励计划中对定价依据及定价方式做出说明。

《国有控股上市公司（境内）实施股权激励试行办法》规定："在股权激励计划有效期内，每期授予的限制性股票，其禁售期不得低于 2 年。禁售期满，根据股权激励计划和业绩目标完成情况确定激励对象可解锁的（转让、出售）的股票数量。解锁期不得低于 3 年，有解锁期内原则上采取匀速解锁办法。"2015 年 12 月 18 日证监会发布的《上市公司股权激励管理办法》（征求意见稿）限制性股票授予日与首次解除限售日之间的间隔不得少于 1 年。在限制性股票有效期内，上市公司应当规定分期解除限售，每期时限不得少于 1 年，各期解除限售的比例不得超过激励对象获授限制性股票总额的 50%。

由于限制性股票规避了股票大幅波动而使激励对象"徒劳无功"的风险，因此是上市公司广泛采取的一种模式。在具体操作上，当激励对象的业绩满足股权激励的条件时，上市公司就从净利润或净利润超额部分中按比例提取激励基金，将激励基金委托股票经纪公司或者信托公司，从二级市场购买公司股票，在经理人达到后续几年的业绩考核指标时，按照事先签订的激励协议的约定将该股票以低价或者免费的方式授予给激励对象。

对于新三板公司来说，限制性股份主要有两种用途：一种是和其他激励模式配合使用，留住关键人才，规定一个较长期限的服务期限，这种做法适合所有行业和所有发展阶段的企业；另一种是将限制性股份用作主要激励模式，限制条件主要是业绩要求的，比较适合商业模式转型的企业或者创业期和快速发展期的企业。当然，限制性股票的激励方式存在业绩目标和股价的科学确定困难、公司对激励对象约束困难的缺点。整体而言，限制性股票的激励方式通常适用于业绩不佳、处于产业调整过程中或初创期的挂牌公司。

【案例 4－5】

新科生物（430175）的限制性股票计划

2015 年 5 月 26 日新三板挂牌企业新科生物（430175）发布公告，披露公司限制性股票激励计划：

为补充公司流动资金，优化公司财务结构，同时为了充分调动中高层管理人员及核心技术（业务）人员的积极性，激励中高层管理人员及核心技术（业务）人员关注公司的长期增长，达到长期激励的效果，公司决定以 3 元/股的价格（当时股票价格为 6 元/股）针对 60 名公司高管和核心技术（业务）人员发行了 266.67 万股票限制性股票，涉及的普通股数量约占总股本 7653.46 万股的 3.48%；激励对象持有的限制性股票分四次解锁，锁定期分别是自授予日起满 12 个月、24 个月、36 个月和 48 个月，锁定期满后激励对象可分别解锁（或由公司回购注销）占其获授总数 10%、20%、30%和 40%的限制性股票。

此外，公司还做了行权考核：（1）2015～2018 年的 4 个会计年度均以 2014 年净利润为固定基数，净利润增长率分别不低于 20%、40%、60%、80%。（2）根据《科新生物限制性股票激励计划实施考核管理办法》，激励对象上一年度绩效考核合格。

第六节　虚拟股票

虚拟股票计划又叫虚拟股票期权计划、模拟持股计划，用于非上市公司时可称作虚拟持股计划，虚拟股票计划是股票期权的一种衍生形态。是指公司授予激励对象一种“虚拟”的股票，激励对象可以根据所持有的虚拟股票期权享有一定的分红权利和股份升值收益，但股东所有权和表决权，不仅不能出售，并且在离开公司时还会自动失效。

一、虚拟股票模式的特点

虚拟股票和股票期权、期股的特点和操作方式比较类似。但与股票期权和期股不同的是，在虚拟股票计划中，员工不拥有在未来按照一个固定价格购买公司股票价格的权利，虚拟股票具有以下特点：

1. 不是真正的股票或者股份。虚拟股票是将股票所有权、控制权、分红权、资本增值享有权进行分离，将分红权和资本增值授予激励对象。不影响公司的所有权分布和控制权安排
2. 与干股相比，更像持股模式，激励对象除了享受分红之外还可以享受资本增值部分
3. 激励对象的选择更为广泛。由于虚拟股票不涉及股份的所有权，因此，适用范围相对更广泛。对于上市公司来说，规避了市场波动的部分影响。只要激励对象努力了，公司实际上价值就增加了，即使公司股价因为市场走低而价格下跌，也不影响获取红利的能力
4. 支付方式灵活。在公司兑现虚拟股票持有人收益的时候，一般采用现金支付，但也可设计为支付等值的股票和股份，或者是支付等值的股票（股份）和现金相结合

虚拟股票计划对于上市公司和新三板公司都是适用的，但采取分红支付方式，可能会导致激励对象过分关注短期利益。同时，需要兑现资本增值部分的收益和分红，对于公司的现金流是重大考验。

二、虚拟股票在上市公司的应用

上市公司使用虚拟股票计划是比较方便的，并且不用上报证监会，因为虚拟股票计划实际上就是模拟股票市场的一种奖金延期发放形式，资金来源于公司的激励基金。

一般情况下，上市公司使用虚拟股票计划需要同其他方式结合使用，比如，上市公司采用所有权和控制权都授予激励对象的股权激励模式对高管层进行激励，有可能引致高管和其他核心技术人员之间利益的不一致。此时，肯定要对核心骨干员工进行股权激励。但是公司又不想让所有权和控制权过于分散，就可以采取干股和虚拟股票模式进行，干股模式下，激励对象只能享受利润分红，这就使得激励对象不会关心公司的资本增值，而虚拟股票计划就会成为核心骨干人员进行激励的首选。我们用上海贝岭股份有限公司使用虚拟股票计划对一般管理人员和核心技术人员进行激励的案例来具体了解虚拟股票的适用。

【案例4-6】

上海贝岭股份有限公司的虚拟股票计划

上海贝岭股份有限公司是我国微电子行业的第一家上市公司，作为一家高新技术企业，公司除了高管人员之外，中层管理人员和技术骨干也很重要。公司刚上市时，处于企业的快速发展期。

这样的上市公司实行股权激励是很有必要的，并且从企业的长远发展考虑，如果实行激励，必定不能仅局限于公司的高管层。公司已经对高管层进行了股权激励，但处于企业的战略考虑，也需要通过股权激励来留住除高管之外的重要员工。如何进行激励，就摆在公司董事会的面前。一方面，公司不希望股权被过分稀释，另一方面又确实要实施激励计划，以消弭员工之间的利益不平衡。这时，公司就想到了虚拟股票计划。

公司于上市当年通过了对一般管理人员和技术骨干的虚拟股票计划，激励计划的要点是：

1. 奖励资金来源于公司积存的奖励资金。

2. 有明确的业绩要求。激励对象获得的虚拟股票的数量与业绩考核严格挂钩。

3. 行权价为授予时上海贝岭实际价格的一个折扣价格。

4. 分红权授予激励对象，如公司向普通股股东分红时，持有虚拟股票的员工也可以得到所持虚拟股票相应数量的分红。

5. 配股权也授予激励对象。如公司在虚拟股票计划实施后，在虚拟股票计划持有人兑现之前，公司对普通股股东实行配股和送股计划时，激励对象也同步增加所持有的虚拟股票数。

6. 行权及兑现。当虚拟股票计划持有人为公司服务五年后，可将虚拟股票变现。兑现时的计算公式为（上海贝岭当时的市场价格－行权价）×获授的虚拟股票期权数。

上海贝岭的这种虚拟持股的做法并不涉及真正的股票的买卖，而是通过引入虚拟股票计划，将公司的股价变化同未来收益联系起来。

三、虚拟股票在非上市公司的应用

非上市公司使用虚拟股票的思路和上市公司一致。只是在虚拟股票的来源和虚拟股票的价格计算方式上有所区别。

对于非上市公司来说，由于不存在流通股，如果要实施虚拟股票计划，有两种方式解决虚拟股票来源问题。第一种方式就是在总股本上虚拟出一定数量的虚拟股份。比如，非上市公司要实行虚拟股票激励计划，核算净资产是1000万元，这时可以把总股本设置为 1000 万股，每股的价格为 1 元。在 1000 万股真正股份的基础上，虚拟出 100 万股虚拟股份，也是 1 元每股。虚拟股票参与以后分期的分红和增值计算，那么，以后每期的总股本就变成了 1100 万股，其中 1000 万股是真正的股份，100 万股是虚拟的股份。

第二种方法是总股份不变，还是 1000 万股，但是将其中的一部分股份，比如，200 万股折算成虚拟股权奖励给激励对象。这种方式实际上就是将大股东持有的 200 万股股份的分红权和资本增值享有权授予给激励对象。

四、适合采用虚拟股票模式的企业

虚拟股票（份）比较适合现金流量比较充裕的上市公司和新三板公司。

在上市公司不推荐只使用单纯的虚拟股票激励模式，而是虚拟股票和其他激励模式结合起来。对公司的高级管理人员可以采用股票期权模式，对于一般管理人员和核心骨干成员，可以采用虚拟股票计划。

虚拟股份计划在新三板公司利用的空间更为广泛，可以将虚拟股票和其他模式结合起来，设计成一个可转换的方式，比如公司可以在上市前实施虚拟股份计划，在上市后将激励对象的收益与公司的股价真正挂钩起来。也可以先用股票期权计划获得实施股权激励的经验之后，再将其按照一定业绩考核条件转为期股或期权或业绩股份计划，使激励对象真正持有股份。

【案例 4－7】

精冶源（831091）的虚拟股权激励计划

2015 年 5 月 6 日新三板挂牌企业精冶源（831091）发布公告，披露公司虚拟股权激励计划：

为鼓励员工为公司长期服务，考虑到自身较为充裕的现金流量，公司决定针对公司高管、中层管理人员、业务骨干以及对公司有卓越贡献的新老员工等实施本次虚拟股权激励计划，本计划的有效期限为三年，即 2015～2017 年，虚拟股权的授予数量，根据虚拟股权激励对象所处的职位确定股权级别及其对应基准职位股数（经董事会表决同意后基准职位股数可按年度调整），根据个人能力系数和本司工龄系数确定计划初始授予数量，根据年终绩效考核结果确定当年最终授予虚拟股权数量。此外，公司还做了行权考核：（1）年度净利润增长率不低于 20%（含 20%）。（2）激励对象在公司的历史发展中做出过突出贡献，公司未来发展亟须，并在年度工作中表现突出。

精冶源是一家集建筑材料、耐火材料科研开发、产品生产、产品销售于一体的专业公司。公司年报显示，2013 年期末现金余额 137.09 万元，同比增长 22.58%；

2014年期末现金余额165.70万元,同比增长20.88%,公司现金流量较为充裕,因此采用虚拟股权激励计划激励模式较为合理。

此次虚拟股权激励计划开创了新三板虚拟股权激励计划的先河,其创新地采用给予员工分红权的设置方式而显得格外引人注目。

■第七节　股票(账面)增值权

"股票增值权"(SARS)指公司授予被激励对象的一种权利,在规定的期限内,如公司股票价格上升或公司业绩上升,经营者就可以按一定比例获得这种由股价上扬或业绩提升所带来的收益。收益为行权价与行权日二级市场股价之间的差价或净资产的增值,激励对象不用为行权支付现金,行权后由公司支付现金、股票或股票和现金的组合。股票增值权和股票期权相似,只不过股票期权在行权时需要先购买约定数量的股票再出售才能获利。而股票增值权是在行权的时候不买卖股份,而是由公司直接将行权的股票实际价格与授予的行权价之间差价直接支付给激励对象,支付的方式可以是现金,也可以是股票或者现金+股票的方式。

值得注意的是,激励对象获授的股票增值权不是真正意义上的股票增值权,而是一种权利,一种在未来某个时点获得资本增值收益的权利,这种计划没有所有权,股票在此只是一种度量工具。例如,一家上市公司授予经理人10万股的股票增值权,期限为3年。授予时的公允转让价格为每股15元。这时,公司就按照合同的约定付给该经理人15万元的现金或者等值的股票。

一、股票增值权模式的特点

表4-3　股票增值权的特点

1.设计和操作简单,易于实施
2.激励对象获得的是资本增值收益部分,不影响所有权的分布和控制权的安排
3.行权期较长,股票增值权的行权期一般较长,超过任期,可以约束激励对象的短期行为
4.支付方式灵活。可以使用现金,股票支付可以采取"现金+股票"的方式进行支付
5.激励对象获得的是一种权利,而不是真正的股票,有利于约束高管人员的短期行为
6.激励效果高度依赖资本市场的有效性
7.公司的现金支付压力较大,激励对象的收益来源是公司提取的奖励基金,对公司的现金流有较大影响

二、股票增值权的应用

股票增值权是国有企业常用的用于激励上市公司高级管理人员的一种方式，原因是该模式并未涉及所有权和控制权的变更，而是一种保值增值的优选方案，比较适合国有企业，但对企业的现金流量要求较高。交通银行和中国联通在我国香港上市之后，均采用了股票增值权的激励模式。

与股票期权类似，股票增值权的长期激励性要发挥，高度依赖于资本市场的有效性，而我国资本市场由于不健全、不完善，市场有效性较差，这就一定程度上削弱了股票增值权的效能的发挥。因此，对于新三板公司来说，建议股票增值权与其他增值模式结合使用。

【案例4-8】

正泰电器（601877）的股票增值权计划

2010年11月19日正泰电器（601877）发布公告，披露公司股票增值权激励计划：

为充分调动公司高管的积极性，同时配合公司股票期权激励计划的有效实施，考虑到公司自身现金流量较为充裕且相对稳定，公司决定以22.43元/份（当时价格为14.97元/股）的行权价格向1名公司的外籍董事兼副总裁发行20万份股票增值权；此次激励计划有效期为自股票增值权授权日起7年，自授权日起满24个月后，激励对象应在未来60个月内分四期行权。公司还做了行权考核：(1)归属于上市公司股东的净利润及归属于上市公司股东的扣除非经常性损益的净利润均不得低于授权日前最近三个会计年度的平均水平且不得为负。(2)激励对象在授予考核及等待期内考核合格，并在行权年度的上一年度绩效考核合格。

正泰电器是低压电器市场的龙头企业，在低压电器行业已有近25年的经营积淀，主要从事配电电器、终端电器、控制电器、电源电器、电子电器五大类低压电器产品的研发、生产和销售。

公司此次股票增值权激励计划与股票期权激励计划同时制订，由于政策限制，非中国国籍的高管无法纳入公司股票期权激励计划，而通过股票增值权可弥补这方面的缺陷，实现两种激励制度互补；公司年报显示，公司2009年经营活动产生的现金流量净额为11.04亿元，2008年与2007年分别为3.68亿元和5.46亿元，现金流量比较充裕且比较稳定，因此公司较为适合股票期权激励计划。2011年6月10日公司首次授予股票增值权20万份；2013年10月28日由于激励对象绩效考核均达到考核要求，满足行权条件，第一个行权期内可行权的股票增值权5万份；2014年11月10日第二个行权期内可行权的股票增值权

5 万份，合计 10 万份。行权期内，根据公司年报，2011 年公司营业收入 82.88 亿元，同比增长 30.75%，归母净利润 8.24 亿元，同比增长 29.10%；2012 年公司营业收入 107.03 亿元，同比增长 10.13%，归母净利润 12.61 亿元，同比增长 41.07%；2013 年公司营业收入 119.57 亿元，同比增长 11.71%，归母净利润 15.41 亿元，同比增长 22.21%；2014 年公司营业收入 127.67 亿元，同比增长 6.78%，归母净利润 18.33 亿元，同比增长18.88%，可以看出采用股票增值权激励后，公司业绩有较大提升，激励效果明显。

第八节　账面增值权

账面增值权是股票增值权的衍生方式，增值权是指公司净资产增值部分。

这种方式不再计较公司股价的涨跌，而是与公司净资产挂钩，考察的是净资产的涨跌幅度。例如，一家公司授予总经理 10 万股的账面增值权，授予时是每股净资产 20 元，期限是两年，两年之后，每股净资产达到 30 元。那么，公司就需要支付给总经理 10 万 ×（30 - 20）= 100 万元现金或者等值的股票。

账面净资产应用范围最多的是非上市的国有企业和民营企业，尤其是在配合股改时更好。而在新三板公司，如果账面增值权改为用股份支付，效果则更为显著。

【案例 4-9】

F 公司的账面增值权方案

F 公司是深圳的一家家族企业，由夫妻共同创办。2010 年公司招聘了一批管理人员和技术骨干。公司就面临着一方面需要留住人才，使他们能够安心为公司服务；另一方面，公司股东即夫妻二人又不愿稀释手中的股份。这时，如何能够既满足安抚人才的要求，又不使股东股份稀释呢？

业内专家就设计了一个账面增值权方案。经审查公司的净资产为 2 亿元。公司与激励对象约定账面增值权实施 5 年，每年公司的净资产增长不得低于 25%，25% 的部分归公司股东即夫妻所有，净资产在 25% 至 35%，公司将其中的 10% 作为股份奖励给公司的管理人员和核心骨干员工；净资产增长在 35% ~45% 的，公司将其中的 15% 授予激励对象；净资产增长率在 45% 以上的，公司将 45% 增长中的 20% 作为股份奖励给公司的激励对象。5 年计划实施完毕,激励对象的奖励股份锁定期为2年。

上述案例中所示的账面增值权,实现了企业大股东股权保值增值的目的,同时也使激励对象获得一定的收益分红。

■第九节 延期支付

延期支付和业绩股票的模式类似,都是在年初时为激励对象设计一揽子薪酬收入计划,在超过年终奖业绩指标之上,有一个风险收入指标,当激励对象的业绩指标达到风险收入指标之后,就获得风险收入。业绩股票的风险收入是通过免费赠与或者低价收购股票,锁定期结束之后就可以自由处分所获激励股票。

而延期支付的风险收入不是当年发放,而是按照当日股票市场价格折算成股票数量,存入公司为激励对象单独设计的延期支付账号。在约定的期限后或在激励对象退休之后,再以公司的股票形式或根据期满时的股票市场价格以现金方式支付给激励对象。

一、延期支付的特点

延期支付通过延期支付计划获得的收入来自于两个部分。比如,一个经理人业绩考核达到风险收入指标后,获得10万股的股票激励。股价是10元,账面价值100万元,延期5年支付。5年后经理人的收益由两部分组成,一是延期支付5年后的10万股股票的价值;二是5年内公司股票的市场价格上升部分。具体来说,如5年后公司的股价为15元,激励对象的收益就是10×10万+(15-10)×10万=150万元。由上可知,延期支付的特点体现在以下几个方面:

1. 激励与约束对等,将激励对象的利益和股东、公司的利益紧密结合。

2. 约束性较股票期权模式强。在股票期权模式下,如果公司股票价格下跌,则激励对象可以放弃行权来保证自己的利益不受损失,即使有损失也是时间成本。而延期支付中,如果公司股价下跌,激励对象必定有利益损失,因此,这就迫使激励对象努力工作提升公司业绩,从而保证自己的收益稳定。

3. 捆绑期限较长。延期支付的期限较长,一般设计为5年,这样就可以有效避免激励对象的短期行为。

4. 激励力度较股票期权弱。激励对象获得奖励的股票实际上是奖金的一部分按照股票延期支付,因此,激励对象股票数量不会很大,激励力度相对较弱。

5. 应用前景广泛。如果将延期支付当作一种设计思路的话，可以将延期支付和其他模式混合起来使用，发挥更好的激励效果。

二、延期支付的应用实践

延期支付的应用范围很广，在美国，延期支付也是一种很常用的激励模式。在美国上市公司，更多的激励模式是混合模式，很多公司是以股票期权为主，再辅以延期支付。

在我国，尤其是在2006年以前，由于股票期权激励股票来源得不到有效解决，而且延期支付设计比较多，很多上市公司如宝信软件、三木集团、武汉中商、武汉中百和鄂武商等均采用了延期支付的模式。下面的案例就是我国相关公司具体运用延期支付进行激励的案例。

【案例4-10】

E公司的延期支付计划

E公司是中国A股的一家上市公司，公司董事会为激励对象设计的激励计划为：年薪+年终奖+风险收入。年薪的确定是以公司董事会根据上一年度的经营情况来确定，按月以现金方式发放。年终奖是激励对象完成年终奖指标后一次性以现金兑换。风险收入指的是在年终奖指标之上还有一个风险收入指标，当激励对象的业绩完成了约定的风险收入指标后，公司给予激励对象的激励措施，其中30%用现金支付，另外70%用股票延期支付。

E公司的激励对象是否最终能够获得风险收入取决于业绩达到约定风险指标的完成度，约定风险指标的70%是业绩下限，也就是说经理人的业绩在约定风险收入指标70%以下的，没有风险收入指标，而且要扣发以前年度累积的延期支付的奖励股份；当激励对象的业绩达到约定收入风险指标的70%~100%，经理人就获得约定风险收入相应比例的激励。比如当初约定达到风险收入指标后获得风险奖励100万元，业绩完成度为75%，就获得75%的风险收入，当经理人的业绩超过约定的风险收入指标，经理人就获得约定风险收入120%的奖励，即120万元的奖励。

风险收入的支付方式。激励对象所获得的风险收入奖励中30%是以现金形式当年兑现，其余70%的奖励由公司委托股票经纪公司在二级市场购买。

延期支付的方式。经理人与股票经纪公司签订股票托管协议，延期支付的股票到期前，股票不能上市流通，但激励对象享有分红、转增配股的权利。第二年，股票经纪公司延期支付相当于上年度30%风险收入的股票给激励对象，第三年以同样的方式延期支付30%，剩余的10%累计留存。以后年份风险收入股票的累积与延期支付以此类推。累计留存的股份作为风险抵押金留存至激励对象退休或任期结束，离任审计没有问题的，将支付全部的累计份额。

E公司的方案是一个上市公司延期支付的方案，也可以将这种设计直接应用到非上市公司，不同的是需要延期支付的风险收入按当年企业的每股净资产折算成持股份额。

三、适用于延期支付的企业

典型的延期支付由以下两种用途：

第一，直接用于业绩稳定、处于成长期或成熟期的上市和新三板公司。

第二，可以将延期支付模式的思路用于其他股权激励模式，创造新的激励模式。比如将延期支付的思路用于其他股权激励模式，将激励对象获得的业绩股票的一部分兑现，一部分延期支付，加强对经理人的约束，E公司的案例就是一个延期支付的业绩股票计划。

如果不严格按照定义来设计延期支付的方案，而是将延期支付的逻辑和方法用于设计长期激励性报酬，这种模式的应用前景就十分广阔，甚至可以用现金将激励对象的利益和股东的利益长期捆绑起来。

比如一家公司，想要采用股权或者期权激励激励对象，但限于各种条件制约不能马上实施，这时候就需要用延期支付的方式结合报酬递延性的设计实现对经理人的长期约束。在这种情况下，可以将激励对象的报酬结构设计为：基本工资＋年终奖＋延期支付奖金。其中，延期支付奖金的业绩目标比年终奖的业绩目标设计得更难，当激励对象完成延期支付的业绩目标后，就得到约定的延期支付奖金。但延期支付当期不能兑现，在未来三年内，经当年的业绩考核合格后每年兑现一次，第一年兑现20%，第二年兑现30%，第三年兑现50%。如果当期业绩考核不合格，则取消当年的延期支付奖金，但不影响其他年度的延期支付奖金，比如，第一年业绩不达标，经理人就失去第一年的20%延期支付奖金，但不影响第二年和第三年的延期支付奖金。当然，如果激励对象离职的话，尚未支付的延期奖金取消。延期支付奖金可以滚动发放，每年授予一次，这样便实现了将激励对象的利益和股东的利益捆绑在一起。

如果是这种用现金支付的递延型延期支付模式，主要有以下三种用途：

第一，用于积累实施长期激励性报酬的经验。想用真正股权或期权激励经理人，但各方面并不成熟的情况下，可以先用这种方式积累长期激励性报酬设计的经验，等条件成熟之后再转为其他的股权激励模式。

第二，用于生命期限较短的项目公司。如房地产项目公司和建筑项目公司，这些项目公司存在的时间是取决于项目的，项目结束则公司完成使命解散，对于这些项目公司的经理人和技术骨干来说是没有必要用真正的股份来激励的。现金支付的递延型延期支付计划就特别适合项目公司对经理人和技术骨干进行利益捆绑,对于激励对象来说,每年都能获得延期到几年后到期的延期支付奖金,相当于每年都有风险抵押金抵押在公司,最后得到所有递延支付的奖金一定是在该项目结算之后,这就迫使激励对象勤勉尽责地将项目做好,否则就面临利益受损的局面。

第三,用于消除高管人员和员工之间的利益矛盾,这种设计思路既可以用于对高管人员进行激励,也可以用于对员工的奖励。但如果激励对象是一般员工的话,考核单位和授予对象应选择部门,而不是直接授予个人。

■第十节　员工持股计划

"员工持股计划"(Employee Stock Option Plan,ESOP)是指通过让员工持有本公司股票或股权使其获得激励的一种长期绩效奖励计划。具体操作为:公司拿出一部分股份由员工持股平台持有,由持股平台按照一定的运作规则分给每个符合条件的员工,公司内部员工个人出资认购本公司部分股份,并委托持股平台进行管理的一种股权激励方式。

员工持股计划有两种含义:一种是广义的员工持股,也就是全员持股的计划;另一种是真正的员工持股计划。在实践中,员工持股计划往往是由公司内部员工出资认购本公司的部分股权,并委托员工持股会管理运作,员工持股会代表持股员工进入董事会参与表决和分红。

一、员工持股计划的特点

1. 持股方式的限制。在其他股权激励模式下,激励对象可以个人也可以通过一个持股平台持有公司所获得的奖励股份。但是在员工持股计划中,员工不能直接持有股份,而需要持股平台间接持股。

2. 持股人或者股份认购者必须是本公司的正式员工。

3. 员工持有的股份不能继承、不能转让、不能交易,员工离开公司,如退休、辞职、被公司辞退、除名或者身故,其所持有的股份必须全部由持股平台收购,并分配给新员工。

4. 员工不能直接参与公司股东大会,行使股东权利,而是由持股会选出几名代表人参加股东大会。

5. 持股员工以二次利润分配参与公司的利润分红。即先有员工持股平台享受公司的利润分红,再由员工持股公司按照员工的个人持股数进行二次利润分配。

二、员工持股的购股方式

在员工持股计划的设计中,员工如何购买股份是其中的重点,一般来说,有四种购股方式。

1. 员工以现金方式认购所持全部股份。

2. 员工通过融资方式(一般是公司提供的员工持股专项贷款基金)认购所持股份。

3. 公司将历年累计的公益金转为员工股份给员工。

4. 从公司的奖励基金或福利基金中提取一部分以奖励形式给员工。

在具体的员工持股计划的设计中,购股方式一般是上述四种的结合,目的是加大奖励力度。比如,深圳金地集团当年的员工持股计划就是采用四种方式相结合:大约 30% 的购股资金来源于员工个人出资;35% 的购股资金来源于公司提供给员工的员工持股专项贷款资金,贷款本息从分红中扣除;30% 是公司从公益金转为股份奖励给员工;剩余的 5% 是公司奖励给员工的干股。

还有一种方式就是将第一种方式和第四种方式结合起来,就是所谓的“员工股权认购 + 配送分红权”计划。春兰集团的员工持股计划采用的就是这种一买一送的方式。具体操作为,员工以现金购买股份的同时,再以 1∶1 的比例获得分红权。比如,一名员工可以购买 10 万股的股份,则公司再额外赠送 10 万股的分红权(干股),这种做法的激励强度较大。

三、适合员工持股计划的企业

员工持股计划为企业员工参与企业所有权分配提供了制度条件,持有者真正具备了劳动者和所有者的双重身份。员工持股计划为企业吸引和留住不同层次的人才并向所有员工提供分享公司潜在收益的机会创造了条件,在一定程度上解决了公司高管人员和一般员工之间的利益不均衡问题。

但是由于激励范围较广,带有一种泛福利化的倾向,每个人得到的收益就不可能很大,激励力度有可能不足,无法起到预期的目的。而且股东人数过多,必然影响所有权和控制权的分布,不利于公司未来的股权融资等资本运作。

那么,员工持股计划在我国有没有适用的企业呢?当然是存在的。广义的员工持股计划,适用于人力资本依附性较强的企业的创业初期。真正的员工持股计划适用于国有企业,即当混合所有制改革时,国有企业对管理层实施其他模式的股权激励模式的时候,可以用员工持股计划来消除管理层和员工之间的利益矛盾；或者是当民营企业收购国有企业的时候，为了让收购行为能够成功，需要获得员工的支持，这时必须同时实施员工持股计划。

除以上情形之外，不建议在我国实施股权激励计划。当一家公司对高管人员实施了股权激励计划，希望一般员工也能够分享企业成长的喜悦，让他们的收入与公司股票价格挂钩起来，同时，激励范围又要像员工持股计划那样广泛，带有福利性质，这种激励目的又该如何实现呢？

在这种情况下，可以将虚拟股票模式和员工持股计划结合起来，设计一种目前比较流行的"员工储蓄—股票参与计划"。这种计划将员工部分月工资（一般为税前工资的2% ~10%）转为储蓄，存入专门为员工开设的储蓄账户，并将这些资金按照授予期内股票市场价格的较低价位的一定折扣折算成一定数量的股票，在期末按照当期的股票市场价格计算此部分股票的价值，公司将向员工兑现购买价和市场价之间的差额作为激励基金。这种计划较虚拟股票计划和员工持股计划对员工更为有利，其他激励模式只有在股价上涨时才能盈利，股价下跌时没有收益，而"员工储蓄—股票参与计划"则是无论股价上涨还是下跌（只要不跌至购买价之下）都有收益，因此福利特征较为明显。

中国联通公司在香港上市时，对高管人员实施股票期权计划的同时，还对员工提供了储蓄—股票参与计划。联通的计划是，员工可以把月工资的一定百分比（不超过40%）存入公司为员工设计的两年期储蓄账户。两年期满后，可以获得到期时股票价和计划开始时本公司股票价85%的差价作为补偿。

【案例4-11】

联讯证券（830899）的员工持股计划

2015年1月23日新三板挂牌企业联讯证券（830899）发布公告，披露公司第一期员工持股计划（草案）：

为了实现股东与经营管理层及公司全员之间的利益捆绑，增强公司凝聚力与竞争力，公司决定以1元/份的价格向包括公司董事、监事、高级管理人员和其他员工（共不超过1025人）发行不超过8345.36万份员工持股计划份额，资金总额不超过8345.36万元，此员工持股计划设立后委托资产管理公司管理，并全额认购由资产管理公司设立的专项资产管理计划的次级份额。该资管计划认购公司标的股票的价格为1.46元/股（当时股票价格为6.60元/股），资管计划所获标的股票的锁定期为12个月，存续期为24个月。

联讯证券是一家集营销、咨询、客服、IT于一体的金融机构。笔者认为，此次员工持股计划激励模式选择恰当，公司可通过员工持股计划的激励方式进行融资,采用员工持股计划激励模式较为合理。此次联讯证券以员工持股计划实施股权激励,开创了券商股权激励的先河。联讯证券此次股权激励计划委托中信信诚管理,全额认购启航1号资管计划的次级份额,绕开了对从业人员的持股限制,并实现了所持股份的市场化投资运作。联讯证券的股权激励计划,再次体现了新三板市场得天独厚的制度红利,未来新三板将继续扮演改革试验田的角色,更多创新试点之举将在新三板市场破局。由于该激励方案的时间比较晚,目前还不能评估该激励计划是否成功有效。

■第十一节 激励基金

"激励基金"是指当公司当年业绩达到考核标准时,按一定比例从净利润或净利润增量中提取一部分作为激励基金,分次发放给激励对象,要求激励对象全部或部分配比一定比例自筹资金自二级市场购入本公司股票并锁定一定期限,达到留住人才、长期激励的效果。

该激励模式较为规范,可操作性强,并且具有长期激励约束作用与滚动激励约束作用。但是,在激励基金的实施过程中,难以保证业绩目标确定的科学性,激励成本也较高,存在可能造成公司支付现金的压力的缺陷。所以,激励基金较适用于业绩稳定型的公司。

【案例4-12】

2006年4月28日上市公司万科A(000002)发布公告,披露公司实施限制性股票激励计划(实为激励基金激励计划)。

为吸引与保留优秀管理人才和业务骨干,增强公司竞争力,实现长期激励的效果,考虑到公司自身业绩较为稳定,公司决定以当年净利润净增加额为基数,根据净利润增长率确定提取比例,在一定幅度内提取激励基金:

1. 当净利润增长率超过15%但不超过30%时,以净利润增长率为提取百分比、以净利润净增加额为提取基数,计提当年度激励基金;

2. 当净利润增长比例超过30%时,以30%为提取百分比、以净利润净增加额为提取基数,计提当年度激励基金;

3. 计提的激励基金不超过当年净利润的10%。

激励计划期限通常为两年,最长不超过三年。

公司还做了行权考核：(1)公司年净利润(NP)增长率超过15%；(2)全面摊薄的年净资产收益率(ROE)超过12%；(3)公司如采用向社会公众增发股份方式或向原有股东配售股份，当年每股收益(EPS)增长率超过10%。

第五章　股权激励的主要要素

股权激励的成功与否，受到很多要素的影响，每个要素对股权激励来说，都是不可或缺的。结合笔者多年律师执业过程中经历过或者了解的股权激励案例来看，如果要真正使股权激励达到理想效果，必须要具备七个关键步骤：定对象、定模式、定机制、定数量、定价格、定来源和定时间。这七个要素又称作股权激励的“七定法”。

七定法的确立实际上是在充分考虑企业的自身状况的基础上，结合企业的行业属性、所处发展阶段、企业对股权激励的要求等多方面因素权衡的基础之上锤炼出来的股权激励的关键要素。任何一家企业，只要把握住了这“七定法”，股权激励基本就成功了一半。

股权激励方案设计的逻辑规则是：

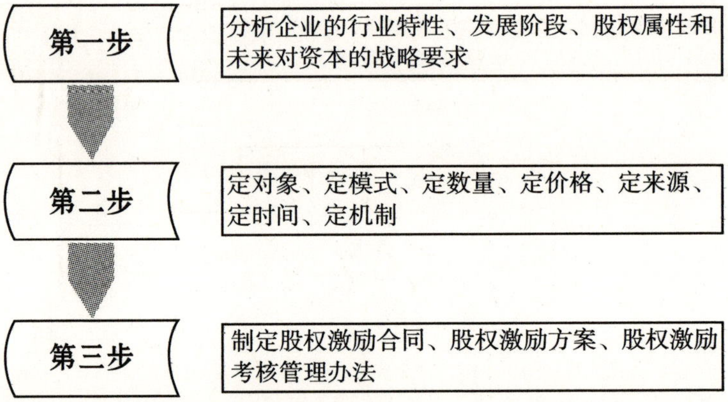

由该顺序确定企业自身的股权激励对象，对股权激励对象采取激励措施的适合模式、确定激励对象需要完成的业绩考核指标、确定不同的激励对象的授予股权额度和比例、股权激励对象行权的价格、明确行权所需股票的来源以及购买股票方式下的资金来源。

在按照“七定法”确定之后，就是制定股权激励计划三份重要文件的时候。

股权激励合同是企业与激励对象签订的据以明确双方在本次股权激励过程中权利义务的协议文书。股权激励方案和考核管理办法是对股权激励合同相关条款和内容的细化和明确,三者是有机结合的整体法律效力相同。

第一节　定　对　象

一、激励对象的人选

股权激励的对象即股权未来的授予对象,也就是股权的享有人。在上市公司的股权激励计划中,激励对象的选择通常由公司的董事会决定。董事会负责决定公司高级管理人员及核心骨干人员的人选和薪资报酬事宜。而股权激励是公司授予上述人员的以股权为载体的奖励措施。因此,上述激励对象由董事会确定,是符合我国公司法规定的。那么,董事会选择股权激励的方法和依据是什么?一般来说,传统的股权激励的对象以企业的经营管理层为主。但对于技术创新性企业来说,股权激励的对象往往不能局限于公司的管理层,而应该扩大至公司的核心技术人员和业务骨干。也就是说,股权激励的对象要"因企而异"。这就需要公司的董事会结合公司的实际情况,有针对性地选择激励对象。

参考我国《上市公司股权激励管理办法(试行)》的规定:股权激励的对象可以是公司的董事、高级管理人员、中级管理人员、核心技术(业务)人员,以及公司认为应当激励的其他人员。

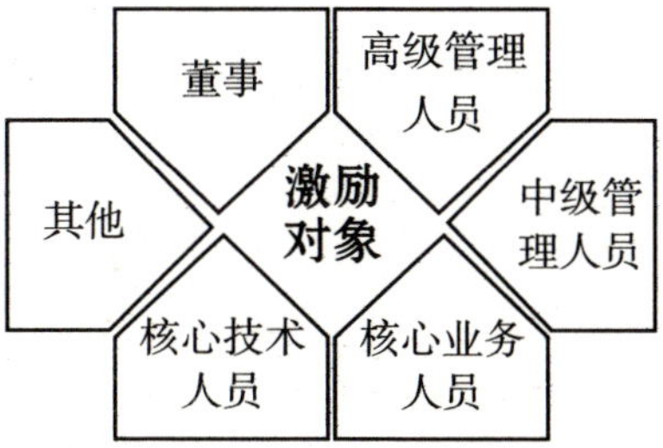

2015 年 12 月 18 日证监会《上市公司股权激励管理办法》征求意见稿第 8 条规定股权激励对象。

表 5－1 激励对象

1. 上市公司的董事、高级管理人员、核心技术人员或者核心业务人员，以及公司认为应当激励的其他员工，但不应当包括独立董事和监事
2. 在境内工作的外籍员工任职上市公司董事、高级管理人员、核心技术人员或者核心业务人员的，可以成为激励对象
3. 单独或合计持有上市公司 5% 以上股份的股东或实际控制人及其配偶、直系近亲属，不宜成为激励对象

在此需要着重探讨一下，上市公司的独立董事和监事能否参与公司的股权激励计划。根据《公司法》第 123 条之规定，上市公司设独立董事，具体办法由国务院规定。可见，独立董事制度是《公司法》对上市公司的强制要求，其重要性不言而喻。

上市公司独立董事是指不在上市公司担任除董事外的其他职务，并与所受聘的上市公司及其主要股东不存在可能影响其进行独立客观判断关系的董事。独立董事对于完善公司治理结构，维护中小股东利益具有重要意义。而独立董事的权限也主要限于《公司法》对于董事会和董事的权限界定。

表 5－2 独立董事的权限

1	对公司的其他董事和管理层以及控股股东的监督
2	向董事会提议聘请或者解聘会计师事务所
3	向董事会提请召开临时股东大会，提议召开董事会
4	聘请独立财务顾问

鉴于独立董事的地位超脱，如果对其授予股权激励，则不利于其发挥独立监督职能，弱化公司的治理效果。

监事作为公司法确立的与董事会平行的机构，其主要职能即检查公司财务；对董事、监事、高级管理人员执行公司职务的行为进行监督；提议召开临时股东会（股东大会），以及特殊情况下召集和主持股东会（股东大会）等。如果对监事授予股权，监事的利益就与公司董事、管理人员等的利益一致，从而易导致监事为了自己利益，弱化监督职能，放任董事、管理人员的违法违规和损害公司利益的行为出现,不利于其独立性、公正性。根据《上市公司股权激励管理办法(征求意见稿)》第8条的规定:激励对象包括上市公司的董事、高级管理人员、核心技术人员或者核心业务人员,以及公司认为应当激励的其他员工,但不应当包括独立董事和监事。也就是说,一旦该征求意见稿正式生效,上市公司今后实施股权激励确定激励对象时必须排除独立董事和监事。

此外,对于上市公司,证监会《上市公司股权激励管理办法》征求意见稿明确规定了不得成为股权激励对象的人选。

表5-3　不得成为激励对象的人选

1.最近12个月内被证券交易所认定为不适当人选
2.最近12个月内被中国证监会及其派出机构认定为不适当人选
3.最近12个月内因重大违法违规行为被中国证监会及其派出机构行政处罚或者采取市场禁入措施
4.具有《公司法》规定的不得担任公司董事、高级管理人员情形的
5.其他法律法规规定不得参与上市公司股权激励的
6.中国证监会认定的其他情形

综上,上述激励对象的范围和不适宜担任股权激励对象的人选的明确界定,为上市公司股权激励计划的实施确定了适用主体。

对于新三板挂牌公司实施股权激励来说,由于证监会并未出台专门的股权激励管理办法,实践中,一般应参照上市公司的相关规定并结合新三板公司自身的情况灵活适用。而新三板公司受限于投资者适当性的要求,如果以授予股份的方式实施激励,必须履行董事、高级管理人员和核心技术人员的认定程序。董事、高管的认定依据的是股东大会和董事会表决通过的议案。而核心技术人员的认定则更为复杂,应当由董事会提名,在公司全体员工中征求意见,并由监事会发表明确的意见后,报股东大会审议通过。这也是新三板公司向核心技术人员实施股权激励应着重注意的问题。

二、如何确定激励对象

激励对象的人选的大致范围已经确定,但操作中公司面对自身的情况时,又往往无所适从,这实际上是没有抓住激励对象选择上的关键因素。

一般来说,企业选择激励对象,要着重考虑两个因素:企业所处发展阶段和员工条件。

(一)企业发展阶段

在确定激励对象的时候要注意企业的发展情况。在不同的时期,企业的发展重心是不同的,相应的激励对象的选择和授权比例上也有不同。一般企业的发展阶段可分为初创期、发展期、成熟期和衰退期四个阶段。企业在每一个阶段面临的处境不同,相应的激励手段也不相同。

初创期

处于初创期的企业,企业规模一般较小,企业发展目标明确,追求产品和技术的研发和升级换代。企业的人员结构较为简单,主要是研发人员和少量的管理人员。此类企业由于需要投入大量的资金用于技术研发投入,企业的现金流一般比较紧张。对于初创期的企业来说,激励对象要侧重于核心研发人员。采用股权激励的手段比用现金激励更能激发员工的工作积极性

发展期

发展期,企业的技术已日趋成熟,产品质量和结构相对稳固。企业的员工层次和结构趋向合理化。管理层、技术研发层和市场销售层分离,分别由具备专业背景的人员担任。在这一阶段,虽然技术研发仍然重要,但管理层和市场销售人员的地位上升。此一阶段的股权激励对象应兼顾高管层、核心技术人员和市场营销人员

成熟期

成熟期的企业进入了规模化的生产和销售阶段。此时，企业管理人员的工作重心转为寻找新的发展方向。技术人员的主要工作转变为研究开发新的技术和产品。高管层的决策决定着公司的未来走向，核心技术人员的创新能力决定着公司新的利润增长点。两者对公司的未来发展都有重大意义。企业在这一阶段实施股权激励，应重点关注高级管理人员和核心研发人员的利益诉求

衰退期

企业在衰退期，技术和产品都处于衰退状态，公司员工自上而下对公司的未来不抱乐观态度。企业陷于迷茫之中，“像雾像风又像雨”。此时，股权激励对公司的意义不大，对员工的吸引力也不如奖金。若实施股权激励，应重点考虑企业的经营管理层和新项目的研发人员，即对公司焕发第二次生机影响力大的重点人员。

(二)员工自身资格

员工自身条件是指能够获得股权激励资格的员工需要具备的特质。主要是职位、工龄、绩效、能力这几个方面。

职位

股权激励计划的对象首先是具有一定职位的人员。在一个企业，职位越高，相对责任越大，对其的能力要求也越高。用职位高低进行筛选是一个有效的方法

工龄

对企业的员工来说，工龄越长，意味着其服务企业的时间越长，其对公司的付出也就越大，为了吸引和留住对企业忠心的员工，就可以采用股权激励的方式进一步提高其工作积极性和对公司的忠诚

绩效

员工的职位和工龄相对绩效只是外在的形式表现，真正考验一个员工的管理、技术研发或业务能力的指标还是绩效，绩效是实实在在通过努力付出取得的效果。对于股权激励计划的制定者来说，要注意关注员工的绩效考核结果，只有这样，股权激励才能够真正在员工当中产生共鸣，才能真正激发有潜力、有实力的员工脱颖而出

能力

员工的能力的外在表现是绩效，但有部分员工可能暂时绩效考核成绩不理想，但这并不代表这些员工不优秀。企业若想激发这些员工的潜能，就可以把他们列入股权激励的对象之中，从而使他们对企业有归属感，进而激发他们的潜能，并最终有利于企业的长远发展

第二节 定模式

股权激励有多种模式选择，比如，股票期权、期股、业绩股票、干股、限制性股票、虚拟股票、员工持股计划、股票增值权、延期支付、激励基金等，每一种股票期权都有其适用的条件，也都能取得良好的激励效果。当然，随着公司制度的不断

发展,股权激励的各种模式也经历了市场的不断检验,在美国,最常见、效果最显著的激励模式是股票期权制度。这是经过美国自身30年左右的资本市选择和淘汰机制检验得出的最优模式。当然,“橘生淮南则为橘,生于淮北则为枳。”在美国发挥出良好效果的股票期权制度在中国不见得就是最为有效的模式。由于我国资本市场建立的时间较短,加之法律、政策层面的限制较多,股权激励在我国一直未真正受到重视。不过,伴随着法律和政策层面的放松管制,以及对外开放程度的不断深化、发展,自20世纪90年代至今,我国企业也开始结合自身特点,探索适用符合中国国情的股权激励模式。引进和创造性地提出了十余种股权激励模式,这些模式各有其特点,也给企业的发展带来了积极作用。

一、激励模式的最优化选择

一家企业要想实施股权激励,到底如何选择对企业利益最大化的模式呢?到底是以一种模式为准还是采用组合式的激励模式?这就需要我们对激励模式进行对比分析,从而找准适合企业自己的模式。表5－4是“新三板”挂牌公司实施股权激励的模式统计:

表5－4　新三板挂牌企业股权激励模式统计

序号	时间	公司简称	激励方案	备注
1	2015.12.30	美康基因	限制性股票	实质为定向发行
2	2015.12.28	中矿龙科	股票期权	向一名董事授予期权800万份,占比19.05%,股票来源为定向发行,行权日为经审计的年度报告之日起3个月内完成,未单独设置禁售期
3	2015.12.28	百事通	员工持股计划	公司及其子公司员工通过券商定向资产管理计划持股,锁定期12个月,股票来源定向增发
4	2015.12.28	恒业世纪	员工持股计划	公司及其子公司员工通过券商定向资产管理计划持股,锁定期36个月,股票来源定向增发
5	2015.12.25	杰创智能	员工持股计划	定向发型股票332.5万股,禁售期1年,限售期3年分批解锁,实质为限制性股票
6	2015.12.25	诺文科技	股票期权	授予期权50万份,占比4.76%,2017年年初和2008年年初分别行权50%,未单独设置禁售期

续表

序号	时间	公司简称	激励方案	备注
7	2015.12.24	安美勤	员工持股计划	持股平台合伙企业原合伙人转让合伙企业份额，受让份额后12个月、24个月、36个月分别解锁20%、30%、50%
8	2015.12.24	杰事杰	限制性股票	股东转让股票，转让价6元/股，每股净资产1.03元，锁定期2年
9	2015.12.21	百合网	员工持股计划	全体员工通过资管计划认购3000万股票
10	2015.12.18	赛思信安	限制性股票	实质为定向发行
11	2015.12.16	尚水股份	股票期权	授予股票期权230万份，占比9%，分两批行权，价格为当前交易价的60%，等待期12个月
12	2015.12.15	美心翼申	限制性股票	直接发行股票，发行价为2015年3月31日审计每股净资产值，未额外设置禁售期
			股票期权	分3期行权，第一期等待期16月，第二期等待期28月，第三期等待期40月，为单独度设置禁售期。行权价格为2015年3月31日审计每股净资产值
13	2015.12.14	一览股份	限制性股票	通过公司间接持股，股票来源为大股东转让期所持持股公司股权，锁定3年
14	2015.12.11	中磁视讯	员工持股计划	员工通过资产管理计划持股3000万份，资产管理计划份额安1.5∶1比例设优先和进取级份额，大股东为优先级份额权益提供担保，股票来源为二级市场购买，锁定期12个月
15	2015.12.09	爱夫卡	限制性股票	通过合伙企业间接持股，股票来源于大股东转让其所持合伙企业份额，认购价格2.7元/股，审计每股净资产1.11元。锁定期3年，3年后可兑换爱夫卡股票

续表

序号	时间	公司简称	激励方案	备注
16	2015.12.08	杰创智能	员工持股计划	员工30人认购定增股票332.5万股,每5000股为一个认购单位,1年禁售期,3年限售期
17	2015.12.07	亨利技术	限制性股票	向激励对象定向发行150万股股票,占比9.26%;分三批解锁,12个月后解锁30%,24个月后解锁30%,36个月后解锁40%
18	2015.12.03	贝斯达	员工持股计划	员工60人通过券商定向资管认购增量,锁定期50%24个月,50%60个月
19	2015.12.02	永安期货	员工持股计划	员工620人通过券商定向资管认购增量,锁定期50个月
20	2015.12.02	万泉河	限制性股票	登记之日满12个月,解锁50%;满24个月,解锁100%,发行价格和转让价格协商为3元/股,不低于每股净资产值
21	2015.12.01	行悦信息	员工持股计划	目前为草案,锁定期未确定
22	2015.12.01	先控电气	限制性股票	发行新股300万股,1.4元/股,占比6%。分三批解锁,12个月后解锁30%,24个月后解锁30%,36个月后解锁40%
23	2015.11.27	网阔信息	股票期权	授予股票期权总计56.7万份,占比1.85%;等待期16个月,分3个行权期,行权价4元/股;禁售期为行权之后36个月
24	2015.11.27	霍普股份	控股股东增发	由股股东霍普控股向激励对象定增,获授股份之日起连续工作满3年,可自由处置股权
25	2015.11.25	波长光电	间接持股	激励对象受让原合伙人(波长光电二股东)所持员工持股平台(合伙企业)的份额

续表

序号	时间	公司简称	激励方案	备注
26	2015.11.24	元亨光电	限制性股票	定向发行新股261万股,4元/股,占比5.09%,锁定期2年
27	2015.11.23	益盟股份	股票期权	授予股票期权总计3000万份,占比6.86%,其中1200万份为首期授权总额,首期授权条件为新三板挂牌成功,等待期12个月,分三个行权期,行权价15元/股,未额外设置禁售期
28	2015.11.20	松炀股份	股票期权	满足行权条件后,公司向激励对象定向发行股票,行权价参考做市价,4.3元/股
29	2015.11.20	国泰股份	限制性股票	公司向持股平台(合伙企业)定向发行200万股股票,股票价格为经审计每股净资产。激励对象通过合伙企业持股锁定期2年,解锁期48个月,每年可申请解锁25%
30	2015.11.17	顺电股份	股票期权	股票来源为向激励对象持股平台定向发行的公司股票,分3次授予665万份,占比5%,无等待期,分3批行权,未额外设置禁售期,行权价格参考协议转让价格
31	2015.11.17	威贸电子	实质为定向发行	1年内向董监高定向增发共计不超过240万股,每股价格人民币2.5元,认购份额协商确定
			员工持股计划	员工认购数量及比例按照其职级等级和工作年限确定,员工持股计划委托公司作为管理人,管理其所持资产
			股票期权	80万份股票期权的期权池,认购价格5元/份。激励对象任职每满1年,获得1000份股票期权;任职满3年,可额外获得1000份股票期权

续表

序号	时间	公司简称	激励方案	备注
32	2015.11.16	龙泰竹业	限制性股票	于2016～2018年对符合条件的激励对象授予总规模为100万股的激励股票，分三期实施，其中2016年授予不超过30万股的股票，2017年授予不超30万股的股票，2018年授予不超过40万股的股票。价格参照上年度每股净资产确定或股东大会审议通过的其他定价方式。锁定期24个月，设置赎回条款
33	2015.11.13	芒冠光电	限制性股票	向持股平台定向发行股票84万股，发行价格不低于每股净资产值。分三期（12～36月）解锁
34	2015.11.12	中标节能	限制性股票	控股股东转让300万股，占比6.50%，每股3元，高于每股净资产1.89元。限售期1年
35	2015.11.22	精冶源	虚拟股票	激励对象在有效期内（3年）无偿享有一定比例分红权，设置转换条件及激励基金
36	2015.11.10	金达照明	实质为定向发行	直接持股的，公司向激励对向定向发行224.3万股，间接持股的，由股东将其持有的持股平台的股权转让，从而间接持有70万股，价格为每股净资产值，无特别限售条件
37	2015.11.09	马龙国华	员工持股计划	员工18人直接认购，锁定期36个月，价格与增发价一致
38	2015.11.03	富恒新材	限制性股票	向员工股权激励平台定向发行545万股，发行价格参考历次股权转让价格、净资产值协商确定，自愿锁定3年
39	2015.11.02	海能仪器	限制性股票	在2015年总体授予激励对象股票，在2015年、2016年、2017年分别向激励对象定向发行股票，锁定期3年

续表

序号	时间	公司简称	激励方案	备注
40	2015.10.30	华翼微	股票期权	授予248.50万股股票期权，占比4.19%，预留200万股用于激励新增人才；分四期授予；行权价格3元/股，无特别限售条件
41	2015.10.29	鸿普森	员工持股计划	股东将所持鸿普森股东—合伙企业之出资份额转让，实质为限制性股票
42	2015.10.28	华图教育	员工持股计划	员工185人通过券商定向资管认购478万份增量，限售期12～36个月不等，实质为限制性股票
43	2015.10.28	三川田	限制性股票	公司向持股平台定向增发220万股，1元/股，120万股实施，预留100万股作为后续股权激励股票来源
44	2015.10.28	牡丹联友	限制性股票	向激励对象定向发行270万股，3元/股，未单独设置锁定期
45	2015.10.22	钢钢网	间接股票期权	股票来源于公司向持股平台定向发行股票，价格不低于70元/股。激励对象按照所获间接持有公司股票数与上述价格的乘积向激励平台出资。激励对象获得出资期权时，无须支付价款，但激励对象须在行权时向激励平台实缴出资。激励对象分四次平均行权，第一次行权时间为2016年5月1日至31日，第二次至第四次行权时间分别为其后3年每年的5月。激励计划每年实施后，激励对象获得员工持股平台的出资
46	2015.10.22	三元环境	限制性股票	合伙企业作为持股平台，预留20%股份，持股平台创始合伙人向激励对象转让出资，激励股权价值参照净资产值，锁定期3年
47	2015.10.21	熊猫乳业	限制性股票	合伙企业作为持股平台，转让合伙企业份额，限售期1或2年

续表

序号	时间	公司简称	激励方案	备注
48	2015.10.12	中绿环保	限制性股票	合伙企业作为持股平台，控股股东转让股票给持股平台，转让价格略高于净资产，分3期解禁
49	2015.10.12	风帆科技	股票期权	授予股票期权170万份，占比9.19%，股票来源为定向增发，分两次行权，为2015年报、2016年报发布后1个月内，无特别限售条件
50	2015.10.12	华尔美特	股票期权	激励对象为经销商，授予股票期权1000万股，占比22.38%，等待期24个月，未设置禁售期
51	2015.09.29	金宏气体	员工持股计划	通过基金子公司专项资管认购增量，根据考核条件完成与否确定锁定期。控股股东考核条件完成与否承诺收益
52	2015.09.29	尚洋信息	限制性股票	向激励对象定向发行股票，发行价格(3元)高于每股净资产(1.34元)
53	2015.09.24	分豆教育	限制性股票	向持股平台(两家合伙企业)定向增发，再由有限合伙人转让合伙份额给激励对象
54	2015.09.22	六合伟业	股票期权	授予权益400万份，占比9.07%，股票来源定向发行，等待期6个月，无特别限售条件
55	2015.09.11	华博胜讯	限制性股票	发行价格以每股净资产为依据，高管直接持股，其他激励人员通过合伙企业间接持股，高管锁定期为24～60月，员工锁定期12～48个月，每年解锁25%
56	2015.09.02	阳光小贷	股票期权	长期激励股份总额2000万股，股票来源为定向增发，第一期1235万股，预留765万股，行权价格按照年末净资产

续表

序号	时间	公司简称	激励方案	备注
57	2015.08.31	联洋新材	限制性股票	向激励对象定向发行100万股股票，发行价格为最新一期现金认购增发价50%，占比2.86%，锁定期1年，解锁期3年
58	2015.08.31	同望科技	股票期权	授予股票期权560万份，占比9.9%，分三期行权，禁售期3个月
59	2015.08.26	九五智驾	股票期权	授予股票期权200万份，占比4.41%，等待期12个月，分3期行权，无特别限售条件
60	2015.08.25	联讯证券	员工持股计划	最高1300人通过基金子公司专项资管认购数量，认购价格较14年末每股净资产上调5%，锁定期36个月
61	2015.08.25	舜宇模具	定向增发	向持股平台（两家合伙企业）定向增发420万股，占比9.07%，价格在每股净资产值基础上略有溢价，分工作年限设置不同解锁安排
62	2015.08.24	百胜软件	限制性股票	实际控制人转让所持百胜软件股东之股权，价格依据每股净资产值计算；激励后委托实际控制人行使股东权利
63	2015.08.21	开元物业	限制性股票	股东转让所持开元物业22.5%股份给激励平台合伙企业（大股东关联企业设一人作为GP，激励对象为LP）。股权转让资金由GP向LP借款，根据工作年限设置不同限售期
64	2015.08.21	派拉软件	限制性股票	向持股平台合伙企业增发240万股，GP转让相应合伙份额给激励对象，4年内分批解锁
65	2015.08.21	中视文化	股票期权	授予股票期权300万份，占比4.62%，股票来源于定向增发，年报公告后即可行权，行权价格为30个交易日公司股票成交加权平均价格的85%，无特别限售条件

续表

序号	时间	公司简称	激励方案	备注
66	2015.08.14	世能科泰	限制性股票	向激励对象定向发行 16.5 万股股票，自愿限售 1 年
67	2015.08.13	视威科技	股票期权	授予股票期权 100 万份，占比 3.09%，股票来源于定向增发，等待期 20 个月，分 3 批行权，无特别限售条件，独立董事发表意见
68	2015.08.12	思普润	限制性股票	向员工持股平台（大股东为 GP）定增 500 万股，定增价格为每股净资产值。锁定期 3 年
69	2015.08.11	伟乐科技	股票期权	授予股票期权 138 万份，占比 2.3% 股票来源于定向增发，激励对象通过合伙企业间接持股，分两批行权，限售期 12 月
70	2015.08.10	名冠股份	限制性股票	向激励对向定增 20 万股，锁定期 36 个月
71	2015.08.06	同兴股份	限制性股票	向持股平台合伙企业发行 125 万股，占比 5.56%，3 年锁定期，分 3 批解禁
72	2015.08.05	城兴股份	限制性股票	发行 2000 万股，其中向激励对向发行 687.7 万股，价格为 1.35 元/股，目前未列明限售期，实质为定向增发
73	2015.08.03	苏轴股份	员工持股计划	通过券商定向资管认购增量，锁定期 6 个月后，期满后 30 个月内分 3 批解锁
74	2015.07.29	数字认证	股票期权	授予 420 万份，占比 10%，等待期 12 ~ 36 个月不等，行权价格为 5 元/股 + 较基准日每股净资产增加值（最低不得少于 5 元），无特别限售条件
75	2015.07.29	顺电股份	股票期权	分 3 次授予 665 万份，未设置等待期，占比 5%，行权价参考当前平均协议转让价格确定，无特别限售条件

续表

序号	时间	公司简称	激励方案	备注
76	2015.07.29	蓝天园林	限制性股票	向持股平台合伙企业定向增发 350 万股,12 个月锁定期,3 年内分 3 批解禁
77	2015.07.27	北塔软件	股票期权	授予期权 300 万份,占比 8.77%,股票来源为定向增发,等待期 4 年,无特别限售条件
78	2015.07.20	赛格立诺	限制性股票	向持股平台合伙企业定向增发,限售期 12 个月
79	2015.07.20	润农节水	限制性股票	发起人以 5 元/股发行股票转让给持股平台合伙企业,实质是股份转让
80	2015.07.16	意欧斯	限制性股票	向激励对向定向增发 180 万股,锁定期 24 个月,分 3 期解禁并设置解锁条件
81	2015.07.03	鸿发有色	定向发行	实质为定向发行
82	2015.07.03	三星股份	暂未定	有限公司作为持股平台,具体激励方法未定
83	2015.07.02	仁会生物	员工持股计划	通过基金子公司专项资金以二级市场、大宗交易购买等法律法规许可的方式取得并持有标的股票,设立优先份额和进取份额(1:1),大股东为优先级份额权益提供担保,锁定期 12 个月
84	2015.06.30	科伦股份	限制性股票	向激励对向定增,2 年锁定期后 3 年内 3 次解禁
85	2015.06.29	蓝图新材	限制性股票	向持股平台定增,2016~2010 年每年解禁 20%
86	2015.06.25	圣迪乐村	限制性股票	向激励对向定增 140 万股,价格为每股净资产,占比 3%,2 年锁定期后 3 年内解禁
87	2015.06.15	创世生态	股票期权	授予期权 300 万份,占比 4.89%,行权条件成就即可行权,禁售期 1 年

续表

序号	时间	公司简称	激励方案	备注
88	2015.06.12	华之邦	限制性股票	向持股平台合伙企业定增 278.26 万股,占比 8%,激励对象分 3 期认购合伙出资份额,转让时限制出资份额受让方
89	2015.06.10	宏源药业	股票期权	授予 65 万份,占比 0.83%,禁售期比照董监高规定执行
90	2015.06.08	新产业	员工持股计划	最高 485 名员工通过券商定向资管认购增量,30% 锁定 3 个月,70% 锁定 12 个月,启动上市程序锁定期延长至 36 个月
91	2015.06.04	西驰电气	限制性股票	向激励对向定向增发 190 万股,增发价 1 元/股,低于每股净资产,分期限售
92	2015.06.04	宝丽兴源	限制性股票	现有股东向持股平台合伙企业转让股票或者二级市场回购,限售期 1 或 3 年
93	2015.06.02	中衡股份	限制性股票	向持股平台合伙企业定增 210 万股,占比 8%,未设置限售期,实质为定向增发
94	2015.06.01	大美游轮	暂未定	合伙企业为持股平台
95	2015.05.29	汉唐自远	员工持股计划	向持股平台合伙企业、董监高、自然人投资者定增,自愿承诺每年转让 20%,实为定向发行
96	2015.05.27	纳晶科技	股票期权	第四次股权激励,合伙企业作为持股平台,针对员工设置两种激励方案
97	2015.05.27	科新生物	限制性股票	定增价为最近一期定增价的 50%,12 个月锁定期,锁定期满后四年内每年解禁 10%、20%、30%、40%
98	2015.05.26	双申医药	股票期权	授予 200 万份,占比 9.30%,行权价为最近一期增发价,激励对象中包括持股 5% 以上的股东,无特别限售条件

续表

序号	时间	公司简称	激励方案	备注
99	2015.05.26	益泰药业	限制性股票	略高于净资产向激励对向增发,1 年锁定期
100	2015.05.25	华之邦	限制性股票	控股股东转让 3200 万股,占比 2%,每年转让 25%,控股股东有优先认购权
101	2015.05.19	恒业世纪	股票期权	股票来源于定向发行,未单独设禁售期
102	2015.05.19	大道信通	员工持股计划	实质为定向发行
103	2015.05.18	慧图科技	员工持股计划	实质为定向发行
104	2015.05.13	易建科技	限制性股票	向激励对向增发 720 万股,其中 199.33 万股由投资公司认购,建立股权激励股票池,用于后续激励,增发价以 14 年末净资产值为基础商议确定,海航集团以 4 元/股向激励对象海航集团委派董事提供借款。5 年未上市,激励对象有权要求海航集团回购
105	2015.05.12	天加新材	股票期权	授予 75 万份,占比 1.875%,股票来源于定增,等待期 24 个月,6 个月行权期,无特别限售条件
106	2015.05.12	福昕软件	股票期权	授予 157.5 万份,占比 5%,均为预留份,股票来源于定增,等待期 12 个月,分 3 期行权,无特别限售条件,通过持股平台持股
107	2015.05.12	金凯建科	股票期权	授予 70 万份,占比 5.85%,均为预留份,股票来源于定增,2015~2017 年历年年度报告发布后 1 个月内行权,无特别限售条件
108	2015.05.11	创远仪器	股票期权	授予 168 万份,占比 10%,均为预留份,等待期 12 个月,无特别限售条件
109	2015.05.11	鹏远光电	限制性股票	大股东向持股平台合伙企业转让 150 万股,占比 3%,根据做市交易日解除限售

续表

序号	时间	公司简称	激励方案	备注
110	2015.05.05	树业环保	股票期权	授予200万份,占比2.42%,等待期12个月,无特别限售条件,行权价格参照最近一次股票发行价格
111	2015.05.05	新眼光	限制性股票	向持股平台合伙企业定向增发4447752股,3年限售期,设置合伙企业转让股票前提条件
112	2015.04.30	米奥会展	股票期权	授予200万份,占比4.69%,来源为定增,首次和预留行权价不同,等待期24个月,无特别限售条件
113	2015.04.29	黄国粮业	激励基金	以当年度净利润增加额为基数按照20%比例提取年度业绩激励基金
114	2015.04.27	分豆教育	限制性股票	向两家持股平台(合伙企业)定增1000万股,由合伙人转其所在有限合伙人的份额,锁定期2年和4年
115	2015.04.24	金易通	股票期权	授予期权200万份,股票来源定增,行权期3~10年,资金来源公司自有资金,无特别限售条件
116	2015.04.22	东方科技	股票期权	行权期2018年,股票来源定增,无特别限售条件,于2015年11月25日经股东大会决议撤销
117	2015.04.21	壹加壹	股票期权	授予期权480万份,占比6.97%,股票来源定增,等待期1,2,3年,根据劳动年限设定不同限售期
118	2015.04.17	博广热能	定向发行	向激励对象定向增发288.72万股,实质为定向发行
119	2015.04.17	南京旭建	定向发行	向激励对象定向增发1000万股,实质为定向发行

续表

序号	时间	公司简称	激励方案	备注
120	2015.04.16	金凯建科	限制性股票	向激励对象定向增发200万股,分3年解锁
121	2015.04.16	合全药业	限制性股票	针对外籍员工,预留份归GP,向持股平台定向发行股票211余万股,锁定期2年,锁定期满后分4次解锁,有解锁条件
			股票期权	授予期权240万份,等待期24个月,等待期满后72个月设置4个行权期,无特别限售条件
122	2015.04.16	鑫案利	员工持股计划	通过合伙企业持股,原合伙人转让合伙份额,持股价格为每股净资产
123	2015.04.15	东创科技	员工持股计划	通过基金子公司专项资管认购增量,按1:2的比例设立次级、优先级,锁定期12个月
124	2015.04.01	凌志软件	员工持股计划	股东为员工认购提供相当于75%的无息贷款,通过券商定向资管计划认购增量,锁定期为24个月
125	2015.03.23	金巴赫	股票期权	根据激励对象实际完成毛利润率确定行权数量,根据劳动年限设置不同等待期,无特别限售条件
126	2015.03.19	凯立德	股票期权	授予期权800万分,占比6.97%,均为预留份,等待期12个月,分3批行权,不价格低于董事会通过本激励计划前20个交易日收盘价的平均价,无特别限售条件
127	2015.03.18	思考投资	未确定	行权价格为年度每股净资产的110%,股票来源定增,向基金经理按照不超过该年度的总股本的5%给予股权激励,向员工按照不超过该年度的总股本的2%给予股权激励

续表

序号	时间	公司简称	激励方案	备注
128	2015.03.16	新宁股份	限制性股权	股东将所持新宁股份股东股权转让给激励对象,实质为股权转让
129	2015.03.13	艾录股份	股票期权	授予60万份,占比0.9709%,激励对象通过持股平台持股,股票来源定增
130	2015.03.12	先临三维	股票期权	授予460万份,占比8.07%,行权价参考最近一期定增价,激励对象包含持股5%以上的股东,根据交易均价设置限售期。
131	2015.03.11	数据堂	定向发行	实质为定向发行
132	2015.02.17	云南文化	定向发行	通过持股平台合伙企业持股,实质为定向发行
133	2015.02.13	夏阳检测	限制性股票	97万股,占比5.25%,来源为定向增发,价格1.68元/股,锁定期两年
			股票期权	授予期权87万份,占比4.07%,来源为定向增发,行权价2.22元,等待期24或48个月,禁售期两年
134	2015.01.30	根力多	股票期权	授予期权323万份,占比9.79%,股票来源定增,行权价参照首次定增价,无特别限售条件
135	2015.01.23	联讯证券	员工持股计划	通过券商定增资管认购增量,资管份额按1∶1.5设次级、优先级
136	2015.01.22	易销科技	限制性股票	以6元/股定增,大股东以1元/股转让不超过13.4万股,无特别限售条件
137	2015.01.19	国科海博	限制性股票	持股平台合伙企业,锁定期1年,解锁期4年

(一)股权激励模式的对比分析

那么,实施股权激励计划的企业具体如何选择适合自己企业的最优股权激励模式？首先，要更好地理解每种模式的特点，在本书的第四章详细介绍了股权激励的11种模式，不同的模式各自有不同的特点，都能使经理人分享到剩余索取权，但是在风险、未来收益、激励力度、权利、资金投入时间点和享受贴息等方面都有所不同。具体来说，不同点主要体现在以下6个方面：

1. 风险不同：限制性股票、员工持股、期股、延期支付等激励模式都是预先购买了股票或者确定了股票购买的协议，激励对象一旦接受这种激励模式，就必须购买股票，当股票价格下跌时，经理人需要承担相应的损失。因此，激励对象持有现股或者期股购买协议时，实际上是承担相应的损失的。而在股票期权、虚拟股票、业绩股票和股票增值权等期权类激励模式中，当股票价格下跌时，激励对象可以放弃行权，从而避免承担股票贬值的风险。

2. 激励力度不同。在股票期权、虚拟股票、业绩单位、业绩股票和股票增值权等期权类激励模式的激励下，激励对象不承担经营失败的风险，因此，在数量设计上可以不受其风险承受能力的限制。通过增加授予的数量，可以产生较大的杠杆激励作用，经理人在未来的收益也可能增大。因为不必承担经营风险，可以很好地激励管理人员的创新和冒险精神，但同时也可能导致激励对象的过度冒险带来的经营风险。而限制性股票、员工持股、期股、延期支付等激励模式需要激励对象出资购买，激励对象不仅拥有公司的剩余索取权，同时也承担了相应的风险。考虑到激励对象承担风险的能力以及实际出资的能力，这些激励模式的授予对象受到局限，激励效果和未来的收益也相应地受到影响。

3. 权利不同。在限制性股票、员工持股、延期支付等激励模式中，由于股权已经发生了转移，持有股权的激励对象一般都有与权利相对应的表决权；在期股和期权类激励激励模式中，在股权尚未发生转移时，激励对象一般不具有股权相对应的表决权。

4. 投入资金的时间点不同。在限制性股票、员工持股、延期支付等激励模式中，不管是奖励还是购买，激励对象都在即期投入了资金（所谓的激励模式实际上就是以激励对象的一部分购买了股权）；而期股和期权类激励模式都约定在将来的某一时期内激励对象需要投入资金。

5. 贴息优惠不同。在期股和股票期权、虚拟股票、业绩股票激励模式中，激励对象在远期支付购买股份的资金，但购买价格参照即期价格确定，同时从即期起享受股份的增值收益权。实际上相当于激励对象获得了股票资金的贴息优惠。

6. 适用范围不同。如股票期权、股票增值权比较适合对上市公司的高管层进行激励，附加条件是企业具有良好的成长性、资本市场的有效性较好；而期股、虚拟股票、激励基金比较适合于上市公司和非上市公司的高管层进行激励，条件是企业业绩稳定、现金流状况良好；员工持股同时适用于对上市公司和非上市公司的所有员工进行激励，要求企业业绩稳定；延期支付适用于对上市公司和非上市公司的所有员工进行激励,但要求企业现金流充裕。

以上是激励模式的不同点,表 5－5 更加详细地分析了各种模式的优缺点及适用范围。

表 5－5 股权激励模式的特点和适用范围

模式	优点	缺点	适用范围
股票期权	实现了激励对象的高度绑定;锁定激励对象风险,激励对象不行权就没有任何额外损失;有利于企业降低激励成本;激励力度比较大	过分依赖股票市场的有限性;可能导致激励对象的短期行为;激励对象与员工的收入差距加大	市场有效性比较好的上市公司;人力资本依附性较强,处于创业期和快速成长期的新三板公司
期股	需有偿购买,加大了对激励对象的约束力度,其余优点同股票期权	需要花钱购买,行权是强制性的,激励对象风险股票期权大	适用于人力资本依附性强、处于创业期和快速成长期的新三板公司
业绩股票	能够激励激励对象努力完成业绩目标,实现股东和激励对象的共赢;规避了市场有效性的影响性	业绩目标的科学确定比较困难,容易导致激励对象弄虚作假的行为;对上市公司而言激励成本较高,公司有现金支出的压力	适合业绩稳定型的,处于成长期后期和成熟期的上市公司及新三板公司
干股	简单直观,便于实施	业绩股票的科学确定比较困难,对公司现金流压力较大;不是真正的股份,激励和约束的效果比业绩股票差	适用于业绩稳定,现金流状况较好的上市公司和新三板公司
限制性股票	低价或有可能是免费获得;激励力度大;约束力较强	会使得激励对象放弃对高风险、高回报项目的投资;业绩股票的科学确定比较困难	适用于上市或新三板公司,尤其是适用于对关键人才的激励和实施金色降落伞计划
虚拟股票	不影响公司的所有权分布和控制权安排;不需要证监会批准,股东大会通过即可;激励性和约束性都比干股强;激励对象选择可以更广泛	激励对象可能因考虑分红,可能导致过分关注企业的短期利益;公司的现金支付压力比较大	比较适合现金流比较充裕的新三板和上市公司

续表

模式	优点	缺点	适用范围
股票增值权或账面增值权	操作监督;无须激励对象现金支出;审批程序简单。如果采用账面增值权方式,上市公司不需要证监会审批,股东大会同意即可	对资本市场的依赖性较大;可能导致激励对象操纵现行股价的行为;公司的现金支付压力较大。如果采用账面增值权方式,则不受股票市场有效性影响	较适合现金流量比较充裕的且计较稳定的上市公司和新三板公司,上市公司要求是有效性较好的资本市场上市前。如果采用股票增值权,则适用于我国的上市公司
延期支付	锁定时间长,减少了经理人的短期行为,有利于长期激励,留住并吸引人才;可操作性强;应用前景非常广泛	激励力度相对较弱;股票二级市场具有不确定性,激励对象不能及时把薪酬变现。如果采用现金支付,则公司有现金流的压力	比较适合业绩稳定性的上市公司和新三板公司
员工持股计划	增强企业的凝聚力;国有法人股减持的有效通道;可用于抵御恶意收购;具有普通福利的作用;解决了高管和员工收入不均衡的问题	导致股权过于分散,激励力度不足	国有企业“国进民退”改制时;用于解决对高管层进行股权激励造成的高管层和员工收入差距过大的矛盾
激励基金	该模式操作规范、适用简单	对企业现金流的要求高	业绩稳定,现金流充裕的公司

(二)股权激励模式的内在特性

评价一个股权激励模式的内在特性,主要从短期激励性、长期激励性、约束性、现金流压力、市场风险影响五个方面去分析。短期激励性是指激励对象能否在短期内获得激励计划带来的收益;长期激励性是指激励对象较长一段时期后能否如期获得预期的收益;约束性指的是方案对激励对象带来的失败成本,也就是激励对象能否因自己的错误行为减少股权激励的收益;现金流压力指在实施股权激励计划时企业出资的程度;市场风险影响是指股票市场价格的变动对企业实施激励机制产生的影响(对于非上市公司,这种影响需要考虑,但是,拟上市公司必须考虑)。表5－6即是对这九种激励模式内在特性的比较分析:

表 5－6 激励模式内在特性

激励模式	短期激励权	长期激励权	约束性	现金流压力	市场风险影响
股票期权	★	★★★★★	★★★	★★★	★★★★★
期股	★	★★★★★	★★★★★	★	★
业绩股票	★★★★★	★★★★	★★★	★★★	★★★
干股	★★★★★	★	★	★★★★★	★
限制性股票	★★	★★★★★	★★★★★	★	★★★
虚拟股票	★★★★★	★★★	★★	★★★★★	★★
股票增值权	★	★★★	★★★	★★★★★	★★★★★
延期支付	★★★	★★★★★	★★★★	★★★★	★★★
员工持股计划	★★★	★★★	★★★	★	★★★
激励基金	★★★★★	★★★	★★★	★★★★	★★★★★

注：★★★★★代表最强，★代表最弱。

需要注意的是，在表 5－6 中，如果股票增值权采用其衍生方式账面增值权来设计股权激励，而且支付的方式是股份，就不存在现金流压力影响。延期支付如果应用于非上市公司，支付的是现金，那么现金流压力是最大的。

一个理想的股权激励模式，其内在特性表现为：短期和长期激励性较强，对激励对象的约束性较强，而且对企业现金流压力不大，受股票市场风险影响较小。但实际上，从表中可知，任何一个激励都不能同时满足这样的要求，但每种模式都有自己的优点和不足。因此，对于任何一家企业来讲，十种模式中没有一个适合自身企业的最优模式，这就要求企业在最优模式的设计过程中，首先根据企业自身的特点和需求从十种模式中选择几种基本模式，再考虑和企业的相关因素后，创造出适合自己的最优模式。

■第三节 定 数 量

一、股权激励的总量

股权激励总量的确定是企业实施股权激励的首要条件，因此，了解股权总量的影响因素和确定方法是很有必要的。

影响股权总量的因素：

(1)企业的股本。这是确定激励总量的基数。一般来说，企业授予激励对象的股权总数占总股本的份额不超过10%。

(2)企业的薪酬规划。即员工的总收入中由股权所带来的收入所占比重，目前这一比重呈上升趋势。

(3)公司留存的股权数量由于不同的公司资本结构、成立日期不同，其所留存的股票数量也不一样。一般来说，新成长的高科技公司留存的股权数量比较多，因而授予的数量也较多；反之，上市时间长的公司就较少。

(4)公司其他的福利待遇。通常，如果公司的工资、奖金及退休金计划等福利待遇较好，工作稳定性较高，则激励总量就会较少；反之，公司工资、奖金及其他福利较差，发展前景不明朗，则激励总量就会较大。

(5)公司的资本战略。在考虑激励对象的股权激励总量时，要先考虑公司未来股权融资、并购重组需要占据的股份数量，从而推断出股权激励总量。

(6)人力资本依附性。公司业绩的取得与激励对象人力资本的依附性是确定股权激励总量的一个关键因素，对于人力资本依附性较强、资本门槛比较低的企业，给予激励对象股权激励的总量一定要大；反之，如果人力资本依附性较差、资本门槛比较高的企业，给予激励对象的总量就不会太大。

(7)控制权安排的考虑。对激励对象来说，必须稀释原有股东的控制权。因此，授予激励对象的股权激励总量，除了从激励力度上考虑，还必须结合控制权安排考虑股东所能忍受的控制权稀释的最高限度。

二、股权激励的个量

单个激励额度的确定，就是在企业激励总量范围内，明确每个激励对象可以获得的股权激励数量。激励额度确定的关键点，一是要参照国家相关法律法规的要求；二是要利用价值评估工具对激励对象的贡献进行评估；三是平衡股权激励对象的收入结构，其要点如下：

1. 股权激励计划分配原则

公司设计股权激励计划必须遵守国家的如下法律法规：

股权激励计划的激励人数不超过企业员工总数的8%

公司用于股权激励计划所涉及的股权总数累计不超过公司股权总数的10%

任何一个激励对象通过全部有效的股权激励计划获得授权的本公司股权累计不超过公司股本总数的1%

高级管理人员个人股权激励预期收益，应控制在其薪酬总权益的30%以内

2. 影响激励个量的因素

激励对象所能获得的股权数量，受到以下几个因素的影响：

（1）职位。从普通员工到部门经理，从首席执行官到董事局主席，职位越高，获授的股权越多。比如，惠普公司董事局主席持有 10 万股，首席执行官持有 7.5 万股，普通工程师 1 万股左右，员工 2000 股左右。

（2）业绩表现和对公司的重要性。薪酬委员会按照年度各个员工的业绩表现，结合各岗位工作的重要性，通过一套可以量化的指标体系进行测度，决定授予的股权数量。

（3）在公司的工作年限和学历高低。一般来讲，在岗位和业绩表现同等时，在公司工作时间越长，学历水平越高，所获得的股权数量会越多。

3. 确定个量的方法

在确定总量及考虑以上几个因素后，就应该决定授予每位激励对象具体的激励数量了，主要有以下三种方法：

（1）直接决定法

这种方法比较直接，也是最简单和最粗糙的一种激励方法，即由控股股东、实际控制人直接决定每个激励对象的股权激励数量。我国的新三板公司一般采用这种激励方式。

（2）未来价值法

未来价值法，即依据激励对象的年薪、年终奖和激励对象到期时的市场价格来计算每个激励对象的应获得的股权激励数量。具体计算方法是，先假定股权激励到期时公司股票市价，该价格减去行权价之后得出每个激励对象所获得的每股

收益，然后，用总期望收入去除每股收益，得出应授予的股权激励数量。

例如，假设某公司向激励对象授予股票增值权，授予日的股票市场价格为10元，预期三年后股票增值权到期日的市场价格为20元，公司希望该激励对象在股权激励到期日能从该计划中获得相当于其年薪（假定20万元）的80%的收入，由此可以授予该激励对象（20万元×80%）/（20－10）＝1.6万股的股票增值权。

这种方法是基于这样一种假设：公司的年薪是设置合理的，能够反映出每个激励对象的重要性和努力程度，能体现工作业绩的不同。当然，在使用这种方法的时候，也不一定和年薪挂钩，而是直接改为"希望激励对象从股权激励中获得多大的收益"。比如，在上例中，如果希望三年后激励对象从股权激励中获得10万元的收益，那么就应该向其授予10万元/（20－10）＝1万股的股票增值权。

对这种方法的计算原理也更多地被非上市公司用于确定股权激励的数量。

（3）现值法。

现值法也称折现法，就是将股票的未来价值折现为当期价值，是上市公司常用的一种方法。在上市公司的股权激励计划中，每个激励对象的认购数量基本上都是采用现值法来确定的。首先根据期权定价模型测算出期权的价值，把这种价值与激励对象所授予的"业绩股票"价值相加，然后根据所得到的价值来确定激励对象的期权认购数量。

对于使用期权定价模型的上市公司或做市的新三板公司，可以运用现值法来计算每个激励对象应得的股票期权数量。

为了直观地显示股权分配的具体情况，同时满足公司上市后信息披露的相关要求，股权分配的明细情况需要明确以下几点：

◆激励对象的分类、姓名和职位。

◆股权激励计划拟分配的股权数量及其占公司股本总额的百分比。

◆激励对象获授的股权数量及其占标的股权总额的百分比和占公司总额的百分比。

以下是某公司的股权分配明细，如表5－7所示。

表5－7 某公司的股权分配明细

序号	姓名	职务	拟分配的数量（万股）	占标的股权总额的比例	占股本总额的比例
公司董事及高级管理人员			240	30%	3.67%
1	×××	董事长	45	5.85%	0.40%
2	×××	董事	25	3.25%	0.22%
3	×××	副总裁	10	1.30%	0.09%

续表

序号	姓名	职务	拟分配的数量（万股）	占标的股权总额的比例	占股本总额的比例
……			……	……	……
中层管理人员			160	20%	2.15%
4	×××	财务经理	8	1.04%	0.07%
5	×××	人事经理	8	1.04%	0.07%
	……	……	……	……	……
主要业务、技术人员			160	20%	1.15%
预留股份			240	30%	3.67%
总计			800	100%	6.87%

第四节　定　价　格

价格和数量是直接决定股权激励力度的两个关键因素，在具体确定过程中没有先后之分，需要同时考虑。行权价格指的是股权激励计划中确定的激励对象在未来行权时购买的股票的价格，行权价格与股票市场价格之间的差价是股权激励制度的关键所在，因此，行权价格是否合理关系着整个股权激励计划的成败。

对于上市公司来说，由于二级市场已经有公开的股票价格，所以确定行权价格的重点有三个，以什么样的价格为行权价、要不要打折、要不要溢价。对于新三板公司来说，由于很多公司没有市场价格，因此，确定行权价格的重点在于确定股价的计算方法。

一、上市公司行权价格的确定方法

在激励对象行权时，只有当时的股价高于授权的行权价，股权激励才有价值，激励对象才会行权，当公司股价低于行权价时，以及股权激励的内在价值为零时，激励对象就会放弃行权。因而，为有效激励经理人，行权价格要定得合理。首先，行权价格不能太高，行权价太高、接近甚至高于未来行权的股票市价，就意味着经理人很难通过提高企业业绩而获得股权激励收益，就会降低激励对象努力工作的内在动力；其次，行权价不能定得过低，过低的行权价意味着激励对象不用努力工作就可能获得激励的收益,既造成股东利益受损,又使得激励对象满足于现有利益,不太可能认真工作。

科学合理地确定行权价格应考虑以下三个因素:

1. 要对授予股票期权的对象形成激励和约束。

2. 具有可操作性。

3. 对原有股东权益的影响。

各国资本市场监管部门一般都要求行权价格按照“公平原则”来确定。而所谓的公平价格是指对于股东和激励对象都相对公允的价格。一般有以下几种算法。

(1)授予日的最高价格和最低价格的平均值。

(2)授予日的开盘价和收盘价的平均值。

(3)授予日前一月的收盘价的平均值。

(4)授予日前一个月的开盘价的平均值。

(5)授予日前一个月的收盘价和开盘价的平均值。

在公平价格确定之后,行权价格的确定有以下几种方法:

(1)等现值法:也称平值法。行权价格等于当前股票的公平价格。这种行权价格相对比较适合股权激励的本意,也是绝大多数上市公司采取的方式。行权价格等于在当前股票公平价格的基础上,股权激励的内在价值为零,但行权人却拥有股票的时间价值。

(2)现值有利法,也称实值法。行权价格是当期股票价格的一个折扣,这种方法的激励力度是最大的。在行权价格小于当前股票公平价格的情况下,股权激励方案的内在价值是正的,而且拥有时间价值。但是这种方法对股东是不利的,会稀释公司原有股东的权益。并且这种定价方式对激励对象的约束不是很强,激励对象可在到期日后选择行权而从公司脱离出来,而公司却又无可奈何。

(3)现值不利法,也称虚值法或溢价法。行权价格是现有股票公平价格的一个溢价,也就是行权价格高于当期股票的价格。这种行权价格对股东有利,而对公司的激励对象不利。采用这种方式进行激励,往往导致激励效果不佳。当然,如果公司的盈利状况和成长性很强,预期公司的股价未来会大幅上升,也可以以此来吸引激励对象。

(4)可变的行权价格。以上三种方法确定的行权价格都是预先确定的。还有一种可变的行权价格是根据业绩和同行业股价的变化为参数进行调整。可变的行权价格的操作方法为:确定购买金额→确定公司收益增长系数→确定股票市场价格→计算行权价格。

确定购买金额:在确定激励对象未来应得股权时,不是确定其应得的股数,而是其可以购买股票的金额。

确定公司收益增长系数;期满时在公司收益的基础上结合行业平均收益,计算确定公司收益增长系数。

确定股票市场价格。期满公司股票的公允市价。

计算行权价格。行权价格 = 购买金额/(1 + 收益增长系数)

【案例 5 -1】

某公司在股权赠与日,根据公司的收益情况和行业的平均收益确定 A 经理的股权行权赠与金额为 160 万元。期满后,公司根据收益增长情况并结合行业平均收益增长情况,计算确定本公司的收益增长系数为 50%(自赠与日至期满时)。此时,公司股票的市价为 24 元,则计算行权价格如下:24/(1 +50%) =16 元。A 经理可行使的股权股数为 100000 股。

如果期满后公司的收益增长系数为 20%,其他条件不变,则计算行权价格如下:24/(1 +20%) =20 元,A 经理最后可行使的股权股数为 80000 股。

在计算行权价格时,一般要求其价格基数不得低于行权时的最低市价。这种方法完全排除了与业绩提升或下降无关的股价涨跌因素。激励对象努力程度越高,股权收益也就越大。

二、新三板公司的行权价格的确定

很多新三板公司在制订股权激励计划时,其行权价的确定没有相应的股票市场价格作为参考,因此,确定难度比上市公司要大。美国的上市公司通常采用对企业的价值进行专业的评估,根据评估的结果确定每股的内在价值,并以此作为股权行权计价和出售的依据。

我国的一些新三板公司在实施股票期权计划、股票奖励计划和股票持有计划时,行权价与出售价的确定一般采用每股净资产为主要和唯一的依据。按照每股净资产原则定价方式简便易行,但是其客观性、准确性与公正性存在一些问题。

对于新三板公司行权价的确定,可以采取以下四种方法:

(一)净资产评估定价法

首先对公司的每项资产进行评估,得出每项资产的公允市场价值,然后将各类资产的价值进行加总,得出公司的总资产价值,再减去各类负债的公允市场价值总和,就得到公司股权的公允市场价值。用公允市场价格除去公司总股本,就得到股权激励授予时的公平价格。即

相对应的计价方式有以下三种:

$$公平价格 = \frac{公司股权的公允市场价值}{公司总股本}$$

净资产计价法

这是最简单的方法，先算出公司的净资产，用净资产除以总股数就得到公司的股份价格。比如，公司净资产为1000万元，设定总股数为1000万股，那么，公司的股份价值为每股1元钱。这种方法简单直观、易于操作，因此，净资产定价法成为我国新三板公司广泛采用的一种方式

综合考虑销售收入、净利润和净资产定价

在确定公司总价值的时候，综合考虑销售收入、净利润和净资产的价值，分别对它们赋予不同的权重，计算出公司的总价值，然后设定公司的总股数，用总资产除以总股数就是每股的价格

根据无形资产和有形资产定价

在确定公司总价值的时候，考虑无形资产和有形资产两个因素，分别对它们赋予不同的权重，计算出公司的总价值，然后设定公司的总股数，用总资产除以总股数就是每股的价格。在这种方法中，无形资产的估值是关键

这三种方法中最常用的是净资产定价法，因为其最直接、最简单、最易操作。建议在公司规模小、业务简单时使用。

（二）净现金流折现法

净现金流折现法是资本投资和资本预算的基本模型，被看作企业估值定价在理论上最有成效的模型，又称获利还原法，是把企业整个寿命周期内的现金流量以货币的时间价值为贴现率，据此计算出公司净现值，并按照一定的折扣比例折算来确定公司的股票价格。

使用这种方法的要点：一是要科学合理地预测企业未来存续期间各年度的现金流量；二是找出一种对各方都合理的公允折现率。折现率的大小取决于未来的现金流量的风险，风险越大，要求的折现率就越高；风险越小，要求的折现率就越低。

这种方法是一种比较合理的方法，但确定过程相对麻烦，现金流的预估和折现率的选取需要专业的财务知识和对行业前景的准确把握。建议能进入创新层的新三板公司可以采取该种方法。

（三）市盈率定价法（模拟股票上市定价法）

这种方法是模拟上市公司上市时的定价方法，它是市盈率和预测的每股收益相乘，结果就是该公司的股份价格，公式具体表现为：

股份价格 = 每股收益 × 市盈率

直接用上述公式来确定新三板公司股份价格时，先计算公司的总收益，设置总股数，得出每股收益，市盈率可参考同类公司上市时的市盈率。

新三板公司在使用市盈率定价法时，也可以参考我国公司上市时的股票定价公式：

$$P = R \times V / [S1 + S2(12 - T/12)]$$

其中，P 指发行价格、R 指经审核的当年预期利润、S1 指公司公开发行股票前的总股数、S2 指公开发行股份数、T 指股票发行月份、V 指市盈率。

在使用上述公式时，首先，预期当年的预期利润，这可以根据公司上一年度的损益表，本年度已发生的损益情况进行预测。其次，选择合适的市盈率，可参考同类公司上市时的市盈率。再次，公司的总股数可看作公开发行股份的总股数，同时，把股权激励计划的激励股份数量看作是公开发行数量，将实施股权激励的年月看作股份发行月份。最后，确定公司价值和股权激励的行权价格。

该方法适用于规模较大，具有可以作为参考公司的同行业上市公司。

（四）市场评估定价法

这种方法实际上就是相对业绩评价在股权定价中的应用，主要思想是在定价过程中，一定要找几家同行业具有可比性的上市公司或挂牌公司进行比较，从而算出本公司的股份价格。相对于其他几种方法来说，这种方法更加客观和准确。

第五节　定　来　源

定来源是指股权激励计划中涉及的激励股票（股份）和购股资金的来源。股权激励的股票来源问题直接关系着原有股东的利益、控制权、公司现金流等；而行权资金的来源又会影响激励对象是否能够行权的问题，因此，股权激励计划中的资金和股票来源成为考验股权激励计划成败的重要因素。

一、上市或新三板公司中的激励股票来源

我国上市或新三板公司实施股权激励计划时，一个较为突出的问题就是法律

和政策的限制，导致公司设定股权激励计划时的股票来源成为问题。本节就着重分析在我国的现有法律和政策下，实施激励计划的股票来源。根据实践经验，我国的股权激励中股票来源主要有以下四种：

（一）股东转让

股东转让是国际上比较通行的股票来源方式，因为在一家公司，大股东的利益和公司的利益通常是一致的，公司为了留住人才和激励人才创造价值实施的股权激励也是大股东所乐见的。一个有长远眼光的大股东理解和支持公司的这一举措，也乐意以一个合理的价格将部分股权转让给激励对象，从而为公司的股权激励计划提供了股票来源。当然，这一来源主要依赖大股东的"觉悟"。

需要注意的是用这种方式进行激励，大股东的股权需要转让给激励对象，一旦激励对象出现违约情形，大股东的利益有可能受到损害。

（二）直接增发新股

如果公司发展很快，原有的留存股票不足以满足股权激励之需时，上市公司可以向证监会申请发行一定数量的股票。经过证监会批准后，公司就可以增发新股。新三板公司可以向作为激励对象的董事、高级管理人员和核心员工定向发行股份，但每次向除原股东之外的符合定向发行条件的对象发行股份的人数不超过35人。且如果发行后导致股东人数超过200人或者股东人数超过200人的挂牌公司向特定对象发行股份都需要报中国证监会核准。如果向特定对象发行股份导致股东人数不足200人的，则豁免向中国证监会申请核准，但应该在每次发行后5个工作日将发行情况报中国证监会备案。

1. 增发新股模式的特点

供员工行权用的股票发行和一般的股票发行有很大的区别，其特点如下：

（1）新股发行额度是一种延期发行额度：公司对员工发行股票期权后，该部分发行新股的额度就相继发生，但由于公司股票期权必须经过一定的等待期之后才能发行，因此，该部分的发行额度要等到员工行权时才能实际发行。而一般的新股发行额度在授权后即可投入使用，不需要经过一定的等待期后才发行。

（2）新股发行是一种浮动发行额度。一般的新股发行额度是固定额度，该部分额度授予之后必须在预定的发行期内发行完毕，获得足额认购，如果没有被足额认购，余额部分必须由承销商包销，否则即视为发行失败。而为行权发行的额度是不确定的额度。

2. 增发新股模式的操作流程

（1）员工开立股票账户：公司根据合法的程序向员工发放股权之后，员工的个人账户中相应记载了股权的增加数量,没有个人股票账户的员工应完成开户,获得个人账户,并增加获得股权的相应记录。

(2)员工实施现金行权:等待期满后,股权持有人可以利用交易所的交易系统,以报盘的方式完成行权手续,股权持有人可以多次报盘行权。但申请行权的总股数不得超过该行权者持有的股权的总和。

(3)公司办理注册资本变更登记:在发行新股模式下,由于员工分批行权将带来公司总股数逐步增加,注册资本也相应增加。公司应根据法律法规的规定,及时办理注册资本变更事宜。

3. 回购股票

回购股票是指公司直接从二级市场购买股权激励所需数量的股票,将回购的股票存入库存股票账户,待行权日到来时,按照约定交付给行权人。回购股票是美国上市公司一种重要的股票来源方式。

但在我国,受限于现有的法律规定,上市或挂牌公司回购本公司股票受到诸多的限制。根据我国《公司法》第 142 条之规定,股份有限公司收购本公司的股份用于奖励给本公司职工时,公司收购的本公司股份不超过公司已发行股份总额的 5%,且所购买的股份应当在 1 年内转让给职工。虽然这与股权激励的考察期大于 1 年的原理相冲突,但表明立法者在试图兼顾公司资本维持原则和股权激励的现实需要之间找到了一个平衡点。

上市或挂牌公司实施股份回购的程序较为复杂,具体的操作流程如下:

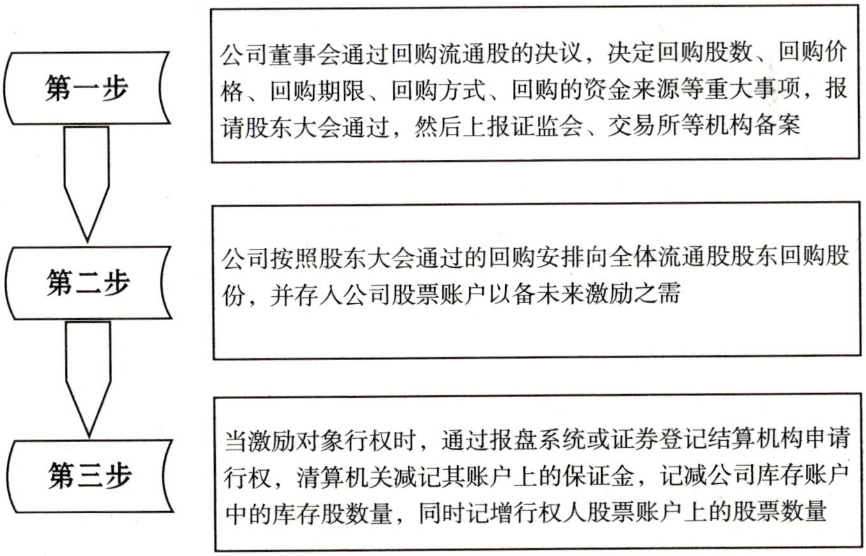

二、新三板之外的非上市公司股份来源的确定

对于新三板之外的非上市公司，股份来源没有上市公司或新三板公司的诸多限制，操作起来较为灵活，只要原有股东同意，符合《公司法》的要求即可。这是新三板之外的非上市公司实施股权激励的一个重要优势。

新三板之外的非上市公司的激励股票来源主要是以下四种：

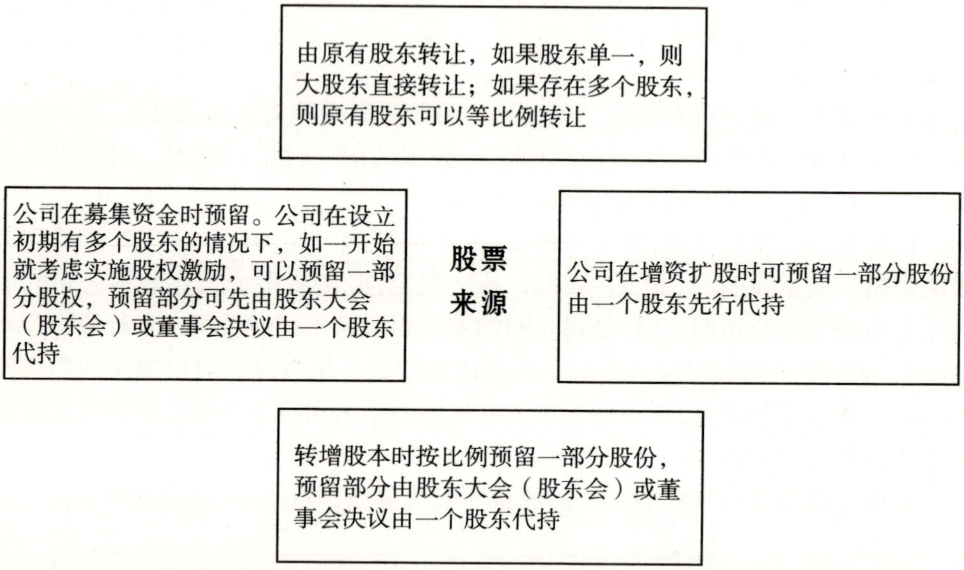

三、购股资金的来源

购股资金的来源关系着股权激励计划能不能如期推进下去。就股权激励的出发点来说，是希望激励对象不断行权来持有公司股份，从而使公司利益和激励对象个人利益在根本上保持一致。但鉴于激励对象作为单个的个人，财力毕竟有限，如何一下子筹措大额资金用于行权所需确实值得关注。

美国的上市公司，不存在这个担忧。因为激励对象在行权时，公司可以为其提供借款或者提供贷款担保，而且资本市场上也存在从事类似金融业务的投资公司和信托公司。

由于政策上的限制，我国的上市或新三板公司和公司高管在面临类似资金不足时会陷入窘境。根据《上市公司股权激励管理办法（征求意见稿）》第 21 条规定："激励对象参与股权激励计划的资金来源应该合法合规，不得违反法律、行政法规及中国证监会的相关规定。上市公司不得为激励对象依股权激励获取有关权益提供贷款以及其他任何形式的财务资助，包括为其贷款提供担保。"而且我

国的商业银行也明确规定不得为个人提供贷款用于股权投资。对于新三板挂牌公司来说，虽然股权激励的资金来源暂无明确规定，但鉴于新三板公司作为非上市公众公司的市场定位，为了保护公司及广大股东及投资者利益，也应参照《上市公司股权激励管理办法（征求意见稿）》的相关规定，保证股权激励计划的资金来源合法合规，挂牌公司也不得为激励对象依股权激励获取有关权益提供担保或者任何形式的其他财务资助。

另一方面，我国上市公司的股权激励对象在行权时，不仅要准备大量的行权资金，而且还要准备缴纳个人所得税的资金。财政部和国家税务总局在2005年7月1日颁布实施的《关于个人股票期权所得征收个人所得税问题的通知》中明确规定：员工在行权时，其从企业取得股票的实际购买价（也就是行权价）低于购买日公平市场价（也就是股票当天的收盘价）的差额，是因员工在企业的表现和业绩情况而取得的与任职、受雇有关的所得，应按照“工资、薪金所得”适用的规定缴纳个人所得税。行权日所在期间的工资、薪金所得，应按照下列公式计算，“工资薪金应纳所得税额：股票期权形式的工资薪金应缴纳所得额＝（行权股票的每股市场价－员工取得该股票期权支付的每股行权价）×股票数量”，而个人所得税法明确规定，工资、薪金所得，适用超额累进税率，税率为5%～45%。

这样，股权激励对象在行权时，既要准备行权资金，又要准备缴纳相应的税负，资金的压力会很大。

正因为上述原因，我国的上市公司、新三板公司和其他非上市公司，常采用的解决购股资金来源的方法有以下几种：

（一）激励对象自筹资金

不管是上市公司还是新三板公司，在购股资金来源中一般都有自筹部分。也就是说，激励对象要从自己的储蓄中拿出一部分用于行权时的对价支付。同时，一些银行推出了新三板员工股权激励信用贷款，员工可以按照银行的规定获取贷款。这也体现了股权激励中的“风险与收益对等原则”和“激励与约束对等原则”。

（二）大股东或公司的贷款

这种方式适用于新三板之外的非上市公司，不能用于上市或新三板公司，证监会不允许上市公司对激励对象贷款或借款，新三板公司一般也应参照适用，但是对于新三板之外的非上市公司来说，则不受证监会相关规定的限制。新三板公司之外的非上市公司通常可以采用此方法。如果是以借款方式，那么利率通常是同期银行存款利率；如果是贷款方式，那么利率就是同期银行的贷款利率。

（三）将年终奖的一部分作为行权资金

这是非上市公司采用的一种方法，业绩达标后，扣除年终奖的一部分行权。

（四）提取各类奖励基金

奖励基金从净利润中提取，这类奖励基金需要股东大会表决通过才能设立。这种方式会增加公司现金流的压力，而且从部分股权激励的案例分析来看，不少上市或新三板公司把这部分资金作为经营成本列支，这也会涉及税收问题，增加企业的税负和政策风险。

（五）银行贷款

为了解决员工购买股权的现金流不足问题，一些银行推出了新三板员工股权激励信用贷款，员工可以以低利率的银行杠杆，在不影响家庭其他正常消费情况下，按照银行的规定获取贷款购买股权，撬动十倍百倍的收益，实现与公司市值的共舞。

（六）多种激励模式配合

将干股、虚拟股票和股票增值权等分享型的股权激励模式与其他几类激励模式相配合，解决激励资金短缺的问题。

比如，先在公司实施干股、虚拟股票和股票增值权等利益分享型的股权激励，实施几年后，当激励对象从这些计划中获得收益之后，再推出股票期权、限制性股票等需要行权资金的激励模式。

（七）行权方式的设计

从行权方式可以解决激励对象的购股资金来源问题。即可以在方案设计中，采用将现金行权变为无现金行权或部分现金行权的方式。

如果是按照非现金行权的方式，激励对象行权时，由指定的券商出售部分股票获得收益来支付行权所需的费用，并将余下部分存入激励对象的个人账户。

如果按照部分现金行权的方式，激励对象行权时，由指定的券商出售激励合同中约定好的一定数量的股票，获得的收益用于购买剩余股票，不足部分由激励对象自行补足。

（八）通过信托方式垫资

通过引入信托机构解决激励对象购股资金来源问题主要有以下三种方式：

1. 激励对象与信托公司签订贷款融资协议,由信托垫资行权,获得的奖励股票抵押给信托机构,用分红偿还完毕后信托将股票过户给激励对象。

2. 公司将资金委托给信托机构,信托机构与激励对象签订贷款融资协议,将资金贷给激励对象用于行权。当激励对象偿还本息后,在扣除相关费用和报酬后,信托机构将资金返还给公司。

3. 公司将资金委托给信托机构,并指定该资金专门用于购买公司股票,公司是委托人,公司与激励对象是共同受益人。在激励对象等待期内,信托机构是公司的股东,行使股东权利,并享有股东收益。等待期结束之后,如激励对象行权,信托机构将股票过户给激励对象;如没有达到行权条件,信托机构出售股票,在扣除相关费用和报酬后将资金返还给公司。

第六节　定　时　间

股权激励方案的时间确定包括两个方面:一是选择一个合适的股权激励授予时机;二是合理地安排授予时间表。

一、授予时机的确定

公司实施股权激励,是为了对经理人进行长期激励。因此,需要科学选择合适的授予时机,以便充分发挥股权激励在约束和激励两方面的最大效果。在选择股权激励的最佳时机时,可以从公司和激励对象两方面着手综合考虑。

(一)从公司角度考虑

从公司的角度考虑,第一个问题就是挂牌前做股权激励,还是挂牌后做股权激励。挂牌前做股权激励涉及的法律要素和政策要素较多,方案较为复杂,但一旦公司挂牌,则面对股价大幅升值的影响,激励效果更加明显。如果挂牌后做股权激励则比较方便,套现容易。但激励对象面临股价波动的风险加大,激励的效果有可能打折扣。

第二个问题是连续定期授予还是一次性授予。对于上市公司来说,如果选择的是股票期权这种严格与公司股价挂钩的方式,为了规避股价波动对激励效果的影响,建议采用连续定期授予的方式。上市公司如果采用不是与股票价格严格挂钩的激励模式,或者是新三板公司实施股权激励,建议采用"一次授予,分次行权的方式"。

股权激励不是为了单纯地分享利益，而是牢牢约束激励对象，使其能够与公司共进退、同甘苦，参与公司的重大经营决策，推动企业战略布局，创造企业辉煌明天。因此，实施股权激励的时机把握十分重要。以下从几个重要时间点分析股权激励的时机把握问题。

表 5－8　股权激励的时机

1. 在股权融资时	当企业的资本战略中有明确的股权融资要求时，无论是引入战略投资者、财务投资者还是谋求企业挂牌，这时候都需要配合实施股权激励，股权激励已成为投资者对企业进行投资的一个重要考量因素
2. 在并购重组阶段	企业在并购重组阶段，企业在资本市场进行并购，如果是自己的公司并购了其他公司，股权激励是消除新进股东和创业元老之间重组过程矛盾的一种行之有效的手段
3. 商业模式出现重大调整时	在公司的商业模式出现重大创新的时候，股权激励是留住人才、激励人才和吸引人才的重要手段
4. 新的战略推出时	当新的 3～5 年的战略计划推出之后，为了激励人才为公司的未来战略的实现而努力工作，必须将公司的利益和激励对象的利益长期捆绑在一起
5. 其他情况	如果没有以上情况发生，但是公司还在想实施股权激励计划，那么最好要在公司业绩有重大提升或公司有其他重大利好消息时实施

(二)基于激励对象角度的考虑

从激励对象角度考虑，一般在以下五个时点授予股权激励计划：

1. 受聘；
2. 升职；
3. 每年一次的业绩评定时；
4. 每年新的业绩目标下达时；
5. 取得重大利好消息时。

实践中，在激励对象受聘升职时股权激励授予数量较多，而每年一次的业绩评定后或者每年一次新的业绩指标下达时授予的股权激励数量较少。“取得重大利好消息之时”指的是当技术研发、设计骨干等研发团队取得重大科研成果，该成果预期会对企业的业绩带来大的提升，此时可以对上述人员实施激励措施。

二、授予时间表的安排

股权激励计划中涉及的时间表包括以下几个:有效期、授予日、授权日、等待期、可行权日、窗口期和禁售期。下面对每个概念的含义及其确定方法进行简要介绍。

(一)有效期

有效期是指获授人可以行使股权授予所赋予的权利的期间,超过一定的期限就不再享受这种特权。这个有效期没有一个统一的规定。可以是3~5年,也可以是5~10年,一般是2~10年。根据我国《上市公司股权激励管理办法(征求意见稿)》第13条规定:股权激励计划的有效期从首次授予权益日起不超过10年。

(二)授予日

授予行为发生的日期是授予日。授予是股权激励计划中的第一个环节。如下图所示:

授予日——→授权日——→行权日

股权激励计划中的时间节点

在授予日,公司应明确以下几点:

1. 股权激励计划的宗旨:即公司实施股权激励计划的目的。

2. 股权激励计划的范围:即激励对象可以享受股权激励计划带来的丰厚回报。

3. 激励额度:即计划赋予每位激励对象多少股权。

(三)授权日

授权日是指向激励对象授予股权的日期。

对于上市公司来说,授予日必须是交易日。此举主要是防止激励对象通过控制信息披露而操纵股价。因此,规定了重大交易事件和重大事项发生的前后一段时间内以及年报和中报披露前的一段时间内禁止授予股权激励。而非上市公司则没有限制,公司可以根据自己的情况灵活确定。

(四)等待期

一般情况下,股权激励对象获授行权后,并不立即行权(即以约定的价格购买公司的股票),而是需要等待一段时间,直至可行权日,才能一次性或分次取得行权的权利,这段时间就是等待期。也就是股权激励从获授日到最早可行权日的这段时间。

为什么行权前要有一个等待期呢？设立等待期的初衷是防止在股权激励实施过程中，激励对象随意离职致使股权激励效果不佳。企业从留住人才的角度出发，一方面通过等待期留住人才，另一方面通过等待期考核和更好地激励人才。

在等待期的具体设计上也是和股权激励的具体行权方式息息相关的。根据行权方式的不同，可以分为下面四种类型：

1. 一次性等待期。如果股权激励计划是"一次授予，一次行权"，那么等待期就是一次性的，由公司根据激励对象完成的业绩考核指标的情况，一次性行权完毕。这种等待期的设计所带来的激励效果明显，适合急于提升业绩目标的公司使用。

2. 业绩等待期。激励对象只有在有效期内完成了特定的经营目标，才可以行权。与一次性等待期不一样的是时间不是固定的，而是视业绩完成情况而定。这种等待期一般是在公司的业绩和发展前景遇到困难时采用。

3. 直线等待期。如果公司的股权激励采用的是"一次授予，分次匀速行权"的方式，那么等待期就是直线型等待期。比如，在一个股权激励计划中，一次性授予激励对象 10 万股限制性股票，有限期为 5 年，第 3 年可行权 33333 股，第 4 年可行权 33333 股，第 5 年可行权 33334 股。在这个股权激励计划中，等待期分别为 33333 股 2 年、33333 股 4 年、33334 股 5 年。

4. 阶梯等待期。在上述例子中，如果其他条件不变，但是采用加速或者减速行权的方式，也就是在第 3、4、5 年分别按照 2 万股、3 万股、5 万股的方式或者 5 万股、3 万股、2 万股的方式行权。这种行权方式下的等待期就是阶梯形等待期。

以上四种等待期的类型各有其适用的前提条件，一般采用直线等待期和阶梯形等待期的居多。

在考虑等待期问题时，还应该考虑相关法律法规的规定。我国《上市公司股权激励管理办法（征求意见稿）》第 30 条规定：股票期权获授日与获授股票期权首次可行权日之间间隔不得少于 1 年。也就是说，我国股票期权激励计划的最短等待期是 1 年。

一般来说，对于 10 年有效期的股权激励计划，建议最短的等待期为 3 ~ 5 年；对于 5 年有效期的股权激励计划，等待期为 1 ~ 2 年。并建议采用阶梯形等待期加速行权的模式。

（五）可行权日

可行权日就是激励对象可以行使权利的日期。这个日期必须是交易日。可行权日可在等待期结束到失效期到来之前由激励对象选择日期行权。激励对象可以根据价值的变化及股价的波动情况灵活决定行权的时点，但必须在失效期之前完成行权。

可行权日的选择非常关键，实践中一般采用以下 5 种方法确定可行权日：

1. 以授权日为基准。公司可以将行权日确定为授权日之后的 1 年、2 年或者更长的时间，但根据我国的相关规定，我国的上市公司激励对象的可行权日至少是在授权日之后的 1 年。

2. 以工龄为基准。公司可以规定，只要员工在公司服务满规定年限即可获得期权，且可以立即行权。这样，员工就会形成一种预期，只要努力工作，并一直在公司工作下去，就会确定获得公司的股权，从而使员工坚定长期为公司服务的信心。

3. 以特殊日为可行权日。公司可以选择一个特殊的日期为公司激励对象可行权的日期。这个日期的选择可以是公司的成立日、成立几周年纪念日、挂牌纪念日等具有纪念意义的日期。这样可以让员工与公司休戚与共，与企业同甘苦、共患难，从而更具有精神上的激励效果。

4. 以绩效考核指标的实现为标准。将绩效考核指标的实现作为可行权日的确定依据，具有简单而又深刻的宣示效果，从而激励员工努力工作，在达到绩效考核目标的同时也感受到公司对其付出的认可。

5. 综合标准。公司也可以将以上四个确定可行权日的方法结合起来，灵活确定适合本公司的可行权日。

（六）窗口期

窗口期的设置主要针对上市公司，由于上市公司的高级管理人员是公司重大信息的知情人员或者参与人员，为了防止具有这些身份的激励对象利用信息优势从事内幕交易或者操纵股价，为自己牟取私利，因此，各国的证券监管部门均规定了窗口期，激励对象只能在窗口期行使权利。

我国《上市公司股权激励管理办法》第 27 条规定的窗口期是“激励对象应当在上市公司定期报告公布后第 2 个交易日至下一次定期报告公布前 10 个交易日内行权，但不得在下列期间内行权：①重大交易或者重大交易事项决定过程中至该事项公告后 2 个交易日；②其他可能影响股价的重大事件发生之日起至公告后 2 个交易日”。

（七）禁售期

禁售期指的是激励对象行权之后，强制规定其必须持有一段时间才能出售，这段时间就是禁售期。在美国和我国香港地区的上市公司一般规定有禁售期，主要是为了防止激励对象利用公司内部信息牟取私利，损害股东的利益。禁售期一般不会设置太长,大概是6个月到2年。例如,在纳斯达克上市的百度和盛大的禁售期都是6个月,在我国香港地区上市的阿里巴巴的禁售期为2年。

在我国内地上市的公司,不需要特别在方案中对激励对象设置禁售期,因为《公司法》已经明确规定了禁售期,而且《公司法》对董事、监事、高级管理人员持有的本公司的股份设置了禁售期,国资委对国有企业股权激励对象的禁售期也严于《公司法》的规定。在中国中小企业股份转让系统挂牌的股份有限公司则根据《全国中小企业股份转让系统业务规则(试行)》的规定进行转让,该规定是对《公司法》相关规定的细化和补充。

上市公司如果需要对《公司法》规定的董事、监事、高级管理人员之外的人员如中层管理人员、核心技术人员等进行股权激励的,则可以根据《公司法》的相关规定进行。

对于挂牌公司则没有明确要求规定禁售期。但出于人才捆绑的原因,实践中也要规定禁售期。比较简单的做法就是参照《公司法》对上市公司的相关股票禁售规定进行。

■第七节 定 机 制

一、股权激励计划的管理方式

(一)机构的设置

股权激励计划的决策机关是公司的股东大会,日常的领导和管理机关是董事会,对于规模及人员都较大的公司,可以在董事会下设置薪酬委员会,在董事会领导下负责处理公司的股权激励及薪酬管理事务。对于规模较小、人员较少的公司,则没有设置薪酬委员会的必要,直接由董事会负责处理股权激励事宜。

无论是设置薪酬委员会的公司,还是直接由董事会负责处理股权激励相关事宜的企业,涉及股权激励计划的决策权都在公司的股东大会。股东大会通过股权激励的决议并授权董事会全权处理与股权激励相关的事宜,然后董事会将具体业务交由设立的薪酬委员会实施。薪酬委员会的主要工作是负责起草股权激励计划中各类文件,执行股东大会的相关决议,负责处理股权激励工作中出现的各种问题等。当然,不设薪酬委员会的公司就由董事会具体负责上述工作。

（二）计划的管理

对股权激励计划的管理，一般通过两个层面来实现。在微观层面，由公司董事会来实施股权激励计划的管理；在宏观层面，政府通过制定规范的监督管理机制进行规制。

（三）公司层面的管理

就是由薪酬委员会或者不设薪酬委员会的董事会负责处理股权激励计划日常运作中出现的各种问题，并完善相关规范措施，不能独立处理的事务交由董事会或者股东大会决定。

（四）政府层面的管理

政府的相关部门负责制定规则和完善监督职责：首先要制定股权激励的规范实施办法；其次，完善相关税法、会计法和税务管理办法，为股权激励的规范实施创造适合的法制环境；最后，加强市场监管，防止出现违法违规情况。

二、业绩考核机制

科学合理的业绩考核是股权激励发挥最优化激励效果的必然条件。激励对象和公司、控股股东之间的共赢才是股权激励真正的目标。有效的激励措施是以完成一定量的业绩指标为前提的。如果说前面提到的激励计划需要注意的问题是技术层面的要求，那么，如何确定考核指标就是公司需要把握的根本问题。

在业绩的确定方面，主要需要关注以下几个方面：

1. 确定业绩指标；
2. 确定业绩标准；
3. 确定业绩评价方法；
4. 确定业绩考核基准。

（一）确定业绩考核指标

股权激励的目的是通过激励手段使激励对象与公司的利益捆绑在一起，激励对象在获得激励带来收益的同时，也促使股东的财富增值和公司价值提升。因此，如何制定有效的业绩考核指标将是影响三方利益的全局事务。笔者认为，有效的评价考核指标应满足两个条件：第一，建立一整套完善的业绩考核指标因子，从经营、财务、管理三个维度对激励对象进行考察；第二，要能真正体现出企业价值增长、股东财富增加和企业的战略目标相一致。

然而,目前众多的业绩考核指标由于不能同时兼顾这两个方面的条件而存在诸多问题。这些业绩指标大致可以分为三类:会计类指标、市场类指标和财务类指标。这三类指标各有利弊,需要结合使用才能发挥最大化效能。以下是这三类指标的对比分析:

1. 会计类指标

会计类指标的优点是:直观,易于操作,客观性强,可控程度高。当资本市场的价值发现功能失灵时,财务指标就比股价等更能反映公司的真实价值。

会计类指标的缺点表现在以下三个方面:首先,对于新三板公司来说,如果经营者采用会计造假手段,则公司的会计科目失真,这样就难以确定公司的真实经营业绩;其次,会计报表是以已发生的数据为编制依据,它反映的数值存在滞后性,难保激励对象不会采用短视手段追求短期利益;最后,大多数会计指标都未考虑股权投资的机会成本问题。

2. 市场类指标

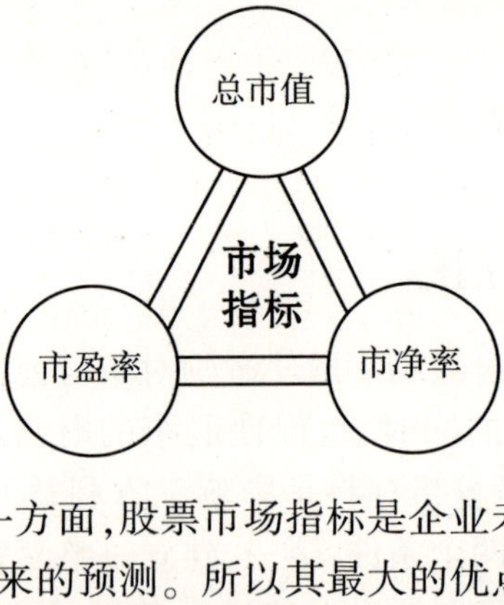

市场类指标的优点:一方面,股票市场指标是企业未来现金流量的贴现值,指标值反映了市场对企业未来的预测。所以其最大的优点就是面向未来,关注企业的长远发展。另一方面,业绩评判相对简单、直观,直接反映在股价变动上。

市场类指标的缺点：一方面，会受到资本市场有效性影响，在资本有效性弱的市场中，市场指标难以真实反映公司的真实价值，对股权激励可能产生不利影响；另一方面，市场指标难以调动激励对象执行特定公司战略或实现特定财务目标的积极性。

3. 非财务类指标

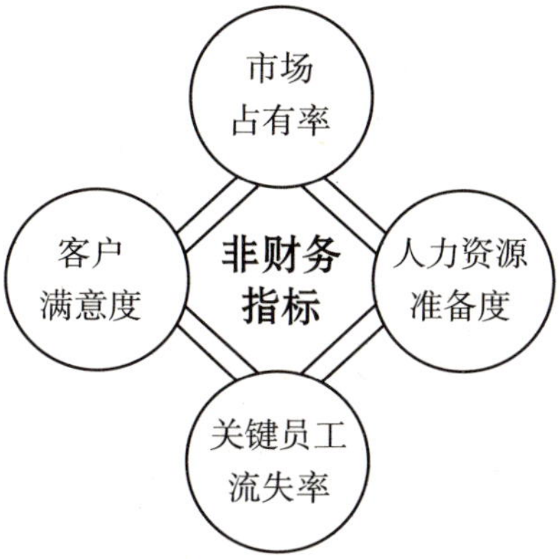

会计类指标和市场类指标都属于财务指标，是可以量化的，反映的是经营结果，比较客观，准确；而非财务类指标则描述的是事物的性质和方向，反映的是经营这一动态过程。

非财务类指标的优点：非财务类指标反映了企业经营过程的信息，促进了财务指标的实现，反映出企业的真实情况。相对于财务指标注重"过去"的特点，非财务类指标更关注"未来"。

非财务类指标的缺点：一是非财务类指标的确定带有很大的主观性，难以定量化，故，只用此非财务类指标进行业绩评定有失公允；二是非财务指标很容易受到经理人的操纵；三是非财务类指标有时会跟财务类指标相冲突，如过分关注顾客和员工满意度会导致管理费用上升，利润下降。

不同的业绩指标有不同的优缺点，而且将导致激励对象的努力方向不同。任何一个单一的指标反映的都只是激励对象在某方面的能力，但这只能窥见激励对象的一个侧面，要想公正、全面地评判激励对象的能力，就必须把会计类指标、市场类指标和非财务类指标结合起来，作为一个有机整体，综合评判。为此，笔者认为评价激励对象的贡献度应坚持以下三个原则：

1. 利润指标和销售指标相结合，以影响企业价值关键指标为主

会计类指标中利润指标代表的是指企业的短期利益，而销售指标代表的是企业的长期利益，在实际应用中，应该将两者结合起来分析，根据在不同阶段它们对公司价值的影响不同，赋予不同的权重。

企业价值简单理解就是卖掉企业时可以得到的收益。在数量上,企业价值等于企业从存在到卖掉的期末利润的贴现加总。从经济学的角度分析,如果每一期利润在时间上是相互独立的,则最大化企业利润就等于最大的企业价值;但如果各期利润相互影响,最大化每一期的企业利润就不等于最大化的企业价值。就实际情况来看,在企业发展的不同阶段,企业各期的利润之间的关系就会有所不同:在起步和发展阶段,前一期的低利润可能是后一期的高利润的前提;在成熟阶段,各期的利润相互之间关系变化不大。这就致使各个时期影响企业价值的主要因素不尽相同。

对以上情况进行分析得出,如果用会计指标来考核激励对象,应该综合考察市场份额指标和净利润增长率、净资产收益率等利润指标。但是,在企业的不同发展阶段考虑的重心不一样。

对于一家处于高速成长期的企业来说,影响企业价值的最主要因素就是企业的增长,这个阶段发展对于企业是最重要的。如果激励对象能够通过抢占市场份额迅速扩大市场规模,就能提高企业在今后各时期的利润水平,从而提高企业的价值。因此,在此类企业中,应该把市场占有率的激励目标所占权重加大。

对于一个处于成熟期的企业来说,当期利润是一个比较合理的指标。这是因为,处于成熟期的企业的每一期利润的相关性不是很大,各期利润波动较小,最大化各期利润就等于最大化企业价值。这一时期的企业已很难通过激励手段达到市场规模的高速增长,最务实的方式是控制成本,"向管理要效益"。此时,选择净利润增长率和净资产收益率指标作为激励目标无疑更为合适。

2. 会计类指标和市场类指标相结合

对于新三板之外的非上市公司来说,财务指标就是会计指标。而对于新三板公司来说,除了会计指标之外,还要结合市场指标综合权衡。

将会计指标和市场指标结合起来用于股权激励,可以避免单纯依赖会计指标或者市场指标难以衡量经营者真实经营管理能力和勤勉尽责程度的弊端。将会计指标和市场指标结合起来分析,对于我国资本市场的上市公司具有非常现实的意义。由于我国资本市场的制度不健全,受法律、政策诸多限制等天生缺陷,其"经济晴雨表"的作用并不明显,资本市场有效性不足,如果对激励对象进行股权激励时单纯考虑股价等市场因素,可能会出现激励对象努力工作,公司价值也大幅增长,但股价却出现下跌的悖逆局面,这无疑会深深刺激激励对象的意志,甚至导致激励效果适得其反的尴尬局面。

那么,只考虑会计指标又会如何?会计指标对激励对象是公平的,因为会计指标和激励对象的努力程度通常是成正比关系的。但这会产生另一个问题,那就是如何兼顾中小股东利益。因此,为了兼顾激励对象和普通中小投资者利益,建议在我国的新三板公司实施股权激励时,一定要综合考虑会计指标和市场指标,以会计指标占比较大为宜。

3. 财务指标和非财务指标相结合

任何一家公司在实施股权激励对经理人进行考核时，都首先会考虑财务指标，因为财务指标是最客观公允的指标，能够直观地反映激励对象的努力程度和贡献大小。

但如果只用财务指标进行股权激励却无法反映激励对象的努力和贡献对企业未来价值的影响程度，这就可能导致整个考核体系不完备、不系统。

因此，对于要实施股权激励的企业来说，应该在财务指标为主的基础上，适当加入反映公司未来价值增长的非财务指标。

在具体操作上，可以采取平衡计分卡的方式。即在财务指标的基础上，同时考虑非财务指标中的股东和客户满意度、内部管理流程维度、学习与成长维度等指标。这样，就会把传统的业绩评价与企业的竞争力、管理绩效和长期可发展性紧密结合起来，达到业绩考核指标的最优化。

4. 业绩考核指标的细化分类

基于会计类指标、市场类指标和非财务类指标的总和评价体系，并根据每个指标的具体项目分类，笔者总结出如下指标库：

表5－9　业绩考核指标

项目	战略目标	常用指标
财务	股东价值持续增长	经济增加值(EVA) 每股盈余 股票价格 市盈率 价格/收入比(同行业比较) 净利润增长率(同行业比较) 净资产收益率(同行业比较) 总资产收益率(同行业比较) 投资回报率(同行业比较)
	资产运营	流动资产周转率 应收账款周转率 净现金流量
	偿债能力	资产负债率 速动比率 流动比率

续表

项目	战略目标	常用指标
股东与客户	与董事会关系	董事会对关系的评估
	与股东关系	与股东的会议次数 股东满意度
	增加客户价值	市场占有率 顾客满意度 销售增长率
管理流程	制定和沟通战略	员工了解战略的百分比
	监控财务业绩	盈利等级的质量
	实施业绩管理流程	员工目标与战略衔接的百分比 员工激励与战略链接的百分比
	实施风险管理流程	流程质量(外部审计) 风险事件处理率
学习与成长	确保技术的支撑	研发投入与销售额之比(同行业比较) 专利数量、被采用的专利数量 新产品开发周期
	确保人力资源准备度	关键岗位的人力资源准备度 关键岗位实施继任计划的百分比 关键员工流失率
	发展企业文化	员工满意度调查 员工培训投入与销售额之比(同行业比较) 员工的收入增长率

上表中列出的是整个“指标库”,并不是说企业在实施股权激励计划时把所有的指标都作为考核依据,而是要结合企业自身的行业特征、生命周期等特点,从中选出 5 ~8 个比较契合公司实际情况的指标作为考核激励对象的依据。其中,财务指标在我国的上市和新三板公司中受到的重视程度较高,建议针对财务指标设置的权重占比最大。

对于新三板以外的非上市公司来说,其业绩指标的考核要求和评价体系相对较为简单。由于新三板以外的非上市公司没有市场指标,所以在指标数量和具体步骤上会简化许多。对于该类公司我们建议常用净资产收益率、净利润增长率和销售增长率为财务指标的因子，各家企业再根据自己的实际情况设置不同的权重。其中，对于净利润增长率和净资产收益率采用和同行业类似企业可比的相对业绩评价。

新三板公司之外的非上市公司一般也无须采用非财务指标，因为该类公司一般规模不大，公司的实际控制人对公司员工情况较为了解，也就不需要采取非财务类指标来考察员工了。

（二）确定业绩标准

在确定了具体的业绩指标后，接下来就需要确定对经理人进行考核的业绩标准。比如，股权按照激励方案要求经理人每年的净利润增长率不低于15%，那么净利润就是考核的业绩指标，15%就是考核的业绩指标。

那么，如何才能制定适合企业自己的业绩标准呢？

第一，要确定对经理人考核的目标业绩。企业每年都会给经理人制定业绩指标，一般的经验就是把业绩目标定得适当高一些，让经理人不那么容易实现，这样可以激励经理人发挥自己的主观能动性和勤勉尽责精神。

第二，要确定一个业绩下限。如果业绩目标定得较高，出现激励对象无法完成的情况，就会让激励对象产生挫败感，进而导致其丧失工作积极性。设置业绩下限，能让激励对象在努力工作的情况下，达到股权激励授予的条件，从而鼓励激励对象向更高目标迈进。这个业绩下限一般可定为目标业绩的80%～90%。业绩下限只是赋予激励对象获得行权的资格，如果其想获得较高数量的股权激励，必须努力达成或超过目标业绩。

第三，要确定一个业绩上限，明确最高限度的股权激励数量。一方面是为了剔除非企业内部微观经济环境的影响，另一方面也是为了避免实施一次股权激励而过分透支公司的资源。

第四，确定不同激励区间的激励性报酬的强度。根据以上目标业绩、业绩下限、业绩上限的标准，可以把激励对象获得激励性报酬的区间划分为两个：一个是业绩下限和目标业绩之间的年度奖金；另一个是目标业绩和业绩上限之间的长期激励性报酬。

（三）确定业绩评价方法

在确定了业绩指标和业绩标准之后，就需要科学的方法论予以指导具体的业绩评价工作。业绩评价总体上分为两种：一种是基于历史业绩的绝对业绩评价方法；另一种是基于类似企业或行业经理人业绩的相对业绩评价方法。

绝对业绩评价方法是比较传统的业绩评价方法，其确定业绩标准的方法很多，可以分为：预算、以前年度业绩（如要求净利润增长率达到15%或者净资产收益率增长10%）、董事会相继确定、固定标准，此后的实施过程中就以此标准为准。

在绝对业绩评价的方法中，我国企业最重要的就是每年的业绩在往年的业绩基础上有一个增加值。这种评价方法有它的优点，使用起来比较直观方便。比如，针对净利润指标可以事先确定一个基准值，以后每年考核的净利润都与这个基准值进行比对，从而明确直观地得出激励对象的业绩考核达成程度。

但是，这种方法是存在缺点的，因为要有效使用业绩考核指标的话，对信息的要求很高。决定企业经营业绩的因素很多，有宏观的经济环境、行业的景气程度、企业自身的创新、发展等因素，如何确定激励对象对业绩目标达成的贡献度，如何排除随机性因素的干扰？这就对企业提出了一个很难回答的问题。

选择绝对业绩评价方法并要保证其有效性，就必须掌握有效信息，明确区分激励对象自身的努力和能力驱动的因素与激励对象之外的驱动因素各自所占的比例。这在实践中基本是不可能完成的。在这种内外因杂糅的情况下，很难界定它们之间的比例关系。

所谓“相对业绩”评价的方法，是相对于“绝对业绩”评价的方法而言的，就是不看特定企业经营业绩的量，而是把特定企业的经营业绩同一组参照企业的经营业绩作比较，从中判断企业经营者的能力和努力的方法。

判定一个经理人的业绩好坏，不用其现在的业绩与过去的历史业绩进行比较，而是让其与同行的经理人进行比较。由于同一行业的经理人在同一经济大势和行业环境下竞争，产品的原材料采购成本和销售市场相同或类似，市场波动相似，因此，激励对象的表现与同行业的其他企业对比就能大致推断出激励对象的能力和努力程度。

当然，并不是所有的指标都采用业绩评价指标来进行判断，而是两种判断方法结合起来使用，这样做出的判断结果才更客观、全面、公允。

（四）确定业绩考核基准

确定业绩考核的最后一步就是确定业绩考核基准。股权激励对象是公司的高管人员和核心骨干成员，其中核心骨干员工包括公司的中层管理人员、核心技术人员和部分基层的普通员工。而业绩考核基准包括个人绩效、部门绩效和公司绩效。

从经验出发，我们建议对不同的激励对象采用不同的激励基准。

对于企业的高级管理人员，他们的贡献直接就体现为公司价值的增长或减少。如果没有特殊情况，只考虑公司绩效即可。对于中层管理人员，则在公司绩效的前提下，重点考核其所在部门的部门绩效。

而如果股权激励对象包括基层的核心员工的话，是否只考察个人绩效要结合具体情况而定。对于研发这种主要以团队产出为主要特征的部门，是很难考察个人绩效的，因此，如果企业的核心竞争力是研发设计的，而研发设计人员也是股权激励对象，那么对他们的考察只能是以部门绩效和公司绩效为主。当然，某些个人能力突出的员工，如“销售冠军”或者“发明能手”之类的员工，就可以主要考察他们的个人绩效。

三、股权激励计划的调整

（一）正常股份变动情况下的调整

1. 正常股份变动

公司因标的股票除权、除息或者其他原因需要调整行权价格或者股权数量时，可以按照股权激励计划规定的原则和方式进行调整。除此之外，公司需要调整行权价格或者股权数量的，应当由董事会作出决议并经股东大会审议批准、或者由股东大会授权董事会决定。律师就上述调整是否符合法律、法规或者规范性文件、公司章程和股权激励计划的规定向董事会出具专业的法律意见。

调整方法：

（1）送股和转增股本：公司按照同比例调整股权的尚未授予部分即已授予但尚未行权的股份数量，并将行权价格相应除权。调整公式为：

调整后股权数量 = 调整前股权数量 ×（1 + 每股送股或者转增股比例）

调整后的行权价格 = 调整前的行权价格 ×（1 + 每股送股或转增股比例）

（2）配股：公司将按同样比例调整股权的尚未授予部分即已授予但尚未行权的股权数量，并将行权价格相应除权。调整后的股权数量和行权价格等同于股权持有人在行权时再支付配股款所得的股权数量和行权价格。调整公式如下：

调整后的行权价格 =（调整前的行权价格 + 配股价格 × 每股配股比例）/（1 + 每股配股比例）

调整后的行权数量 = 调整前股权数量 ×（1 + 每股配股比例）

（3）增发新股：如有针对原有流通股东定向配售，或对增发部分进行除权处理的情形，按配股方式进行。如无上述情形，股权数量和行权价格不作调整。

（4）派发现金股利：股权投资持有人无权享有现金股息，但其行权价格将因此受到调整。调整公式如下：

调整后行权价格 = 调整前行权价格 − 每股税后现金股息

（5）换股：因公司合并而使本公司股票换为新股票时，公司将对未行权的股权数量和行权价格进行调整，同时股权额度也将相应进行调整。调整公式为：

调整后股权数量 = 调整前股权数量 × M

调整后的行权价格 = 调整前的行权价格/M

其中 M 为换股比例,表示每一股本公司股票换为新股票的比例

另外,公司因为撤销、合并、减资涉及股权行权价格、数量的调整,应注明调整公式。

2. 公司发生重大行为时的调整

(1)重大行为的界定:公司发生的重大行为主要指公司在生产经营过程中,可能出现并购、控制权发生变化等情形。对于实施股权激励的公司来说,明确公司发生并购行为时股权激励计划的调整特别重要。一般来说,公司发生重大行为是指以下行为或者事件:

◆ 公司发生吸收合并、新设合并或者资产重组行为,公司控制权发生变化。

◆ 公司的全部或者大部分资产售卖(或出租、交换)给一家企业或者实体。

◆ 任何人或者实体认购已拥有的公司股份而继续吸纳公司在外流通股以致投票权达到 50% 或者 50% 以上。

◆ 公司董事会重新选举,结果导致原有股东一半以上离职。

◆ 公司在经过股东大会投票通过后,将进入破产清算或者解散程序。

但以上行为或者事件如果符合以下情形,则不属于重大行为:

◆ 公司与母公司或者子公司之间发生吸收合并、新设合并或者重组行为。

◆ 公司与母公司或子公司之间发生的资产的售卖、租赁或者交换。

◆ 吸收合并、新设合并或者资产重组之前的公司投票权,在吸收合并、新设合并或者资产重组之后仍然发挥效力,即仍然在外流通,或转换为新设立公司的股票在外流通,并且此类投票权占兼并后企业或新设企业投票权的一定比例以上。

(2)重大行为发生变化时计划的调整

◆ 并购:一般来说,公司遭遇并购时股权授予的时间是否调整,由公司自行决定。

在美国,当公司并购时股权激励计划中的授予时间表可能会自动加速,所有的股权都可以立即行权,或者由母公司接管股权激励计划或将股权激励计划转换为等值的现金激励计划。

◆ 控制权变化:在公司控制权发生变化时,每个公司都会根据自己的发展特点及需求做出选择,做法并不统一。一般做法是在控制权发生变化之前对计划进行调整,未行权部分立即行权。控制权发生变化之前,仍然执行原有股权激励计划,控制权发生变化后的一定时期内,未行权部分可以继续行权。还有一种做法,如果公司的员工加盟到竞争对手,未行权部分自动失效,其他人员仍可以享受在一定时间对未行权部分继续行权的待遇。

◆ 资本变动:如果公司的资本结构在股权仍可以行权时出现变动,就尚未行

权的股权，就行权价和行权方法来说，激励计划涉及的股份数量或面额均需要作出相应的调整。这个调整需要坚持公平合理的原则，并确保获授人在全面行使股权所应付的总行权价不得高于修订前的价格。

◆公司清盘时权利：如果股东在股权仍可供行使期间提出将公司自动清盘有效决议案，在所有适用法例条文规定下，股权获授人可于该协议案通过日前任何时间以书面形式通知公司行使其全部或者该通知书上指定的限额（以尚未行权为上限），获授人因此与该决议案日期前一日已发行股份持有人享有同等收益，有权分享清盘时分派的公司资产。

3. 激励对象发生变化时的调整

激励对象不符合资格

如果激励对象在有效期内被证券交易所公开谴责或者宣布为不适当人选的；因重大违法违规行为被中国证监会予以行政处罚的；或具有《公司法》规定的不适合担任公司董事、高级管理人员情形的，则激励对象丧失被激励的主体资格，其持有的股权将被终止，并且该对象不再具有被授予股权的资格。

雇佣关系终止

在员工结束与公司的雇佣关系以及公司控股权发生变化时，股权可能提前失效，股权激励计划中一般对此有特别规定。如美国大多数州的法律规定：如果员工自愿离职，中止了与公司的雇佣关系，则从其最后一个工作日起的一段时间内，该员工仍可以对持有的股权中的可行使部分行权。基本上所有公司的规定都在1~12个月，4个月的期限较为常见。对于尚在等待期，不能行权的，离职的员工不能行权，如果在离职前根据公司的特殊规定已提前行权，公司有权以行权价回购这一部分股票。

在香港地区，一般规定如果获授人在全面行权前，因身故、疾病或根据合约退休之外的任何原因，如严重失职、破产或者失去偿债能力而被判定任何刑事责任被终止雇佣关系的，其拥有的未行权部分将于终止日作废，且在任何情况下均不能行使。

退休

如果员工是因为退休或者离职，董事会有权给予员工这样的权利：该退休员工持有的所有股权的授予时间表和有效期限不变，享有与离职前一样的权利。

丧失行为能力

如果员工在事故中永久性地丧失行为能力，因而中止了与公司的雇佣关系，则在持有的股权正常过期之前，该员工或者其配偶可以自由选择时间对可行权部分进行行权。但是，如果在离职后一定的时间内没有行权，则转为非法定股权。对此类情况，董事会有权在授予股权时或员工丧失行为能力而结束工作时，向他提供如同正常工作一样的待遇，继续施以授予时间表，分期分批授予行使权，以及加速授予时间表的授予速度的优惠条件。

身故

如果员工在任期内身故，股权可以作为遗产转移给继承人享有。对于被继承人的股权的有效期，根据每家公司公司章程规定的不同而不同。如果员工在离职后的一段时间内身故，大部分公司将这种情况视作员工在任期内身故。此外，董事会有权在授予股权时或该员工因身故而结束工作时，向员工提供同员工仍在公司工作一样，继续施行授予时间表，分期分批授予行权和加快授予时间表的授予速度的优惠条件。

四、股权激励计划的退出机制

股权激励计划应设置必要的退出机制，尤其是在新三板挂牌的公司，其股票的流动性较上市公司弱，为保证达到预期的激励效果，应当设置针对激励对象的退出机制。激励对象的股权原则上不对外转让，退出时由公司或者大股东出资回购或转让给其他的激励对象，股权激励计划实施后，激励对象可能因各种原因要求或被要求退出，公司应根据实际情况以事先约定的定价机制处理激励对象所持有的激励股权。

第六章 股权激励的持股平台

股权激励的本质在于通过对人力资本价值及人力资本剩余价值索取权的承认,正确处理货币资本与人力资本的矛盾,形成利益共生共享的机制与制度安排。股权激励与其他一般激励的显著区别便在于它的长期性、约束性。直接持股对员工的激励效果更强,税负较低,但需要创始人贡献出珍贵的股权资源,对员工的长期约束不足,不利于企业管理,所以设立持股平台实现间接持股成为更常见的做法。

2015 年 11 月 24 日全国中小企业股份转让系统有限公司发布了《非上市公众公司监管问答——定向发行(二)》(以下简称《监管问答》)称:“单纯以认购股份为目的而设立的公司法人、合伙企业等持股平台,不具有实际经营业务的,不符合投资者适当性管理要求,不得参与非上市公众公司的股份发行。全国中小企业股份转让系统挂牌公司设立的员工持股计划,认购私募股权基金、资产管理计划等接受证监会监管的金融产品,已经完成核准、备案程序并充分披露信息的,可以参与非上市公众公司定向发行。”明确持股平台不得参与非上市公众公司定增;员工持股计划需通过认购私募基金等金融产品方可参与挂牌公司定增。

在《监管问答》发布前,员工参与挂牌企业的方式通常有两种,一种是直接认购挂牌企业的股票,另一种是通过成立一家员工持股平台,也即成立有限合伙企业或公司来专门认购挂牌企业的股票。除了员工激励计划的特殊原因之外,通常也是为了规避每次发行 35 名发行对象和合格投资者管理制度的限制。《非上市公众公司监督管理办法》第 39 条规定新三板挂牌公司每次发行的新增股东人数不得超过 35 人。同时也会由中介机构出具核查意见认定该类员工持股平台不属于私募投资基金,无须履行私募基金备案手续,投资者亦不需要满足认购私募基金金额不得低于人民币 100 万元等要求。

《监管问答》发布后,员工持股计划只能通过认购私募股权基金、资产管理计划等金融产品,才可以参与定向发行。不仅员工最低认购金额不能低于人民币 100 万元,如果投资者是合伙企业,还需要穿透核查最终的投资者是否为合格投资者并合并计算人数。这无疑对员工参与挂牌公司定增提出了更高的要求。

但是,《监管问题》仅适用于挂牌后公司的定向发行。在公司挂牌前向持股平台、员工持股计划发行股票继续可行。同时,挂牌后的公司可以通过私募股权基金、资产管理计划等方式作为持股平台,设计新的股权激励方式。

根据《股权激励有关事项备忘录 2 号》规定,股东不得直接向激励对象赠予(或转让)股份。股东拟提供股份的,应当先将股份赠予(或转让)上市公司,并视为上市公司以零价格(或特定价格)向这部分股东定向回购股份。但,新三板挂牌公司并非上市公司,故,新三板公司挂牌后通过向持股平台转让股份的方式依然可行。

■第一节 直接持股

直接持股是指公司将股权授予激励对象,从而使其直接持有公司股权,成为公司股东,享有股东的权利和承担股东的义务。

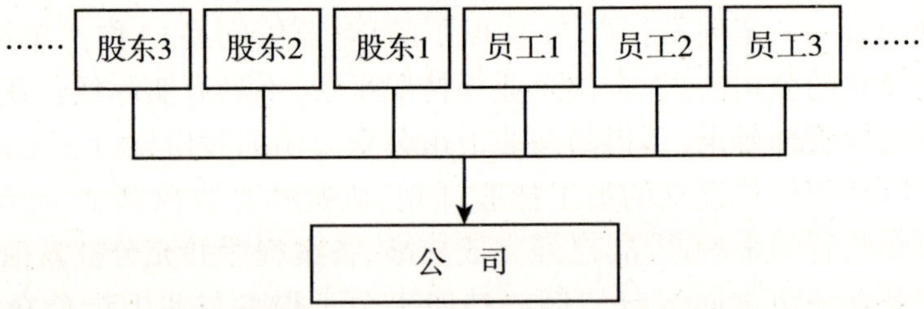

一、直接持股的优势

(一)激励效果较强

直接持股对于股东人数较少的企业而言,可以增加股东人数,优化股权结构,且对于被激励者而言,激励力度强于间接持股。

(二)激励对象出售股权较便利

待公司在股转系统挂牌且股份锁定期满后,激励对象即可自由转让其股份。

(三)税收成本低

1. 限售股转让所得税

根据财政部、国家税务总局《关于个人转让上市公司限售股所得征收个人所得税有问题的通知》(财税〔2009〕167 号)的规定,自 2010 年 1 月 1 日起,对个人转让限售股取得的所得,按照"财产转让所得",适用 20% 的比例税率征收个人所得税。其中,应纳税所得额 = 限售股转让收入 - (股票原值 + 合理税费)。如果纳税人未能提供完整、真实的限售股原值凭证的,不能准确计算限售股原值的,主管税务机关一律按限售股转让收入的 15% 核定限售股原值及合理税费。因此,员工直接持股时,限售股转让所得税为 20%,如按核定征收,税率为股权转让所得的 20% ×(1 - 15%),即 17%。

2. 股息红利所得税

根据《个人所得税法》(2011)第 3 条第 5 款规定,利息、股息、红利所得税率为 20%。根据财政部、国家税务总局《关于实施上市公司股息红利差别化个人所得税政策有关问题的通知》(财税〔2012〕85 号)规定,个人从公开发行和转让市场取得的上市公司股票,持股期限在 1 个月以内(含 1 个月)的,其股息红利所得全额计入应纳税所得额;持股期限在 1 个月以上至 1 年(含 1 年)的,暂减按 50% 计入应纳税所得额;持股期限超过 1 年的,暂减按 25% 计入应纳税所得额。对个人持有的上市公司限售股,解禁后取得的股息红利,按照本通知规定计算纳税,持股时间自解禁日起计算;解禁前取得的股息红利继续暂减按 50% 计入应纳税所得额,适用 20% 的税率计征个人所得税。因此,员工直接持股时,如果长期持股,在限售期内股息红利的个人所得税率为 10%,解禁后股息红利的个人所得税率为 5%。

3. 限售股转让营业税

根据《财政部、国家税务总局关于个人金融商品买卖等营业税若干免税政策的通知》(财税〔2009〕111 号)规定:"对个人(包括个体工商户和其他个人)从事外汇、有价证券、非货物期货和其他金融商品买卖业务取得的收入暂免征收营业税。"因此,自然人限售股转让不需要缴纳营业税。

4. 股息红利营业税

营业税的征收对象为提供应税劳务、转让无形资产或者销售不动产的单位和个人,股息红利不属于营业税的征收范围,因此不需要缴纳营业税。

二、直接持股的劣势

1. 直接持股需要公司原始股东更大程度地让渡稀缺的股权,成本较高。

激励对象直接持股可能导致公司股权分散，控股股东难以控制员工的投票意向，导致控股股东对公司的控制程度降低、公司决策效率降低。

2. 被激励对象容易减持公司股份。对员工长期持股约束不足，直接持股的员工股东极有可能一待限售股解禁即全部抛售，违背了公司通过员工持股将公司与员工的长远利益捆绑在一起、留住人才的初衷。此外，若员工在企业向证监会上报材料后辞职，公司大股东不能回购其股权。

■第二节 间接持股

间接持股是指通过设立有限合伙企业、有限公司等持股平台，让员工成为有限合伙企业的有限合伙人或者有限公司股东，再通过向持股平台定增或者转让等方式实现员工间接持股的激励方式。

有限合伙企业与有限公司对比如下：

表6－1 有限合伙企业与有限公司对比

项目	有限合伙企业	有限公司
适用法律	《合伙企业法》	《公司法》
成立基础	合伙协议	公司章程
设立条件及要求	设立条件及程序要求较低	设立较复杂，新《公司法》无注册资本要求，特殊行业需要最低注册资本要求
当事人关系	人合性	人合兼资合
组织关系	可以根据经营需要设立相应职能机构	股东会、可以设董事会、监事会
主体地位	其他组织，不能以企业财产独立承担民事责任	法人，以企业财产独立承担民事责任
责任承担形式	普通合伙人承担无限连带责任，有限合伙人以出资额为限承担责任	股东以出资额为限承担有限责任
所得税	先分后缴，合伙企业不缴所得税，合伙人缴税	企业所得税、个人所得税

一、通过有限责任公司持股

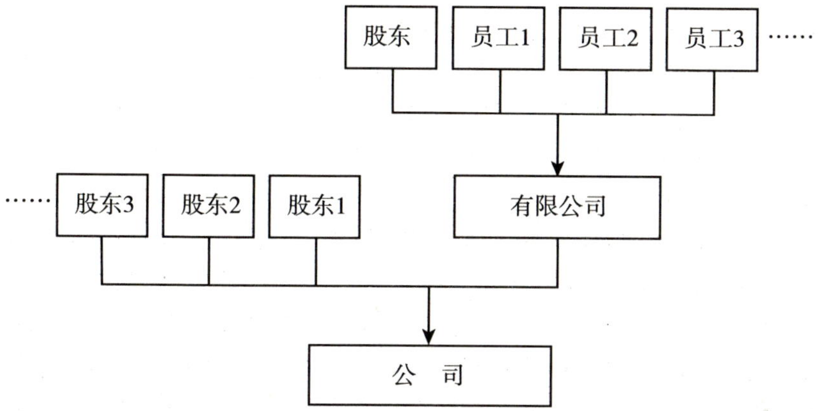

公司大股东和激励对象共同出资设立有限责任公司，由该有限责任公司认购公司股权。大股东可以通过控制该持股公司，实现对激励对象表决权的控制，防止公司控制权的分散。

通过有限责任公司持股的劣势

1. 出售股权程序烦琐

由于激励对象是通过持股公司间接持有公司股权，待公司上市后，如果激励对象拟出售其间接持有的上市公司股份，需要先通过持股公司决策出售持股公司持有的上市公司股份，再由持股公司以分红、回购或清算的方式最终使得激励对象获得出售股权收入。在激励对象出售股权意愿不一致的情况下，可能还需持股公司定向减资，程序更为烦琐。此外，也有上市公司的持股公司在激励对象持有的股权锁定期满后进行解散清算，将上市公司股份分配到激励对象名下，由激励对象直接持股的案例。锁定期满即清算，可以解决激励对象之间套现意愿不一致的问题，该方式同样存在缺点：一方面清算程序本身需耗费较高的时间成本和金钱成本；另一方面也会给市场造成管理层准备出售股份、公司预期发展不良的负面影响。

2. 税收成本价较高

(1)限售股转让所得税

公司转让限售股时，公司按25%的税率缴纳企业所得税，公司向自然人股东分红时，自然人股东按20%的税率缴纳个人所得税。因此，在不考虑税收优惠和税收筹划的前提下，综合税收成本约40%。

(2)股息红利所得税

根据《企业所得税法》(2007)第26条，符合条件的居民企业之间的股息、红利等权益性投资收益为免税收入。根据《中华人民共和国企业所得税法实施条例》(2007)、《企业所得税法》第26条第2项所称符合条件的居民企业之间的股息、红利等权益性投资收益，是指居民企业直接投资于其他居民企业取得的投资收益。因此，员工持股平台公司从上市公司取得分红时不需要缴纳企业所得税。员工持股平台公司分红时，自然人股东需要缴纳20%的个人所得税。

(3)限售股转让营业税

根据《营业税暂行条例实施细则》(2008)第18条规定：条例第五条第(四)项所称外汇、有价证券、期货等金融商品买卖业务，是指纳税人从事外汇、有价证券、非货物期货和其他金融商品买卖业务。2009年《财政部、国家税务总局关于个人金融商品买卖等营业税若干免税政策的通知》(财税〔2009〕111号)规定："对个人(包括个体工商户和其他个人)从事外汇、有价证券、非货物期货和其他金融商品买卖业务取得的收入暂免征收营业税。"公司不属于个人的范畴，不符合上述免征营业税的条件。所以，目前公司股票转让收入需要交营业税，税目是金融保险业，税率5%。

(4)股息红利营业税

营业税的征收对象为提供应税劳务、转让无形资产或者销售不动产的单位和个人，股息红利不属于营业税的征收范围，因此不需要缴纳营业税。

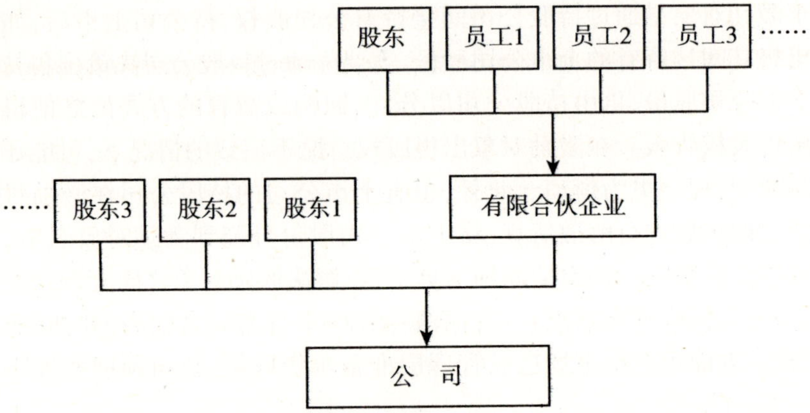

二、有限合伙企业作为持股平台的优势

(一)易于控制和管理公司

公司大股东和激励对象共同出资设立有限合伙企业,由该有限合伙企业认购公司股权。与通过持股公司持股类似,通过设立合伙企业间接持有公司股权,也便于大股东牢牢掌握公司控制权。由于有限合伙企业的特点,若公司实际控制人担任唯一普通合伙人,可以少量地出资完全控制合伙企业。

相对于员工个人持股,更容易将员工与企业的利益捆绑在一起,且在公司需要股东做决策时操作更简便,大多数决议只需要普通合伙人做出即可。在上市之前还可规避因员工流动对公司层面的股权结构进行调整,万一在向证监会申报材料之后过会之前发生员工辞职等情况,可通过调整合伙企业合伙人出资的方式解决。

(二)税收成本较低

1. 限售股转让所得税

根据《关于个人独资企业和合伙企业投资者征收个人所得税的规定》(财税〔2000〕91 号)(以下简称 91 号文),"个人独资企业和合伙企业每一纳税年度的收入总额减除成本、费用以及损失后的余额,作为投资者个人的生产经营所得,比照个人所得税法的'个体工商户的生产经营所得'应税项目,适用 5% ~35% 的五级超额累进税率,计算征收个人所得税。前款所称收入总额,是指企业从事生产经营以及与生产经营有关的活动所取得的各项收入,包括商品(产品)销售收入、营运收入、劳务服务收入、工程价款收入、财产出租或转让收入、利息收入、其他业务收入和营业外收入"。按此规定,合伙企业转让限售股时,自然人合伙人按 5% ~35% 的累进税率征收个人所得税。一些地方为了鼓励股权投资类合伙企业,在合伙企业转让限售股时,对不执行合伙事务的个人合伙人,按"财产转让所得"征收 20% 的个人所得税,对执行合伙事务的个人合伙人,则比照"个体工商户的生产经营所得",征收 5% ~35% 的累计所得税。部分地方对股权投资类合伙企业、自然人、合伙人统一按 20% 的税率征收个人所得税。

2. 股息红利所得税

根据《关于〈国家税务总局关于个人独资企业和合伙企业投资者征收个人所得税的规定〉执行口径的通知》(国税函〔2001〕84 号)(以下简称 84 号文),合伙企业对外投资分回的利息或者股息、红利,不并入合伙企业的收入,而应单独作为投资者个人取得的利息、股息、红利所得,按"利息、股息、红利所得"应税项目计

算缴纳个人所得税。根据《个人所得税法》(2011)第3条第5款，利息、股息、红利所得税率为20%。因此，自然人通过合伙企业持股时，从公司取得的股息红利的个人所得税率为20%。

3. 限售股转让营业税

《营业税暂行条例实施细则》(1993)第3条规定，条例第5条第5项所称外汇、有价证券、期货买卖业务，是指金融机构(包括银行和非银行金融机构)从事的外汇、有价证券、期货买卖业务。因此，《营业税暂行条例实施细则》(1993)有效时，只有金融机构需要交纳金融商品买卖的营业税。2008年修改后的新《营业税暂行条例实施细则》第18条规定：条例第5条第4项所称外汇、有价证券、期货等金融商品买卖业务，是指纳税人从事外汇、有价证券、非货物期货和其他金融商品买卖业务。2009年《财政部、国家税务总局关于个人金融商品买卖等营业税若干免税政策的通知》(财税〔2009〕111号)规定："对个人(包括个体工商户和其他个人)从事外汇、有价证券、非货物期货和其他金融商品买卖业务取得的收入暂免征收营业税。"合伙企业与个人独资企业不属于个人的范畴，不符合上述免征营业税的条件。所以，目前合伙企业限售股转让需要交营业税，税目是金融保险业，税率5%。

4. 股息红利营业税

营业税的征收对象为提供应税劳务、转让无形资产或者销售不动产的单位和个人，股息红利不属于营业税的征收范围，因此不需要缴纳营业税。

表6-2 部分税收优惠地区相关税收政策

地方	自然人普通合伙人	自然人有限合伙人	政策门槛	其他
北京市	个人合伙人取得的收益，按照"利息、股息、红利所得"或者"财产转让所得"项目征收个人所得税，税率为20%		无	在本市注册，累计实收资本在5亿元以上，基金管理公司享受所得税"两免三减半"
天津市	自然人普通合伙人，既执行合伙业务又为基金的出资人的，取得的所得能划分清楚时，对其中的投资收益或股权转让收益部分，税率适用20%	自然人有限合伙人按照"利息、股息、红利所得"或"财产转让所得"项目征收个人所得税，税率适用20%	出资1亿元以上，个人投资者出资200万元以上	2006年1月1日~2012年12月31日在本市注册备案，管理机构享受营业税和所得税"两免三减半"(地方)；投资本市项目，退出形成地方财力60%返还

续表

地方	自然人普通合伙人	自然人有限合伙人	政策门槛	其他
重庆市	无(应亦为5%～35%)	自然人有限合伙人按“利息、股息、红利所得”应税项目,依20%税率计算缴纳个人所得税	股权投资企业的注册资本不低于人民币1亿元,并限于货币出资,首期到位不低于5000万元	股权投资类企业营业税、所得税(地方)“两免三减半”
内蒙古自治区	无(5%～35%)	自然人有限合伙人按“利息、股息、红利所得”应税项目,适用20%的税率计算缴纳个人所得税	私募股权投资企业的注册资本或出资额不低于人民币3000万元,并限于货币出资,首期到位不低于1000万元	管理机构前五年营业税全返,其后减半,所得税地方留成部分前五年全免,以后减半
新疆维吾尔自治区	自然人合伙人,按照“利息、股息、红利所得”或者“财产转让所得”项目征收个人所得税,税率为20%		注册资本(协议募集资金总额)不少于3000万元人民币、实收资本(首期认缴额)不少于1000万元人民币	2010年1月1日～2015年12月31日注册,合伙人所得税,地方财政贡献50%返还;管理机构营业税50%奖励(地方)

续表

地方	自然人普通合伙人	自然人有限合伙人	政策门槛	其他
河北省	执行有限合伙企业合伙事务的自然人普通合伙人，按照“个体工商户的生产经营所得”项目，适用5%～35%的五级超额累进税率计征个人所得税	不执行有限合伙企业合伙事务的自然人有限合伙人，其从有限合伙企业取得的股权投资收益，按照“利息、股息、红利所得”项目，按20%的比例税率计征个人所得税	股权投资基金企业注册资本不低于1亿元，首期缴付不少于5000万元	管理企业营业税“两免三减半”，如果募资5亿以上，管理企业所得税“两免三减半”（地方）
广东省深圳市	执行有限合伙企业合伙事务的自然人普通合伙人，按照“个体工商户的生产经营所得”项目，适用5%～35%的五级超额累进税率计征个人所得税	不执行有限合伙企业合伙事务的自然人有限合伙人，其从有限合伙企业取得的股权投资收益，按照“利息、股息、红利所得”项目，按20%的比例税率计征个人所得税	股权投资基金的注册资本（出资金额）不低于人民币1亿元，且出资方式限于货币形式，首期到位资金不低于5000万元	管理机构营业税、所得税“两免三减半”（地方）；投资于本市项目，退出形成地方财力30%一次性奖励（但不超过300万元）
浙江省宁波市	自然人普通合伙人按“个体工商户的生产经营所得”应税项目，适用5%～35%的五级超额累进税率，计算征收个人所得税	自然人有限合伙人按“利息、股息、红利所得”应税项目，依20%税率计算缴纳个人所得税	股权投资企业的注册资本应不低于人民币3000万元，出资方式限于货币形式	无
福建省厦门市思明区	按照“个体工商户的生产经营所得”项目，计征个人所得税（5%～35%）	按照“利息、股息、红利所得”项目，即20%的税率计征个人所得税	实际募集资金规模达1亿元及以上，所募集资金在思明区内商业银行托管	管理企业五年内营业税、所得税“三免两减半”（区级）；投资区为企业退出后形成的区级财力50%返还（区内60%）

续表

地方	自然人普通合伙人	自然人有限合伙人	政策门槛	其他
湖南省郴州市	按照“个体工商户的生产经营所得”项目，计征个人所得税(5% ~35%)	按照“利息、股息、红利所得”项目，即20%的税率计征个人所得税	私募股权投资基金企业的注册资本不得低于人民币10000万元，并限于货币形式出资，首期到位资金不得低于人民币5000万元	投资基金企业营业税、所得税地方实得部分“一免二减半”
浙江省义乌市	执行有限合伙企业合伙事务的自然人普通合伙人，按照“个体工商户的生产经营所得”项目，适用5% ~35%的五级超额累进税率计征个人所得税	不执行有限合伙企业合伙事务的自然人有限合伙人，其从有限合伙企业取得的股权投资收益，按照“利息、股息、红利所得”项目，按20%的比例税率计征个人所得税	股权基金的注册资本(出资金额)不低于人民币3000万元，首期到位资金不低于人民币1000万元	管理企业营业税、所得税前三年全免，其后减半
安徽省芜湖市	自然人有限合伙人，依据国家有关规定，按照“利息、股息、红利所得”或“财产转让所得”项目征收个人所得税，税率适用20%		注册资本(出资金额)不低于人民币1亿元，且出资方式限于货币形式，首期到位资金不低于人民币5000万元	管理企业营业税、所得税前二年全免，其后减半；投资于本市项目，推出后按地方实得奖励60%，股份减持必须托管当地，地方实得部分奖励60%

三、有限合伙企业间接持股的缺点

（一）普通合伙人责任问题

根据《合伙企业法》第2条，有限合伙企业由普通合伙人和有限合伙人组成，普通合伙人对合伙企业债务承担无限连带责任，有限合伙人以其认缴的出资额为限对合伙企业债务承担责任。公司创始人担任普通合伙人，对合伙企业的负债承担无限连带责任，但由于合伙企业为公司的股东，在合伙企业层面合伙企业的责任是有限的，只要合伙企业不对外进行其他投资，普通合伙人其实依然承担的是有限责任。

（二）先分后税

根据《财政部、国家税务总局关于合伙企业合伙人所得税问题的通知》（财税〔2008〕159号，以下简称159号文）第3条规定："合伙企业生产经营所得和其他所得采取'先分后税'的原则。"这是我国税务总局首次确定了合伙企业"先分后税"的纳税原则。之后，国家税务总局就"先分后税"的问题做了进一步解释，〔2008〕159号中讲的"先分后税"原则的"先分"并非指分配利润，而是指对于个人合伙企业，应先按合伙人各自分配比例分别确定应纳税所得额后再按各自适用税率计算缴纳个人所得税。因此，合伙企业的利润无论是否实际分配，均需在年末按各自分配比例分别确定各合伙人的应纳税所得额，再按各自适用税率计算缴纳个人所得税。合伙企业不能像公司持股平台一样，可以通过不分配利润而延缓缴纳所得税。

由于是通过合伙企业转让限售股，所有合伙人只能同步转让股权；如果按个体工商户税率缴纳个人所得税，边际税率较高（35%）；目前国内合伙企业的相关法律法规仍不健全，实践中，不同地区关于"先分后税"的解释、纳税时点等方面存在区别，未来面临政策规范的风险。尽管如此，由于有限合伙企业设立手续便捷、税收成本低等特点，多数新三板公司选择有限合伙企业作为持股平台。

四、有限合伙企业作为股权激励持股平台文件的制作

（一）有限合伙型股权激励计划书的制作

企业实施股权激励的关键一步是律师与企业配合，制定适合企业实际情况的《股权激励计划书》，该计划书的地位相当于后续开展相关工作所应遵循的纲领

性文件。《股权激励计划书》中需要明确阐述有限合伙作为持股平台的实施方法,如怎样制定股权激励办法、考核对象的选拔、考核指标,有限合伙协议如何签订,有哪些特殊的条款等问题。

《股权激励计划书》一般由释义、公司概况、激励计划的宗旨、激励计划的目的、激励计划的原则、激励计划的管理机构、持股平台(如有)、激励对象的确定、激励股份的来源、数量及价格、激励计划的实施程序、激励计划的实施期限、公司权益的转让和出售、激励计划的变更或终止等部分构成。

1. 释义

一份《股权激励计划书》中,通常包括了十几个甚至几十个概念名词,在计划书的第一部分,通过列表形式对各名词作出释义,然后在下文中均使用各名词的简称,这一做法既简明又能体现专业性。

2. 公司概况

"公司概况"这一部分重点在于介绍公司历史沿革、组织架构、行业地位、最近一个会计年度销售业绩等情况,也相当于间接交代了公司实施本次股权激励的背景,该激励计划是否适合公司所处的发展阶段。

3. 激励计划的宗旨

这一部分是一份《股权激励计划》的常规部分,可以围绕公司的战略目标进行拟定。例如:为进一步完善公司法人治理结构,建立和完善公司中层及以上管理人员、子公司主要负责人和核心技术及业务人员的激励约束机制,激励各级管理人员和骨干勤勉工作,增强广大员工的工作积极性,确保整个公司经营和管理活动围绕公司的战略目标展开,不断提升公司业绩,以推动公司战略目标的实现,特制订本计划。

4. 激励计划的目的

股权激励具有激励与约束的双重作用,企业实施股权激励,也是旨在增强员工责任感、使命感、归属感,吸引和保留优秀管理人才和业务骨干,达到充分调动激励对象的积极性的目的,有效地将股东利益、公司利益和经营者个人利益结合在一起,使各方共同关注公司的长远发展。

5. 激励计划的原则

原则是指言行所依据的规范或准则。股权激励在实施过程中,可能会出现计划未预期到的特殊情况,在这种情况下,为了使激励计划顺利实施,就可以结合激励计划的原则进行针对性的解决。股权激励计划的原则不外乎以下几点:

(1)坚持公开、公平、公正;

(2)坚持员工、公司、股东利益相一致,有利于公司的可持续发展;

(3)坚持激励与约束相结合,风险与收益相对称;

(4)坚持考核后兑现。

这些原则实质上体现的是一种公司与激励对象之间的诚实信用原则和权利义务相一致原则。

6. 激励计划的管理机构

股权激励的管理机构分为决策机构和执行机构。股东大会作为公司的最高权力机构,负责审议和批准激励计划的实施、变更和终止。董事会是股权激励计划的执行机构,负责拟订和修订股权激励计划,报公司股东大会审批,并在股东大会授权范围内办理相关事宜。

7. 持股平台

股权激励计划可以分为激励对象直接持股与间接持股的形式。前者激励对象直接持有公司股份,成为公司股东;采用后种方式实施股权激励计划,需要首先设立持股平台,一般为有限责任公司或有限合伙企业。如有限责任公司为持股平台,激励对象向有限责任公司出资成为股东,由公司控股股东或其他指定人员担任执行董事,负责持股平台的经营管理。如采用有限合伙企业为持股平台,一般由公司大股东担任普通合伙人,激励对象担任有限合伙人。《股权激励计划书》中需要明确阐述持股平台的设立情况、出资、股权结构等信息。

8. 激励对象的确定

公司实施股权激励,一般以员工的业绩、能力、工作态度、团队合作精神、服务时间长短以及对于公司的忠诚度等因素为选拔标准,根据《公司法》、《证券法》及其他有关法律、法规、规范性文件和《公司章程》的相关规定来确定激励对象。公司的董事、高级管理人员、核心技术人员为常规的激励对象,所有激励对象须与公司签订劳动合同。

需要特别注意的是,根据法律法规的强制性规定,出现最近 3 年内被证券交易所公开谴责或宣布为不适当人选的、最近 3 年内因重大违法违规行为被中国证监会予以行政处罚的、具有《公司法》规定的不得担任董事、高级管理人员情形的员工,不得作为激励对象。

对于新三板挂牌公司来说,股权激励的对象如何确定又与上市公司有所不同。按照《非上市公众公司监督管理办法》规定,对于新三板挂牌公司的"核心员工"的确定,应当由公司董事会提名,并向全体员工公示和征求意见,由监事会发表明确意见后,经股东大会审议批准。

9. 激励股份的来源、数量及价格

公司用于股权激励的股份一般有三种来源:控股股东转让、公司定向增发新股以及公司回购股份再进行转让。

目前,前两种方式运用较为常见,而在公司回购股份进行转让的方式中,根据

《公司法》的规定，公司回购股份用于奖励职工，回购比例不得超过已发行股份总数的5%，因而激励效果较为有限。

公司可以根据实际需要确定用于股权激励计划的股份数量，把握的原则是，一般而言授予激励对象的股份总量不超过公司总股本的10%，授予单个激励对象的股份数量不超过总股本的1%。

公司授予激励对象的股票，通常会给予较大优惠，同时参考公司所处行业、公司成长性、公司净资产、每股收益等因素与激励对象协商确定授予价格。

10. 激励计划的实施程序

股权激励计划属于公司的一种重要的经营计划，根据《公司法》和公司章程的规定，一般属于股东大会的权限范围。因此，股权激励计划的实施流程一般如下：

(1)董事会制订激励计划，由股东大会审议通过；

(2)董事会根据股东大会的授权执行激励计划；

(3)监事核实激励对象名单。

对于规模较大，激励对象较多的股份有限公司一般可以设立薪酬管理委员会，由董事会成员组成，负责具体实施股权激励的日常管理、业绩考核等相关工作，并向董事会报告工作。

确定好激励计划的管理机关、激励对象、激励数量后就需要按照以下操作流程进行具体操作：

(1)公司董事会向激励对象出具《关于授予公司员工股权通知书》；

(2)激励对象应在公司董事会出具《关于授予公司员工股份通知书》的10日内缴纳购股款，逾期视为放弃激励；

(3)激励对象签署管理层持股平台《有限合伙企业合伙协议》并缴纳相应出资(间接持股适用)；

(4)由管理层持股平台合伙事务执行人向公司登记部门办理变更登记手续。

11. 激励计划的实施期限

《股权激励计划书》需要明确阐述激励计划的有效期、授予日、锁定期、解锁期及解锁安排。有效期是指股票授予之日起至所有股票解锁或转让完毕之日止；授予日通常为激励计划经公司股东大会审议通过之日，或股东大会审议确定的其他日期；锁定期内激励对象持有的股票不得转让、用于担保或偿还债务；锁定期满后，激励对象可以根据激励计划的规定，解锁一定数量的股份用于转让获益。

12. 公司权益的转让和出售

激励对象获得的公司权益可以依法出售和转让，但应遵守法律法规和规范性文件的规定。

其中，激励对象直接持有激励公司授予的股份的，应符合《公司法》、《证券法》、《合同法》和本人所做的承诺的规定。

对于员工通过间接持股平台进行的股份转让，应满足：

在公司上市前，公司权益所有者所持有的公司权益不得转让、赠与、质押、担保、托管给第三人或在该等公司权益上设置任何其他形式的限制或负担。特殊情况确需实施上述行为的，应经公司董事会审核，并经公司股东大会批准后方能实施。

在公司上市后且股票法定锁定期届满之后，公司权益所有者有权转让部分其所持有的公司权益，并取得管理层持股平台代扣代缴所得税后的收益。转让或出售公司权益必须遵守本管理层持股平台的关于股份转让或出售的规定。

在公司在全国股份转让系统挂牌转让后的一年内，管理层持股平台不得出售或转让其所持有的公司股份，激励对象不得指令合伙事务执行人出售其间接持有的公司股份。

在公司在全国股份转让系统挂牌转让后且股票法定锁定期届满后的第二年起，公司股东和执行董事（以下简称合伙人）有权向管理层持股平台合伙事务执行人发出书面指令，要求出售其间接持有公司的股份。合伙人每年可以出售的公司股票为其个人间接持有公司股份的25%（以公司上市时其持有的公司股份为基数）。

合伙事务执行人在接受公司股东的指令并经公司董事会批准后，通过全国股转系统出售或转让给公司股东指定的受让人，并在代扣代缴有关税收后将有关收益交付该公司股东。该公司股东所持有的公司权益比例相应稀释。其他合伙人所持有的公司权益比例相应提高。

根据本激励计划以及中国证监会、证券交易所和登记结算公司等的有关规定，公司应积极配合满足出售条件的公司股东出售其股份。但若因中国证监会、证券交易所或登记结算公司等的原因造成公司股东未能按自身意愿出售股份并造成损失的，公司不承担责任。

13. 激励计划的变更或终止

公司可以在发生法定或约定事宜时变更或终止实施股权激励计划，一般有：

第六章 股权激励的持股平台

1. 激励对象有触犯法律、违反职业道德、泄露公司机密、严重失职或渎职等行为

2. 激励对象因不能胜任工作岗位、考核不合格或违反公司其他劳动纪律而和公司解除劳动合同

3. 激励对象违反竞业禁止规定。在公司工作期间或离开公司的3年内，在同类企业任职的，均视作违反同业竞争限制

4. 激励对象劳动合同期限未满提前辞职的

5. 激励对象在辞职时还持有上市之前获得的、按本协议规定尚不能出售的公司股份

6. 激励对象私自转让获授的股权，或者将其用于担保或偿还债务的

7. 激励对象死亡或宣告死亡，其继承人不愿意成为公司股东的

(二)有限合伙协议的起草

有限合伙企业设立的重要基础性文件即有限合伙协议,以股权激励为制度内核的有限合伙协议,要着重关注以下几个关键问题:

1. 合伙人的资格和任职条件

普通合伙人应由实施股权激励的企业的控股股东或大股东担任,普通合伙人一般为一人,以方便合伙事务的执行和大股东对合伙企业的控制权。其中,国有独资公司、国有企业、上市公司以及公益性的事业单位、社会团体不得成为普通合伙人。

有限合伙企业的有限合伙人由股权激励对象组成,这些有限合伙人按照其实缴或认缴的出资对有限合伙企业承担责任,同时按照协议约定的收益分享比例进

行利润分配和行使合伙企业清算时的剩余财产分配请求权。

需注意的是，上述普通合伙人和有限合伙人均应由具有民事权利能力的主体担任，并应满足不得为国家法律法规禁止担任从事经营的人如国家公务员、法官、检察官、警察等国家公职人员的消极性要件。

2. 合伙人的出资方式、数额和缴付日期

合伙人的出资构成合伙企业的财产，按照《合伙企业法》的规定，合伙人可以用货币、实物、土地使用权、知识产权或者其他财产权利出资，其中，普通合伙人可以用劳务出资，但有限合伙人不得用劳务出资。鉴于设立有限合伙企业的目的是作为员工的持股平台进行股权激励，并且以股权激励为目的的有限合伙企业的主要业务即进行股份发行和投资管理等，因此，原则上应当以被激励者的自有合法货币资金作为出资。

有限合伙企业采用认缴出资制，即有限合伙企业的注册资本以合伙协议载明的全体合伙人的认缴出资为准。但有限合伙企业的合伙人要以该合伙企业的名义对外认购股份并享有投资收益，因此，必须要在规定的实缴出资日期到来时按时足额缴纳出资，以便合伙企业有足够的资本认购实施股权激励的公司发行的股份。

另外，为防止部分合伙人未按时足额缴纳出资给其他足额缴纳出资的合伙人造成损失，合伙协议还应约定此情况下，未按时足额缴纳出资的合伙人对其他合伙人承担违约责任，并承担补缴出资的义务。

3. 服务期条款

以股权激励为目的设立的有限合伙企业应特别约定服务期条款。有限合伙企业的合伙人具有双重身份。一方面，其是有限合伙企业的有限合伙人；另一方面，其又是实施股权激励的公司的员工和股权激励的激励对象。服务期条款既是为了满足公司对激励对象的长期业绩考核要求，也是为了达到留住人才的目的。

作为有限合伙人放弃期限利益的对价，有限合伙人可以以优惠的价格认缴合伙企业的出资，进而以优惠的价格持有公司的股份。

服务期条款可约定如下：

(1)有限合伙人同意自本协议签订之日起在[　　]及其下属企业工作，工作期限自本协议签订之日至[　　]在全国中小企业股份转让系统挂牌并公开转让之日及自该转让之日起不少于五年(以下简称约定服务期)。

(2)本协议所指约定服务期是指，本协议之有限合伙人在[　　]及其下属企业工作，[　　]同意根据其在[　　]及下属企业服务期限及所做的贡献，按照本协议之约定的优惠认缴价格认缴合伙企业出资额。作为对等条件，有限合伙人同意按照本协议的约定在[　　]及其下属企业工作或者服务满一定的期限。

4. 合伙事务的执行

“合伙事务的执行”是合伙协议的必备条款，因合伙企业不具有独立的法人资格，其合伙事务的执行需要由合伙事务执行人代为执行。合伙事务的执行人必须由有限合伙企业的普通合伙人担任。

执行事务合伙人应由全体合伙人从具有任职资格的普通合伙人中选举产生。

执行合伙事务的合伙人的权限一般包括以下几个方面：

(1)制定合伙企业的发展规划、业务活动计划，代表合伙企业对外开展业务，订立合同；

(2)制定合伙企业的年度财务预算、决算方案；

(3)制定合伙企业的利润分配、亏损分担方案；

(4)决定合伙企业内部管理机构的设置；

(5)制定合伙企业的管理制度；

(6)聘请合伙企业的经营管理人员；

(7)决定合伙企业经营管理中的其他事项。

除了以上主要权限外，合伙协议还可以对合伙事务执行人的权限进行其他约定。按照《合伙企业法》规定，有限合伙人不得执行合伙事务，但下列事由不属于执行合伙事务，也就是说，有限合伙人实施下列行为的，法律是认可其行为效力的：

(1)参与决定普通合伙人入伙、退伙；

(2)对企业的经营管理提出建议；

(3)参与选择承办有限合伙企业审计业务的会计师事务所；

(4)获取经审计的有限合伙企业财务会计报告；

(5)对涉及自身利益的情况，查阅有限合伙企业财务会计账簿等财务资料；

(6)在有限合伙企业中的利益受到侵害时，向有责任的合伙人主张权利或者提起诉讼；

(7)执行事务合伙人怠于行使权利时，督促其行使权利或者为了本企业的利益以自己的名义提起诉讼；

(8)依法为本企业提供担保。

“合伙事务的执行”条款还应约定执行事务合伙人的除名和违约处理办法。一般是在执行事务合伙人滥用职权，执行合伙事务时未尽勤勉、尽责义务导致合伙企业损失时应当对其他合伙人承担违约责任并在全体合伙人一致同意的情况下对其进行除名或取消其执行事务合伙人资格，并按照一定的决议程序进行表决。

有限合伙人不执行合伙事务，不得对外代表有限合伙企业。有限合伙人未经授权以合伙名义与他人进行交易，给公司或者其他合伙人造成损失的，该有限合伙人应当承担赔偿责任。在私募股权投资领域，有避风港原则一说，即有限合伙人的以下行为不视为对合伙事务的执行：

（1）参与决定普通合伙人入伙、退伙；

（2）对企业的经营管理提出建议；

（3）参与选择承办有限合伙企业审计业务的会计师事务所；

（4）获取经审计的有限合伙企业财务会计报告；

（5）对涉及自身利益的情况，查阅有限合伙企业财务会计账簿等财务资料。

5. 有限合伙财产份额流转的限制

有限合伙财产份额流转包括财产份额转让、财产份额质押和财产份额委托管理等可能导致财产份额持有人在形式上或实质上发生变化的情形。

为了达到留住人才、约束被激励对象的目的，合伙协议可作以下约定：

（1）如果有限合伙人在约定的服务期限内要求[　　]从及其下属企业离职，有限合伙人应自其离职之日起15日内按照其根据本协议缴付的份额原值另加同期银行贷款利率计算的利息将其持有的[　　]份额全部转让给普通合伙人或其指定的第三方。

（2）如果有限合伙人在约定服务期限内因其违法违规或者违反[　　]内部规章制度而被[　　]及其下属企业依法解聘或开除，有限合伙人应自其离职、被解聘或开除之日起十五日内按照其根据本协议缴付的份额解聘或开除，同时有限合伙人应自其离职、被解聘或开除之日起十五日内按照其根据本协议缴付的份额原值另加同期银行贷款利率计算的利息将其持有的[　　]份额全部转让给普通合伙人或其指定的第三方。

6. 合伙的利润分配和亏损分担方式

合伙人的财产份额是全体合伙人未来进行合伙企业利润分配、合伙债务清偿和合伙企业清算时，合伙人所能获得的剩余财产的分配依据。合伙人在合伙企业的财产份额一般以其出资比例进行计算，但如果合伙协议对合伙人的财产份额另有约定的，也是具有法律效力的。

鉴于以股权激励为目的设立的有限合伙企业的普通合伙人和有限合伙人之间的紧密关系，建议以合伙人的出资比例作为利润分配和亏损分担的依据。

7. 入伙和退伙

“入伙和退伙”是合伙协议的重要条款，该条款主要规定有限合伙企业新合伙人的加入和原合伙人的退出机制。有限合伙企业可以根据自身的情况确定入伙和退伙的条件。

入伙需要申请入伙人符合合伙协议规定的入伙条件或者经全体合伙人一致

同意。新入伙的有限合伙人应以其认缴的出资额为限对合伙企业债务承担责任，普通合伙人应对入伙前的合伙企业的债务承担连带责任。应当注意的是，以股权激励为目的设立的有限合伙企业，新合伙人的加入应以其被确定为股权激励对象为前提。可约定如下："新合伙人入伙，应当经普通合伙人同意，并依法订立书面入伙协议。订立入伙协议时，原合伙人应当向新合伙人如实告知原合伙企业的经营状况和财务状况。入伙的新合伙人与原合伙人享有同等权利，承担同等责任。"

对于以股权激励为目的设立的有限合伙企业的合伙人来说，有限合伙人身份的双重性决定了其必须在服务期满之后才能决定是否退伙。除此之外，一般不允许其退伙，除非合伙协议另有规定。

8. 合伙人资格的继承

合伙企业是合伙人之间以相互信任为基础而设立的非法人组织，合伙企业具有浓重的人合性。一般情况下，不允许合伙人之外的第三人加入合伙，成为合伙人。当作为有限合伙人的自然人身故或者依法被宣告死亡的情况下，其继承人可以依法取得该有限合伙人在合伙企业中的资格。但合伙协议对有限合伙人的资格继承另有规定的情况下，从尊重合伙人之间意思自治的角度出发，应认可该特别约定的效力，这些例外规定如下：(1)继承人不愿意成为合伙人；(2)全体合伙人认为继承人必须具有相关资格，而该继承人未取得该资格。当有限合伙人身故或者依法被宣告死亡，其继承人又未继受合伙人资格的情况下，要依法对其财产份额进行转让，并将转让后所得的价款返还给其继承人。

对于以股权激励为目的设立的有限合伙企业来说，在约定服务期限内，合伙人若死亡，其在合伙企业中的财产份额应按出资额加银行同期贷款利息转让给合伙企业的普通合伙人或其指定的第三方；在约定服务期限内，合伙人非履行本企业职责或者非因公致残，不能继续在合伙企业及实施股权激励的公司原岗位上工作的，其在合伙企业中的财产份额按出资额加银行同期贷款利息转让给合伙企业的普通合伙人或其指定的第三方。

9. 争议解决办法

有限合伙协议是普通合伙人与有限合伙人之间有关设立、变更、终止合伙企业而产生的相互之间的权利义务关系的合意，是一种合同关系。该协议不仅受到《合伙企业法》的规制，还受到《民法通则》、《合同法》等相关法律的约束。因合伙协议履行过程中发生争议的，本质上属于民商事纠纷，按照《仲裁法》和《民事诉讼法》的规定，依法设立的仲裁机构和人民法院均有权受理此类纠纷。但仲裁具有选择适用的特点，是约定的争议解决方式，如果合伙人在合伙协议中没有达成仲裁协议，就不能用仲裁方式解决相互之间的纠纷。而法院管辖是一种法定的争议解决方式,即使合伙人之间没有就合伙的争议纠纷确定管辖法院,合伙协议履行过程中发生纠纷的,仍然可以向有权受理的人民法院提起诉讼,人民法院经审查符合立案条件的,不得拒绝受理。

当然,作为以股权激励为目的设立的有限合伙企业,一般以普通合伙人的意见为准确定争议的解决方式。

10. 违约责任

违约责任是指合伙人违反合伙协议约定的义务或者履行义务不符合约定时,向其他合伙人承担的民事责任。如果任一合伙人不按照合伙协议的约定履行应尽义务,不仅违背了诚实信用原则,对其他合伙人来说,也会造成他们的潜在利益受损,同时,也会使合伙协议的目的不能实现,从而造成更大的损失。鉴于此,为了约束合伙人的行为,督促其按时履行约定义务,并在一方出现违约事由时补偿其他守约方的损失,有必要在合伙协议中明确约定违约责任条款。

以股权激励为目的设立的有限合伙企业的违约责任条款主要应约定合伙人出资不实、未按时缴付出资的违约责任、有限合伙人违反服务期条款的责任、执行事务合伙人执行合伙事务过程中存在故意或重大过失而产生合伙事务的损失的,应向其他合伙人承担赔偿责任等。

(三)考核管理办法的制定

股权激励考核办法是根据激励对象的表现进行量化评比的方法,股权激励计划获得股东大会通过后,就授权董事会具体负责实施。董事会根据激励对象的工作性质、岗位要求、职务大小等指标确定每个激励对象的业绩考核要求,并在考核期到来时,按照该要求对激励对象的业绩达成情况进行评比,并确定激励对象是否称职,需要改进的方面和股权授予的方式。

对于股权激励计划实施考核管理办法来说,主要的内容是考核目标、考核对象的范围、考核机关、业绩考核、考核期间和次数、行权、考核结果的反馈等。其中,业绩考核是重中之重的内容,业绩考核又分为公司层面的业绩考核指标和个人层面的考核指标。

企业实施股权激励计划,需要制定科学完备的实施考核办法,考核办法一般由考核目标、考核原则、考核范围、业绩指标、考核机构、考核程序等部分构成。

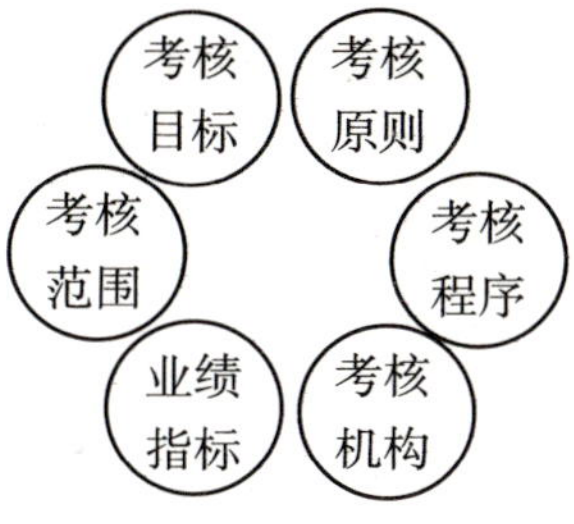

1. 考核目标

考核目标也是股权激励的主要目的，对于一家激励公司来说，考核目标主要表现为建立和完善公司内部激励约束机制，保证股权激励的效果顺利达成，发挥公司股权激励的最大化效用，并进而提升公司的经营业绩。

2. 考核原则

实施股权激励考核工作，必须坚持公正、公开、公平的原则，严格围绕考核指标进行评价，以实现股权激励计划与激励对象工作业绩、贡献紧密结合，从而提高管理绩效，实现公司与全体员工股东利益最大化。

3. 考核范围

激励对象是否达到考核标准，作为其能否获得激励股票的依据。公司根据实际需要，制定符合公司发展的考核指标，一般分为对公司层面的考核与对激励对象的考核两个方面。

4. 业绩指标

(1)公司层面的业绩指标

在公司层面上进行业绩考核，主要以财务指标为依据。

标准一：通常以净资产收益率为标准。用公司税后利润除以净资产即得到净资产收益率，该指标反映股东权益的收益水平，用以衡量公司运用自有资本的效率。

标准二：归属母公司所有者的净利润(净利润)递增 + 扣除非经常性损益后加权平均净资产收益率达到标准。

【案例 6 –1】

长电科技(600584)

公司年度业绩考核具体指标为：(1)公司归属母公司所有者的净利润(净利润)2007 年、2007 年、2009 年分别比 2006 年递增 30%、76% 和 111%；(2)奖励基金所产生的费用计入下一年度；(3)近一个会计年度财务报告审计意见为“标准无保留意见”；(4)扣除非经常性损益后加权平均净资产收益率为 8% 以上。

标准三：净利润增长率+每股收益增长率达到标准。

【案例6－2】

诚志股份（000990）

公司以2007年业绩为基准，2009年度净利润增长率不低于30%，且每股收益增长率不低于10%；2010年净利润增长率不低于40%，且每股收益增长率不低于20%；2011年净利润增长率不低于50%，且每股收益增长率不低于30%。

公司以2007年业绩为基准，2009年度净利润增长率不低于30%，且每股收益增长率不低于10%；2010年净利润增长率不低于40%，且每股收益增长率不低于20%；2011年净利润增长率不低于50%，且每股收益增长率不低于30%。

标准四：加权净资产收益率与主营业务利润+平均主营业务利润达到标准。

【案例6－3】

深长城（000042）

2008年深长城实施股票期权激励计划的业绩考核条件：在行权考核期内即T年度、T+1年度、T+2年度三期行权考核期内的业绩条件均应满足：(1)各行权考核年度的主营业务利润比本计划实施前三年（即T－1、T－2和T－3年度）的平均主营业务利润增长50%以上；(2)各行权考核年度的加权净资产收益率（扣除非经常性损益）比本计划实施前三年（即T－1、T－2和T－3年度）的平均加权净资产收益率（扣除非经常性损益）增长50%以上；(3)各行权考核年度的加权净资产收益率（扣除非经常性损益）不低于同行业沪深上市公司加权净资产收益率（扣除非经常性损益）的平均水平。

标准五：净资产收益率+主营业务收入增长率+净利润增长率达到标准。

【案例6－4】

抚顺特钢（600399）

公司年度业绩考核具体指标为：(1)年主营业务收入增长率不低于20%（含20%）；(2)年净利润增长率不低于10%（含10%）；(3)年净资产收益率不低于2.2%。其中，"净利润"为扣除非经常性损益前的净利润和扣除非经常性损益后的净利润中的低者，且为扣除提取激励基金所产生的费用后的指标。

标准六：净资产现金回报率+加权平均净资产收益率+营业收入增长率。

【案例 6－5】

华菱管线(000932)

2008 年公司实施股权激励,确定以下三个指标作为主要考核指标:EOE(净资产现金回报率)、扣除非经常性损益后的加权平均净资产收益率(ROE)、营业收入增长率。其中将 EOE 指标达标作为每期计划授予限制性股票的条件,ROE 和营业收入增长率两个指标作为限制性股票锁定期和解锁期的考核条件。

标准七:一系列考核指标综合打分。

【案例 6－6】

招商银行(600036)

2008 年招商银行实施股权激励,确定了一系列打分指标:(1)平均净资产收益率 20 分;(2)净利润增长率 15 分;(3)平均资产收益率 20 分;(4)非利息收入比例 15 分;(5)准备金覆盖率 15 分;(6)不良贷款率 15 分。

(2)员工业绩指标

除对公司整体业绩进行考核外,公司可以制定个性化的员工考核指标作为授予激励股票的条件。例如,公司可以将员工个人绩效考核分为 A、B、C、D、E 五档。如果激励对象上一会计年度考核结果为 A、B、C 档,则其考核结果为合格,可以授予相应激励股票;如果激励对象上一会计年度考核结果为 D、E 档,则其考核结果为不合格,无权获得相应激励股票。

5. 考核机构

一般情况下,公司董事会作为股权激励计划的执行机构,同时负责领导和组织考核工作,对公司董事、高级管理人员及其他核心技术人员等激励对象进行考核。

6. 考核程序

董事会或其下属人力资源管理部门负责具体的考核工作,保存考核结果,并在此基础上形成绩效考核报告上交董事会。激励对象有权了解自己的考核结果,董事会应当在考核结束后一定工作日内向激励对象通知考核结果。同时,如果激励对象对考核结果有异议,可向董事会提出申诉,董事会可根据实际情况对其考核结果进行复核,并根据复核结果对考核结果进行修正。最终的考核结果作为激励对象能否获得激励股票或能否行权的依据。

五、定向发行与股权激励

(一)定向发行

定向发行是指上市公司、申请挂牌公司、挂牌公司以非公开方式向符合认购条件的自然人、法人或者非法人组织等特定对象发行股份,从而增加注册资本、筹集资金的行为。

定向发行是发行人募集资金,增加注册资本的一种重要途径。对于一家公众公司来说,增加注册资本的方式有多种,如资本公积转增股本、未分配利润转增股本、向股东派送红股以及上市公司的公开发行新股、新三板挂牌公司的股票发行以及定向发行等方式。其中,定向发行由于发行对象明确、条件相对较低、发行结果可控等明显优点,成为上市公司和非上市公众公司适用比较广泛的一种增资方式。

新三板定向发行,又称新三板定向增发,是指申请挂牌公司、挂牌公司向特定对象发行股票的行为。

1. 时间要求

根据《全国中小企业股份转让系统业务规则(试行)》第4.3.5条规定:"申请挂牌公司申请股票在全国股份转让系统挂牌的同时股票发行的,应在公开转让说明书中披露"。由此可见,企业可以在新三板挂牌的同时进行定向增发。

2. 储价发行

储价发行是指"一次核准,多次发行"的再融资制度。该制度主要适用于定向增发需要经中国证监会核准的情形,可以减少行政审批次数,提高融资效率,赋予挂牌公司更大的自主发行融资权利。

该制度"一次核准、分期发行",还应注意:

首次发行的数量:为核准发行数量的50%;

首次发行的时间:核准之日起3个月内;

剩余数量发行时间:核准之日起12个月内发行完毕,否则重新核准;

剩余数量发行备案:应在发行后5个工作日内至证监会备案。

3. 发行对象

(1)定向增发对象

公司股东;

公司的董事、监事、高级管理人员、核心员工;

符合投资者适当性管理规定的自然人投资者、法人投资者及其他经济组织。

定向增发对象中,核心员工的确定须经公司董事会提名,并向全体员工公示和征求意见，由监事会发表明确意见后，经股东大会审议批准。

（2）适当性自然人投资者、机构投资者的资格：

自然人投资者：证券资产市值500万元以上，且具有两年以上证券投资经验或会计、金融、投资、财经等相关专业背景或培训经历；

机构投资者：注册资本500万元以上的法人机构；实缴出资额500万元以上的合伙企业。

（3）定向增发对象的数量规定：不得超过35人

根据《非上市公众公司监督管理办法》第39条规定，公司董事、监事、高级管理人员、核心员工及适当性自然人投资者和机构投资者，合计不得超过35名。

4. 无法定限售期

《全国中小企业股份转让系统业务规则（试行）》不再对新三板增资后的新增股份限售进行规定，除非定向增发对象自愿做出关于股份限售方面的特别约定，否则，定向增发的股票无限售要求，股东可随时转让。

但如定向增发对象中包含公司董事、监事、高级管理人员，其所持有的新增股份还应按照《公司法》规定进行限售，任职期间每年转让不得超过总股份的25%，离职后半年内不得转让。

5. 原股东优先认购权

挂牌公司股票发行以现金认购的，公司现有股东在同等条件下对发行的股票有优先认购权。召开董事会审议定向增发方案时，应明确现有股东优先认购安排。

现有股东可以参与认购，也可以放弃参与认购。同时，认购办法中应当明确现有股东放弃优先认购股票份额的认购安排。现有股东优先认购的，在相同认购价格下应优先满足现有股东的认购需求。

6. 发行价格

《全国中小企业股份转让系统业务规则（试行）》规定，挂牌公司可以采取定价发行或者询价发行方式，发行价格没有法律要求。如采取定价发行方式，发行价格多为挂牌公司和投资者沟通协商确定而成。在实践中，各企业发行法案中披露的定价依据，众口一词表述为："定价为参考公司所处行业、成长性、每股净资产、市盈率等因素，并与投资者沟通后确定"。

7. 证监会核准

根据《非上市公众公司监督管理办法》第45条规定："在全国中小企业股份转让系统挂牌公开转让股票的公众公司向特定对象发行股票后股东累计不超过200人的，中国证监会豁免核准，由全国中小企业股份转让系统自律管理，但发行对象应当符合本办法第39条的规定。"以及《非上市公众公司监督管理办法》第34条规定："股东人数超过200人的公司申请其股票公开转让，应当按照中国证监会有关规定制作公开转让的申请文件，申请文件应当包括但不限于：公开转让说明书、律师事务所出具的法律意见书、具有证券期货相关业务资格的会计师事务所出具的审计报告、证券公司出具的推荐文件。公司持申请文件向中国证监会申请核准”。新三板企业定向发行股票未超过200人的,证监会豁免核准,股票发行后只需向股转公司备案。

8. 法律意见书

定向增发情况报告书应披露律师事务所关于本次发行过程、结果和发行对象合法合规的意见,主要内容有:

(1)豁免申请:挂牌公司是否符合申请核准定向增发的情况;

(2)发行对象:是否符合投资者适当性要求;

(3)发行过程及结果的合法合规性;

(4)发行相关合同等法律文件合规性的说明;

(5)优先认购权:是否保障现有股东优先认购权;

(6)资产认购:资产是否存在法律瑕疵;

(7)律师认为需披露的其他事项。

(二)定向增发与股权激励的比较

1. 目的

新三板企业向合格投资者定向发行股票的目的一般为补充公司流动资金,提高公司盈利能力和抗风险能力,保障公司的持续发展。

企业实施股权激励,旨在完善公司法人治理结构,建立健全公司长效激励机制,吸引和留住公司主要人员,充分调动员工积极性,实现公司利益和员工个人利益的捆绑,推动公司持续发展。

2. 对象

定向增发对合格投资者的要求:

(1)注册资本500万元以上的法人机构或实缴出资500万元以上的合伙企业;

(2)集合信托、银行理财、券商资管、投资基金等金融资产或产品;

(3)自然人投资者本人名下前一交易日日终证券类资产市值500万元人民币以上,且具有两年以上证券投资经验或具有会计、金融、投资、财经等相关专业背景或培训经历。

企业实施股权激励,如在挂牌前设立持股平台,不必满足500万元的出资要求;挂牌后通过定增的方式实行员工股权激励,被激励对象可以为董事、高级管理人员、核心员工。

3. 价格

企业定向增发、采用发行新股模式实施股权激励,需要确定股价。一般有资产价值评估定价法、净现金流量折现法、市盈率定价法及市场评估定价法等四种方法。

资产价值评估定价法中最常用的是净资产定价法，首先算出公司净资产，用公司净资产除以总股本就可得到公司的股份价值。

净现金流量折现法是把公司整个寿命周期内的现金流量以货币的时间价值作为贴现率，据此计算公司净现值，并按照一定折扣率折算，以此确定公司的股份价格。

市盈率定价法中，股价 = 每股收益 × 市盈率；每股收益 = 净利润/年末普通股总数；市盈率 = 普通股每股的市场价格/普通股每年每股的盈利。

市盈率的计算可参考同类上市公司的市盈率，选一个比同行业上市公司市盈率略低的数值，最后确定公司股价。

市场评估定价法实际上是在定价过程中，选取几家同行业具有可比性的上市公司进行比较，从而算出本公司的股份价格。

4. 股份来源

通过持股平台对合格投资者定增，方式为公司向持股平台定向发行新股。

股权激励的股份一般来源于公司向持股平台增发新股、控股股东向持股平台转让其所持股份以及公司回购股份再进行转让等三种方式。《公司法》规定用于奖励职工所回购的股份不得超过已发行股份的5%。限制比例过低，可以用于激励的股份数量十分有限，难以达到激励效果，因而公司回购股份转让进行股权激励的运用较少。

5. 股份数量

定向增发的股份数量由公司与投资方协商确定，经公司董事会、股东大会审议通过。

公司用于股权激励计划所涉及的股权总数累计不应超过公司股权总额的10%，任何一名激励对象通过全部有效的股权激励计划获授的本公司股权累计不得超过公司股本总额的1%。

6. 限售安排

除公司与投资方另有约定外，新三板定向增发的股票一般无限售要求，即作为增发对象的股东可随时转让增发股份。

在股权激励计划中，员工持股一般有限制性条款：第一，限制转让时间，即规定在特定时间之前不得对外转让；第二，限制转让对象，即规定不能向特定对象转让或只能向特定对象转让；第三，离职回购，即在激励对象自公司离职时由持股平台回购其股份或指定特定对象收购其持有的股权。

7. 优先认购权

定向增发中，挂牌公司股票发行以现金认购的，公司现有股东在同等条件下对发行的股票有权优先认购。每一股东可优先认购的股份数量上限为股权登记日其在公司的持股比例与本次发行股份数量上限的乘积。

第七章　股权激励的会计和税务问题

股权激励涉及的问题比较多，牵涉公司的人力资源管理制度、公司的治理结构中的股东大会和董事会的权限分工、公司的股权结构和股东间的持股比例变动，尤为重要的是还牵涉会计和税务问题。这些税务和会计问题对股权激励的效果有着重要的影响。

目前，我国对股权激励的相关税务规定大部分是针对上市公司的，新三板公司参照该规定进行股权激励操作。本章作者通过对国家相关股权激励的法律法规和规范性文件的规定，并结合作者自身从事股权激励的实务经验，就股权激励可能涉及的税务和会计问题进行分析，发现不同模式下股权激励的税务和会计处理问题，希望最终能够为新三板公司制定适合自己的激励模式提供专业建议。

■第一节　股权激励计划的会计处理

股权激励作为行之有效的激励机制已在世界各国得到普遍的认可和推广，但股权激励涉及的会计问题一直是激励过程中比较棘手的问题之一。一方面，公司为了提高股权激励的收益，可能会在会计处理上虚报利润，人为提高盈利数额，增加会计违法违规的概率；另一方面，涉及激励过程中的成本确认和会计科目的处理，若处理不当，会产生税务风险。

一、股份支付的概念

《企业会计准则第11条——股份支付》对股权激励定义为股份支付，即“以股份为基础的支付”，是指企业为获取职工和其他方提供服务而授予权益工具或者承担以权益工具为基础确定的负债的交易。从“代理”理论来说，股份支付的主要目的是解决公司所有权和经营权分离后，公司长期目标与个人实现利益的不一致。为减少高管的短期行为，增加公司长期发展潜力，以股份支付代替现金支付给高管，有利于增加双方利益趋向的一致性。

股份支付分为以权益结算的股份支付和以现金结算的股份支付。

（一）以权益结算的股份支付

以权益结算的股份支付，是指企业为获取服务以股份或者其他权益工具作为对价进行结算的交易。常用的工具为：限制性股票和股票期权。常见的方式是上市公司以支付本公司股票或股票期权的方式对高管进行激励。

1. 初始确认与计量

准则按股份支付性质将股份支付分为立即行权和等待行权两类。

可立即行权的换取员工服务的以权益结算的股份支付，应当在授予日，即股份支付协议获得批准的日期，按照权益工具的公允价值计入相关成本或费用，相应增加资本公积。

等待行权的换取员工服务的以权益结算的股份支付，在等待期内的每个资产负债表日，应当以对可行权权益工具数量的最佳估计为基础，按照权益工具授予日的公允价值，将当期取得的服务计入相关成本或费用和资本公积。

以权益结算的股份支付换取其他方服务的，应当分别按下列情况处理：其他方服务的公允价值能够可靠计量的，应当按照其他方服务在取得日的公允价值，计入相关成本或费用，相应增加所有者权益；其他方服务的公允价值不能可靠计量但权益工具公允价值能够可靠计量的，应当按照权益工具在服务取得日的公允价值，计入相关成本或费用，相应增加所有者权益。

2. 再确认与计量

在资产负债表日，后续信息表明可行权权益工具的数量与以前估计不同的，应当进行调整，并在可行权日调整至实际可行权的权益工具数量。在行权日，企业根据实际行权的权益工具数量，计算确定应转入实收资本或股本的金额，将其转入实收资本或股本。

（二）以现金结算的股份支付

以现金结算的股份支付，是指企业为获取服务承担以股份或者其他权益工具为基础确定的交付现金或者其他资产义务的交易。常见的工具是：虚拟股票和现金股票增值权。常见的方案是公司交付标的股票不同日期的市场差额数量的现金，作为对高管的激励。

1. 初始确认与计量

授予后立即可行权的以现金结算的股份支付，应当在授予日以企业承担负债的公允价值计入相关成本或费用，相应增加负债。完成等待期内的服务或达到规定业绩条件以后才可行权的以现金结算的股份支付，在等待期内的每个资产负债表日，应当以对可行权情况的最佳估计为基础，按照企业承担负债的公允价值金额，将当期取得的服务计入成本、费用和相应的负债。

2. 再确认与计量

在资产负债表日，后续信息表明企业当期承担债务的公允价值与以前估计不同的，应当进行调整，并在可行权日调整至实际可行权水平。企业应当在相关负债结算前的每个资产负债表日以及结算日，对负债的公允价值重新计量，其变动计入当期损益。

二、股份支付的特征

表7-1 股份支付的特征

1. 股份支付是企业与员工或其他方之间发生的交易	以股份为基础的支付可能发生在企业与股东之间、合并交易中的双方之间或者企业与其员工之间。只有发生在企业与其员工或向企业提供服务的其他方之间的交易，才可能符合股份支付的定义
2. 股份支付是以获取职工或其他方服务为目的的交易	企业在股份支付交易中意在获取其员工提供的服务（费用）或取得这些服务的权利。企业获取这些服务或权利的目的是用于其正常生产经营，不是转手获利等
3. 股份支付交易的对价与企业自身权益工具未来的价值密切相关	股份支付交易与企业与其员工间其他类型交易的最大不同，是交易对价或其定价与企业自身权益工具未来的价值密切相关。在股份支付中，企业要么向员工支付其自身权益工具，要么向员工支付一笔现金。而其金额高低取决于结算时企业自身权益工具的公允价值

三、股份支付的处理

股份支付的确认和计量，应当以真实、完整、有效的股份支付协议为基础。典型的股份支付通常涉及授予、可行权、等待期、行权和出售几个环节。

（一）授予日

授予日是指股份支付协议获得批准的日期。其中“获得批准”，是指企业与职工或其他方就股份支付的协议条款和条件已达成一致，该协议获得股东大会或类似机构的批准。授予后立即可行权换取职工服务的以权益结算的股份支付，应当在授予日按照权益工具的公允价值，借记“管理费用”等科目，贷记“资本公积——其他资本公积”科目。授予后立即可行权的以现金结算的股份支付，应当在授予日以企业承担负债的公允价值计入相关成本或费用，相应增加负债，借记“管理费用”等科目，贷记“应付职工薪酬——股份支付”科目。授予日后可立即行权的股份支付在实务中较为少见。

除了立即可行权的股份支付外，无论是现金结算的股份支付还是权益结算的股份支付，企业在授予日均不做会计处理。

（二）等待期内每个资产负债表日

可行权条件。可行权条件包括服务限制条件或者业绩条件。业绩条件包括市场条件和非市场条件。市场条件是指行权价格、可行权条件以及行权可能性与权益工具的市场价格相关的业绩条件，如股份支付协议中关于股价至少上升至何种水平才可行权的规定。非市场条件是指除市场条件之外的其他业绩条件，如股份支付协议中关于达到最低盈利目标或销售目标才可行权的规定。

会计处理。企业应该在等待期内的每一个资产负债表日，将取得员工或其他提供的服务计入成本费用，同时确认所有者权益和负债。对于附市场条件的股份支付，只要被激励对象满足了所有非市场条件，企业就能确定已取得的服务。

等待期时间确定后，业绩条件就成为非市场条件，如果后续信息表明需要调整对可行权情况估计的，应对前期估计进行修改。在等待期内每个资产负债表日，企业将取得的被激励对象提供的服务计入成本费用，计入成本费用的金额应当按照权益工具的公允价值计算。

对于现金结算的涉及被激励对象的股份支付，应当按照每个资产负债表日权益工具的公允价值重新计量，确认成本费用和应付职工薪酬。对于权益结算的涉及被激励对象的股份支付，应当按照授予日权益工具的公允价值计入成本和资本公积（其他资本公积），不确认其后续公允价值变动。

根据推算的股份支付额作如下账务处理：

借：管理费用

　贷：资本公积——其他资本公积（附服务年限条件或附非市场业绩条件的权益结算股份支付）

　　应付职工薪酬——股份支付（现金结算的股份支付）

对于授予的股权激励存在活跃市场的期权等权益类工具，应当按照活跃市场的报价确定其公允价值。若不存在活跃市场的期权等权益工具，应当采取期权定价模型等确定其公允价值。

选用的期权定价模型至少应当考虑以下因素：(1)期权的行权价格；(2)期权的有效期；(3)标的股份的现行价格；(4)股价预计波动率；(5)股份的预计股利；(6)期权有效期内的无风险利率。

在等待期内每个资产负债表日，企业应当根据取得的可行权被激励对象人数变动等后续信息作出最佳估计，修正预计可行权的权益工具数量。在可行权日，最终估计可行权权益工具的数量应当与实际的可行权工具的数量一致。

根据上述权益工具的公允价值和预计可行权的权益工具数量，计算截至当期累计应确认的成本费用金额。再减去前期累计已确认金额，得出当期应确认的成本费用金额。

(三)可行权之日后

对于现金结算的股份支付，企业在可行权日之后不再确认成本费用，负债(支付员工薪酬)公允价值的变动应当计入当期损益(公允价值变动损益)。

对于权益结算的股份支付，在可行权日之后不再对已确认的成本费用和所有者权益总额进行调整。企业应在行权日根据行权价格，确认股本和股本溢价，同时结转等待期内确认的资本公积(其他资本公积)。

1. 如果是附服务年限条件或附非市场业绩条件的权益结算股份支付

借：银行存款(职工按承诺的价位交付的款项)

　资本公积——其他资本公积(等待期内累计的资本公积)

　贷：股本(面值)

　　资本公积——股本溢价(所授股权的公允价值－股本)

2. 如果是现金结算的股份支付

未兑付前的公允价值变动时：

①增值时：

借：公允价值变动损益

　贷：应付职工薪酬——股份支付

②贬值时：

借：应付职工薪酬——股份支付

　贷：公允价值变动损益

③兑付时：

借：应付职工薪酬——股份支付

　贷：银行存款

（四）回购股份进行员工期权激励

企业以回购股份形式奖励本公司员工的，属于权益结算的股份支付，应当进行以下处理：

回购股份。企业回购其公司股份时，应当按照回购股份的全部支出作为库存股处理，同时进行备案登记。

确认成本费用。按照员工权益结算股份支付的规定，企业应当在等待期内每个资产负债表日按照权益工具在授予日的公允价值，将取得的被激励员工服务计入成本费用，同时增加资本公积（其他资本公积）。

员工行权。企业应于收到员工行权价款时，转销交付员工的库存股或者成本和等待期内资本公积（其他资本公积）累计金额，同时，按照其差额调整资本公积（股本溢价）。

（1）回购股份时

借：库存股

　贷：银行存款

（2）等待期内每个资产负债表日按照权益工具在授予日的公允价值，将取得的职工服务计入成本费用，同时增加资本公积（其他资本公积）。

借：管理费用

　贷：资本公积——其他资本公积

（3）职工行权时

借：银行存款（职工按承诺的价位交付的款项）

　　资本公积——其他资本公积（等待期内累计的资本公积）

　贷：库存股

　　资本公积——股本溢价（倒挤差额）

（五）其他激励方式

企业股份支付的形式很多，例如，上市公司大股东将其持有的其他公司的股份按照合同约定价格（低于市价）转让给上市公司的高级管理人员，或转让给上市公司高管人员投资成立的公司等，根据实质重于形式原则，都应该作为股权激励处理，对于权益结算的涉及员工的股份支付，上市公司应当按照授予日权益工具的公允价值计入成本费用和资本公积，不确认其后续公允价值变动。

四、案例分析

（一）附服务年限条件的权益结算股份支付①

【案例7－1】

A公司作为一上市公司，20×2年1月1日，公司向其200名被激励对象每人授予100股股票期权，上述员工从20×2年1月1日起，在该公司连续服务3年，即可以4元每股购买A公司股票。公司预估该期权在授予日的公允价值为15元。

第1年有20名员工离开A公司，A公司估计3年中离开的员工的比例将达到20%；第2年又有10名员工离开公司，公司将估计的员工离开比例修正为15%；第3年又有15名员工离开。

费用和资本公积计算过程见表7－2：

表7－2　　单位：元

年份	计算	当期费用	累计费用
20×2	200×100×(1－20%)×15×1/3	80,000	80,000
20×3	200×100×(1－15%)×15×2/3－80,000	90,000	170,000
20×4	155×100×15－170,000	62,500	232,500

财务处理：

◆20×2年1月1日

授予日不作处理。

◆20×2年12月31日：

借：管理费用　　80,000

　贷：资本公积——其他资本公积　　80,000

◆20×3年12月31日：

借：管理费用　　90,000

　贷：资本公积——其他资本公积　　90,000

◆20×4年12月31日

借：管理费用　　62,500

　贷：资本公积——其他资本公积　　62,500

① 高金平著：《资产重组的会计与税务处理》，中国财政经济出版社2014年版。

◆假设全部155名员工都在20×5年12月31日行权，A公司股份面值为1元时：

借：银行存款　　　62,000(155×100×1)
　资本公积——其他资本公积　　　232,500
　贷：股本　　　15,500(155×100×1)
　　资本公积——资本溢价　　　279,000

(二)现金结算的股份支付

【案例7－2】

20×2年A公司为其200名中层以上员工每人授予100份现金股票增值权，约定这些员工从20×2年1月1日起在该公司连续服务3年，即可按照当时公司股票的增长幅度获得现金，该增值权定于20×6年12月31日之前行使。A公司预计，该增值权在负债结算之前的每一资产负债表日以及结算日的公允价值和可行权后的每份增值权现金支出额如表7－3所示。

表7－3　　　单位：元

年份	公允价值	支付现金
20×2	14	
20×3	15	
20×4	18	16
20×5	21	20
20×6		25

第1年有20名员工离开A公司，A公司估计3年中还将有15名员工离开；第2年又有10名股东离开公司，公司估计还将有10名员工离开；第3年又有15名员工离开。第3年年末，有70人行使股票增值权取得了现金。第4年年末，有50人行使了股票增值权。第5年年末，剩余35人也行使了股票增值权。

费用和应付的职工薪酬计算过程如表7－4所示。

表7－4　　单位：元

年份	负债计算A	支付现金计算B	负债C	支付现金D	当期费用E
20×2	(200－35)×100×14×1/3		77,000		77,000
20×3	(200－40)×100×15×2/3		160,000		83,000
20×4	(200－45－70)×100×18	70×100×16	153,000	112,000	105,000
20×5	(200－45－70－50)×100×21	50×100×20	73,500	100,000	20,500
20×6	0	35×100×25	0	87,500	14,000
总额				299,500	299,500

其中：

A计算得C，B计算得D；

当期C－上期C＋当期D＝当期E

债务处理如下：

◆20×2年12月31日：

借：管理费用　　77,000

　贷：应付职工薪酬——股份支付　　77,000

◆20×3年12月31日：

借：管理费用　　83,000

　贷：应付职工薪酬——股份支付　　83,000

◆20×4年12月31日

借：管理费用　　105,000

　贷：应付职工薪酬——股份支付　　105,000

借：应付职工薪酬——股份支付　　112,000

　贷：银行存款　　112,000

◆20×5年12月31日：

借：公允价值变动损益　　20,500

　贷：应付职工薪酬——股份支付　　20,500

借：应付职工薪酬——股份支付　　100,000

　贷：银行存款　　100,000

◆20×6 年 12 月 31 日：	
借：公允价值变动损益	14,000
贷：应付职工薪酬——股份支付	14,000
借：应付职工薪酬——股份支付	87,500
贷：银行存款	87,500

五、"新三板"挂牌公司股份支付的特别规定及案例分析

（一）股份支付的特别规定

根据股转公司发布的《挂牌公司股票发行常见问题解答——股份支付》，其审核原则如下：

在全国股转系统挂牌的公司在股票发行业务中符合《企业会计准则第 11 号——股份支付》规定情形的，均应适用股份支付的会计准则并进行相应的账务处理。

在股票发行中，如果符合以下情形的，挂牌公司的主办券商一般应按照《企业会计准则第 11 号——股份支付》的规定，就本次股票发行是否适用股份支付进行说明：

向公司高管、核心员工、员工持股平台或者其他投资者发行股票的价格明显低于市场价格或者低于公司股票公允价值的；

股票发行价格低于每股净资产的；

发行股票进行股权激励的；

全国股转系统认为需要进行股份支付说明的其他情形。

挂牌公司的主办券商就是否适用股份支付发表意见时，应当从以下四个方面进行说明：

发行对象，说明本次股票发行的对象，如公司高管、核心员工、员工持股平台、做市商或者其他外部投资者等。

发行目的，说明本次股票发行的目的，并说明是否以获取职工或其他方服务为目的，或者以激励为目的。

股票的公允价值，说明挂牌公司股票的公允价值，并说明公允价值的判断方法。公允价值的论述应当充分、合理，可参考如下情形：A. 有活跃交易市场的，应当以市场价格为基础，并考虑波动性；B. 无活跃交易市场的，可以参考如下价格：

（1）采用估值技术。估值方法应当符合《企业会计准则第 22 号——金融工

具确认和计量》的有关规定确定权益工具的公允价值，并根据股份支付协议的条款的条件进行调整。可以使用的估值方法包括现金流折现法、相对价值法以及其他合理的估值方法，也可聘请估值机构出具估值报告。企业应当根据具体条件恰当选择合理的评估方法，科学合理使用评估假设，并披露评估假设及其对评估结论的影响，形成合理评估结论。

(2)参考同期引入外部机构投资者过程中相对公允的股票发行价格，发行价格不公允的除外，例如，由于换取外部投资者为企业带来的资源或其他利益而确定了不合理的发行价格应当被排除掉。

挂牌公司需注意的是，无论采用何种方法确定公允价格，对公允价格的论述应当合理、充分并可量化，而非只有定性的说明。

(二)案例分析

为方便大家理解股份支付，下附详细案例分析，仅供参考：

1. 已实施完毕

优森软件(证券代码:833218)

公司实际控制人张国栋为激励管理层及部分优秀员工，鼓励管理层与员工和公司共同发展，经有限公司股东会决定，将实际控制人张国栋持有公司9.23%的出资额(人民币66万元)以人民币66万元的价格转让给竹森洪、袁一鑫、叶斌、严波燕、徐幼玉、谢位利、王师军、屠蛟浪、胡莲芳和陈昊等激励对象10人作为公司的激励股权。该股权转让过程主要系实际控制人张国栋与内部职工股东协商的结果，股权转让过程签订股权转让协议，但由于有限公司阶段公司未对激励机制进行明确约定，未设置明确的股权激励政策，亦未在劳动合同中约定股权激励相关条款，在转让协议中约定服务。

公司已在重大事项提示补充披露如下："六、股份支付对经营业绩重大影响：

2014年10月28日公司股东为激励管理层及部分优秀员工，鼓励管理层与员工与公司共同发展，经有限公司股东会决定，将实际控制人张国栋所持公司9.23%的出资额(人民币66万元)以人民币66万元的价格转让给竹森洪、袁一鑫、叶斌、严波燕、徐幼玉、谢位利、王师军、屠蛟浪、胡莲芳和陈昊等10人作为公司的激励股权。公司根据《企业会计准则》的规定确认股份支付264万元，约占公司当期管理费用的57.88%，该事项不影响公司的净资产，对公司盈利能力的影响不具有持续性，不影响对公司持续经营能力。"

主办券商访谈公司实际控制人张国栋，并获得公司管理层关于股权转让事宜的情况说明，核查相关财务数据，具体如下：2014年10月28日，公司实际控制人张国栋为激励管理层及部分优秀员工，鼓励管理层与员工与公司共同发展，经有限公司股东会决定，将实际控制人张国栋持有公司9.23%的出资额(人民币66

万元)以人民币66万元的价格转让给竹森洪、袁一鑫、叶斌、严波燕、徐幼玉、谢位利、王师军、屠蛟浪、胡莲芳和陈昊等10人作为公司的股权激励之用。

该股权转让过程主要是实际控制人张国栋与内部职工股东协商的结果,股权转让过程签订股权转让协议,但由于有限公司阶段公司未对激励机制进行明确,未设置明确的股权激励政策,亦未在劳动合同中约定股权激励相关条款,或在转让协议中约定服务条款。经核查,主办券商认为,公司股权激励政策的实施符合《企业会计准则第11号——股份支付》相关要求以及实施要件;公司股份支付公允价值确定依据合理,股权激励费用的核算合理且符合准则规定,对股权激励费用已在经常性损益或非经常性损益列示,符合证监会发布《公开发行证券的公司信息披露规范问答第1号——非经常性损益》的相关规定。

2. 任职服务期限

拓斯达(证券代码:831535)

公司于2013年10月17日成立员工持股平台——达晨投资,并承接了本公司原来的全部员工股权。2013年11月16日公司引入PE——兴证创投,同时11名骨干员工对达晨投资增资入股;本次增资过程中该11名员工通过达晨投资入股的出资额折算成公司的股份合计5.8万股(每1元注册资本视为1股),每股出资成本为20元。鉴于该批员工增资入股价格明显低于同期PE兴证创投入股价格每股82.06元,公司将员工入股的成本总差额人民币3,599,463.44元,确认为员工股权激励费用,计入管理费用,同时增加资本公积。公司已在《公开转让说明书》"第四节公司财务五、(三)股东权益情况"中补充披露股权激励账务处理对当期及未来公司业绩的影响,具体如下:本次股权激励账务处理直接减少2013年度当期净利润3,599,463.44元,对公司未来业绩不会产生实质性影响。

根据《企业会计准则第11号——股份支付》规定,"股份支付,是指企业为获取职工和其他方提供服务而授予权益工具或者承担以权益工具为基础确定的负债的交易"。①本次员工低价增资入股系企业为获取职工为公司提供服务而授予的,根据增资协议,增资员工做出承诺,自本协议签署之日应持续在公司任职或工作不少于5年,不因其个人原因解除或终止与公司的劳动关系,满足公司获取员工服务的条件;②公司在授予该批员工权益工具明显做出了经济利益的让渡,新进员工每股认购成本为20元,而同期PE兴证创投入股价格为每股82.06元;③公司行权日可通过权益工具的数量及公允价值(PE引入价格)确定相关负债,相关负债及费用能可靠计量。综上所述,会计师认为,公司此次实施的股权激励为获取服务以股份作为对价进行结算的交易,适用以权益结算的股份支付,对股权激励政策的实施要件符合《企业会计准则》股份支付的相关认定要求。

3. 立即可行权

浩森科技(证券代码:831856)

为强化经营团队对公司的认同感和归属感,增强经营团队入股的积极性,同时,为了增强公司的资本实力,为公司下一阶段的发展以及上市工作做好准备,本次经营团队持股拟采用直接持股和间接持股相结合的增资入股的方式实施,即以经营团队向浩森科技进行增资的方式持有浩森科技股份。2014 年 6 月公司股东会通过了员工持股方案和增资扩股方案。

直接持股方式为符合条件的经营团队以个人身份直接增资,成为公司的股东;间接持股方式为符合条件的经营团队设立有限合伙企业(以下简称“持股企业”),使经营团队以持股企业名义对公司进行增资,成为公司的间接股东。

2014 年 7 月公司经营团队以直接持股和间接持股相结合的方式对公司增资 400 万元,增资价格以 2014 年 3 月 31 日为审计基准日的每股净资产 1.56 元为参考依据,同时考虑公司审计基准日与经营团队出资日之间实现的收益,确定每股价格为 1.60 元。公司以 2014 年 3 月 31 日为评估基准日,经评估的每股净资产为 2.42 元。上述经评估的每股净资产与每股增资价格的差额形成股份支付。为此,公司对本次增资进行股份支付的会计处理,一次性确认 2014 年 1 ~ 7 月管理费用 206.64 万元,相应增加资本公积 206.64 万元。上述股份支付当期确认使得公司当期净利润为 1038.60 万元,若不考虑股份支付的影响,公司 2014 年 1 ~ 7 月实现的净利润为 1245.24 万元。上述股份支付一次性确认为当期费用,并增加公司资本公积,对未来公司业绩不构成影响。

(1)股权激励政策的实施是否符合《企业会计准则》股份支付的相关要求以及实施要件发表专项意见

根据《企业会计准则第 11 号——股份支付》规定,股份支付,是指企业为获取职工和其他方提供服务或商品而授予权益工具或者承担以权益工具为基础确定的负债的交易。股份支付分为以权益结算的股份支付和以现金结算的股份支付。以权益结算的股份支付,是指企业为获取服务以股份或其他权益工具作为对价进行结算的交易。

根据《明光浩森安防科技股份公司员工持股方案》,为强化经营团队对公司的认同感和归属感,增强经营团队入股的积极性,同时也为了增强公司的资本实力、为公司下一阶段的发展以及上市工作做好准备,公司实施了股权激励政策。2014 年 7 月公司根据股东大会决议和修改后的章程规定,申请增加注册资本 400 万元,其中:明光天睿投资管理中心(有限合伙)认缴 260 万元(其中倪军占有 148 万元)、郭刚建认缴 20 万元、陈浩认缴 15 万元、姜其虎认缴 15 万元、程国亮认缴 15 万元、段永成认缴 15 万元、袁绪海认缴 15 万元、李光荣认缴 15 万元、张正明认缴 15 万元、吴香玲认缴 15 万元。本次增资的自然人股东为公司的管理层及核心技术人员，股东明光天睿投资管理中心（有限合伙）系由公司法定代表人倪军及部分管理层及核心人员设立的有限合伙企业。本次增资除倪军外公司的其他员工直接或间接持有公司的股份合计为252万股。

本次增资价格以2014年3月31日为审计基准日的每股净资产1.56元为参考依据，同时考虑公司审计基准日与经营团队出资日之间实现的收益，确定每股价格为1.60元。公司以2014年3月31日为评估基准日，经评估的每股净资产为2.42元。上述交易实质是公司接受了股权激励对象（直接持股的自然人股东及间接持股的自然人股东）提供的服务，以股权差价作为对价进行支付。公司股权激励政策经董事会和股东大会审议通过，增资额经申报会计师验证，会计处理按照企业会计准则中关于授予后立即可行权的换取职工提供服务的权益结算的股份支付的相关规定处理。

综上所述，申报会计师认为，公司对股权激励政策的实施符合《企业会计准则》股份支付的相关要求及实施要件。

（2）对股份支付公允价值的合理性和依据，对公司将股权激励费用一次性计入当期损益并列为非经常性损益的依据，是否符合《企业会计准则》相关规定发表意见

2014年5月16日会计师事务所出具《审计报告》，确认截至审计基准日2014年3月31日，浩淼有限账面净资产为77,826,369.51元，对应的每股净资产为1.56元。

2014年5月18日评估公司出具《评估报告》，确认截至评估基准日2014年3月31日浩淼有限的净资产评估值为12,097.93万元，对应的每股净资产为2.42元。

由于公司缺乏公开交易市场的股价，确定股权公允价值比较困难，公司以截至2014年3月31日为评估基准日经评估的每股净资产2.42元作为股份支付的公允价值。

《企业会计准则第11号——股份支付》第五条规定，授予后立即可行权的换取职工服务的以权益结算的股份支付，应当在授予日按照权益工具的公允价值计入相关成本或费用，相应增加资本公积。授予日，是指股份支付协议获得批准的日期。公司的股权激励在增资协议生效日即行权，因此，可按照股东增资股权的公允价值与实际支付的增资款的差异，作为权益工具的公允价一次性计入当期费用中。

根据《公开发行证券的公司信息披露规范问答第1号——非经常性损益》的规定，非经常性损益是指公司发生的与主营业务和其他经营业务无直接关系，以及虽与主营业务和其他经营业务相关，但由于该交易或事项的性质、金额和发生频率，影响了正常反映公司经营、盈利能力的各项交易、事项产生的损益。公司确

认的股权激励费用符合非经常性损益的定义,在财务报表附注中作为非经常性损益列报。

综上所述,申报会计师认为,公司依据股改时的评估价格作为股份支付的公允价值合理,公司将股权激励费用一次性计入当期损益并列为非经常性损益的依据,符合《企业会计准则》相关规定。

4. 激励对象离职

百胜软件(证券代码:832722)

为对引进的管理人员实施股权激励,公司控股股东、实际控制人黄飞将其所持公司180万出资(6%股权)作价0元转让给自然人金卓君,2012年6月公司与金卓君签订《合作协议》,2013年3月,公司、黄飞与金卓君签订《协议》。2013年11月金卓君因个人原因辞职,依据2013年11月15日双方签署的《百胜公司与金卓君解除劳动关系协议书》,金卓君解约时在百胜有限工作满一年,按照约定可以获得2%的股权,将其余4%的股权退还给黄飞。公司对于金卓君持有剩余的2%股权进行股份支付的会计处理。该项股权转让不涉及绩效目标,无分期行权条款,故于2013年度一次性确认为当期费用,只对2013年度业绩产生影响,对2014年度及以后年度公司业绩无影响。上述股份支付当期确认使得公司2013年度当期净利润为794.42万元,若不考虑股份支付的影响,公司2013年度实现的净利润为894.28万元。

2013年度的账务处理:

借:管理费用——职工薪酬998,592.48元

　贷:资本公积——其他资本公积998,592.48元

公司已在公开转让说明书"重大事项提示"中补充披露如下:"(六)股权激励对公司业绩的影响:2013年5月为对引进的管理人员实施股权激励,公司控股股东、实际控制人黄飞将其所持公司180万出资(6%股权)作价0元转让给自然人金卓君。2013年11月金卓君因个人原因辞职,依据2013年11月15日双方签署的《百胜公司与金卓君解除劳动关系协议书》,金卓君解约时在百胜有限工作满一年,按照约定可以获得2%的股权,因此,将其余4%的股权退还给黄飞。对于剩余2%股权进行股份支付的会计处理。2%股权的公允价值根据2012年12月31日经审计净资产42,674,892.14元和市净率倍数1.17倍(参考2012年引进人才给予股份的市净率倍数)计算,2%股权的公允价值998,592.48元即股份支付金额,一次性确认2013年管理费用998,592.48元,相应增加资本公积998,592.48元。上述股份支付当期确认使得公司当期净利润为7,944,194.19元,若不考虑股份支付的影响,公司2013年实现的净利润为8,942,786.67万元。上述股份支付一次性确认为当期费用,并增加公司资本公积,对未来公司业绩不构成影响。"

会计师回复：经核查，公司实际控制人黄飞，根据《合作协议》、《补充协议》以及《百胜公司与金卓君解除劳动关系协议书》，向金卓君无偿转让2%的股权，并于2013年度办理了工商变更登记，符合准则规范的“企业授予职工期权、认股权证等衍生工具或其他权益工具，对职工进行激励或补偿，以换取职工提供的服务”的要求及实施要件，确认该项股份支付符合《企业会计准则第11号——股份支付》所规范的以权益结算的股份支付。

《企业会计准则第11号——股份支付》第5条规定，授予后立即可行权的换取职工服务的以权益结算的股份支付，应当在授予日按照权益工具的公允价值计入相关成本或费用，相应增加资本公积。授予日，是指股份支付协议获得批准的日期。公司的股权激励在增资协议日生效日即行权，因此可按照股东增资股权的公允价值作为权益工具的公允价一次性计入当期费用中。

2013年3月1日，会计师事务所出具《审计报告》，确认截至审计基准日2012年12月31日，百胜有限账面净资产为42,674,892.14元，对应的每股净资产为1.4224964元。根据2012年12月31日经审计每股净资产并参考公司2012年引进人才给予股份的市净率倍数1.17倍计算本次股份支付的公允价值为998,592.48元，确认为以权益结算的股份支付。公司在会计处理上一次性确认2013年度管理费用998,592.48元，相应增加资本公积998,592.48元。

上述交易实质是公司接受了股权激励对象金卓君提供的服务，以股权公允价值作为对价进行支付。公司股权激励政策经董事会和股东大会审议通过，会计处理按照企业会计准则中关于授予后立即可行权的换取职工提供服务的权益结算的股份支付的相关规定处理。

综上所述，申报会计师认为，公司对股权激励政策的实施符合《企业会计准则》股份支付的相关要求以及实施要件。

5. 公允价值

鸿辉光通（证券代码：832063）

公司回复：经公司2012年2月17日股东会决议，本公司增加注册资本20万元，由新增股东上海子衿创业投资中心（有限合伙）出资20万元。实际认缴金额（价格）为140万元，折合每股认购金额为7元。

经公司2012年3月23日股东会决议，本公司增加注册资本200万元，由新增股东深圳市中和春生壹号股权投资基金合伙企业（有限合伙）出资200万元。

实际认缴金额（价格）为2750万元，折合每股认购金额为13.75元。

因上海子衿创业投资中心（有限合伙）（以下简称子衿创投）为本公司员工持股的合伙企业，增资时实际支付对价低于当时可参考公允价值（当期外部投资者入股价格），其实质为以权益结算的涉及职工的股份支付，属于股权激励行为。

主办券商回复：

(1)核查人员执行了下列尽职调查程序：获取和查阅报告期内历次增资的协议，查阅员工持股公司的工商档案，核查股东是否为公司员工，查阅增资相关的董事会、股东会决议等相关文件，与管理层进行沟通。

(2)经查：

1)通过核查子衿创投合伙人构成情况，确认合伙人均为鸿辉光通的员工，属于股份支付对象。

2)通过核查子衿创投增资前次增资情况，上海睿涵投资管理有限公司截至2011年6月24日以人民币210万元认缴新增注册资本人民币30万元，折合每股认购金额为7元；同时根据会计师事务所出具审计报告审定的净资产金额为130,840,090.79元，实收资本2630万元，折合每股净资产4.98元进行比较，子衿创投增资价格高于每股净资产。核查子衿创投增资后的增资情况，2012年3月30日，深圳市中和春生壹号股权投资基金合伙企业(有限合伙)以人民币2750万元认缴新增注册资本人民币200万元，折合每股认购金额13.75万元。

3)通过比较三次增资的认购价格，按照增资的期间，结合子衿创投为本公司员工持股的合伙企业等情况以及临近期间可辨认的股权公允价值13.75元每股判断，增资时实际支付对价低于当时可参考公允价值(当期外部投资者入股价格)，其实质为以权益结算的涉及职工的股份支付，因此，将可参考公允价值与实际支付对价的差异200,000×(13.75－7.00)＝1,350,000.00元确认为股份支付金额，记入2012年度管理费用与资本公积。

综上，主办券商认为：公司对子衿创投增资认定为股权激励行为合理，其公允价值确定以及相应的会计处理符合《企业会计准则》股份支付的相关规定。

6.实际控制人内部股权调整

军工智能(证券代码:832055)

报告期内，股权变动是否构成股权激励的说明

报告期内，公司分别于2013年2月和2013年7月发生过两次股权变动事项，具体情况已在《公开转让说明书》“第一节基本情况”之“三、(五)股本的形成及其变化情况”中进行了详细披露。

(1)2013年2月公司股权转让

其中，2013年2月公司发生的股权转让中，同时存在外部投资者和公司内部人员受让股份的情形，外部投资者受让股权的价格为3.77元/股，其中股权转让价格低于该价格的情形具体如下：

①周渭江与丁金萍为夫妻关系，丁金萍与周鑫诚、周鑫龙二人为母子关系，周渭江与周鑫诚、周鑫龙二人为父子关系，周鑫龙为周鑫诚之兄长。周渭江将其持有的部分公司股权以1.00元/股的价格分别转让12,352,250股和4,686,250股

给周鑫龙和周鑫诚，丁金萍将其持有的公司7,666,000股以1元/股的价格转让给周鑫诚，属于控股股东及实际控制人内部的股权调整，不构成股权激励。

②周鑫龙、李陆斌、孙梅、唐建红、唐小芹、丁佐明、秦志权、王未、吴玖阳、吴涛和邓耀华分别将其持有的1,000,000股、150,000股、150,000股、80,000股、50,000股、50,000股、30,000股、30,000股、30,000股、30,000股和30,000股，合计1,630,000股，以2.60元/股的价格转让给吴九德。其中，李陆斌、孙梅、唐建红、唐小芹、丁佐明、秦志权、王未、吴玖阳、吴涛和邓耀华为公司员工，其以2.6元/股的价格转让给吴九德系双方自主协商，为双方真实意思表示，不形成股权激励；周鑫龙为公司控股股东及实际控制人，其转让给吴九德的100万股被认定为股权激励。

③周鑫诚和丁书海分别将其持有的1,000,000股和50,000股股权以2.60元/股的价格转让给陆春。其中，丁书海为公司员工，其以2.6元/股的价格转让给陆春系双方自主协商，为双方真实意思表示，不形成股权激励；周鑫诚为公司控股股东及实际控制人，其转让给陆春的100万股被认定为股权激励。

根据股份支付相关准则及解释，公司将周鑫龙和周鑫诚转让给吴九德和陆春的200万股股权的公允价值754.00万元与实际转让价格520.00万元的差额234.00万元确认股份支付费用，计入当期管理费用，同时相应增加"资本公积—其他资本公积"234.00万元。根据非经常性损益信息披露准则及解释，公司将该234.00万元列入2013年度非经常性损益。

该股份支付公允价值确认依据是：本次股权转让，除公司控股股东及实际控制人周鑫诚和周鑫龙以2.60元/股分别向公司高级管理人员转让股份100.00万股外，也存在其他股东向外部投资者转让股权的情形，转让价格为3.77元/股，故本次股份支付公允价值参照同期向外部投资者转让价格。

(2)2013年7月公司股权变动

2013年7月发生的股权变动不涉及公司控股股东及实际控制人的股权，因此不符合股份支付的规定，不构成股权激励。

经核查，主办券商认为：2013年2月公司实际控制人周鑫诚向陆春转让100万股、周鑫龙向吴九德转让100万股，根据股份支付相关准则及解释，将转让的200万股股份的公允价值754.00万元与实际转让价格520.00万元的差额234.00万元确认股份支付费用，计入当期管理费用，同时相应增加"资本公积——其他资本公积"234.00万元。根据非经常性损益信息披露准则及解释，公司将该234.00万元列入2013年度非经常性损益。

该股份支付公允价值确认依据是：本次股权转让，除公司实际控制人周鑫诚和周鑫龙以2.60元/股分别向公司高级管理人员转让股份100.00万股外，也存在其他股东向外部投资者转让股权的情形，转让价格为3.77元/股，故本次股份支付公允价值参照同期向外部投资者转让价格。

公司上述处理符合《企业会计准则》的规定。

7. 分期行权

华翼微(证券代码:832407)

为进一步稳定公司的核心队伍、增强公司员工的凝聚力、鼓励员工长期为公司服务、共享公司发展的成果,公司制定一项股权激励方案,自2014年7月26日起实施。

本次股权激励方案将通过设立的持股平台山东合翼资产管理有限公司(以下简称合翼公司)予以实施,分为股权和股票期权两类。股权:由部分员工持有合翼公司的股份;股票期权:授予部分员工在满足未来特定条件时以一定价格受让获得合翼公司股份的权利。

合翼公司设立时的注册资本为500万元,由各股东在合翼公司设立时一次性缴足,其中,于伟先生出资307.95万元(占注册资本的61.59%),本次股权激励对象的其他职工合计出资192.05万元(占注册资本的38.41%)。

合翼公司从公司的原股东山东同创华虹科技有限公司处受让公司500万元的股权。此后,合翼公司成为本公司的股东,持有公司500万元的股份。根据北京中企华资产评估有限责任公司出具的中企华评报字2014第3827号评估报告,上述转让的股权对应的每1元出资评估价值为1.13元,与转让价格1元的差额,公司执行股份支付准则计入资本公积249,665.00元,增加管理费用249,665.00元。

在满足未来特定条件时,于伟先生将根据本次股权激励方案,向相应的激励对象(本公司职工)转让持股平台的相应股份。激励对象获授的期权,满足行权条件后,自授予日满1年后分3期行权。公司预计首期行权比例为80%,公司执行股份支付准则计入资本公积24,851.67元,增加管理费用24,851.67元。

8. 转让给持股平台

明烁节能(证券代码:831447)

股权激励目的:为了体现公司理念,建立科学的企业管理机制,有效激发员工的创业热情,不断提升企业在市场中的竞争力。

股权激励计划:以明烁节能部分高级管理人员(以下简称持有人)名义设立持股公司,以向明烁节能增资的形式成为公司股东,享受股东权利,持有人间接成为明烁节能的股东。持股公司不实际经营,仅对其持有的明烁节能股权进行分红,明烁节能高级管理人员和骨干人员(以下简称激励对象)受让持有人的持股公司股权,激励对象作为持股公司股东,对持股公司作为明烁节能股东所享有的分红享有分红权的一种股权激励方案。根据《企业会计准则第11号——股份支付》及应用指南,对于权益结算的涉及职工的股份支付,应当按照授予日权益工具的公允价值记入成本费用和资本公积,不确认其后续公允价值变动。故 2014 年增加资本公积金额 175.00 万元,增加管理费用 175.00 万元。

公司已补充披露,参见《公开转让说明书》第 18 ~ 19 页。

附件:1 - 13 - 1:《关于对核心员工实行股权激励问题的相关财务附件》(其中包括:员工股权激励协议书,最近一次增资每股作价验资报告)股东以每股 4.5 元的价格增资,合计出资金额为 810 万元。因股份公司股权激励系以权益结算的股份支付,本年管理人员已行权,故根据《企业会计准则第 11 号——股份支付》及应用指南,对于权益结算的涉及职工的股份支付,应当按照授予日权益工具的公允价值记入成本费用和资本公积,不确认其后续公允价值变动。故本期增加资本公积金额 175 万元,增加管理费用 175 万元。公司已补充披露,参见《公开转让说明书》第 18 ~ 19 页。

申报会计师核查意见如下:

据《企业会计准则》规定,股份支付,是指企业为获取职工和其他方提供服务或商品而授予权益工具或者承担以权益工具为基础确定的负债的交易。已取得企业股权激励实施方案以及相关股权激励协议书,协议书规定:股权激励计划是指以浙江明烁节能科技股份有限公司(以下简称浙江明烁)部分高级管理人员(以下简称持有人)名义设立持股公司,以向浙江明烁增资的形式成为公司股东,享受股东权利,持有人间接成为浙江明烁的股东。持股公司不实际经营,仅对其持有的浙江明烁股权进行分红,浙江明烁高级管理人员和骨干人员(以下简称激励对象)受让持有人的持股公司股权,激励对象作为持股公司股东,对持股公司作为浙江明烁股东所享有的分红享有分红权的一种股权激励方案。同时持股公司不实际经营,高级管理人员和骨干人员以现金方式向持股公司实际出资,成为持股公司股东,每股为人民币 1 元整,但激励对象只享有持股公司股权的分红权。故明烁节能科技公司股权激励政策的实施符合《企业会计准则》股份支付的相关要求以及实施要件。

■第二节　股权激励的税务确定

为鼓励上市公司实施股权激励计划,中国证监会发布了并实行了《上市公司股权激励管理办法(试行)》(证监会字〔2005〕151 号),近期又发布了《上市公司股权激励管理办法》(征求意见稿)。财政部、国家税务总局相继出台并实行了《企业会计准则第 11 号——股份支付》和《国家税务总局关于我国居民企业实施股权激励计划有关企业所得税处理问题的公告》(国家税务总局公告 2012 年 18

号,以下简称 18 号公告)。

一、股权激励的企业所得税确定

18 号公告规定,上市公司推行的员工股权激励计划,其企业所得税按以下规定处理对股权激励计划实施后立即行权的,上市公司可以根据实际行权时该股票的公允价格与激励对象实际行权支付价格的差额及数量,确定作为上市公司工资薪金支出,予以税前扣除。

对股权激励计划实行后,需待一定服务年限或者达到规定业绩条件(以下简称等待期)方可行权的,在等待期内会计上计算的相关成本费用,不得在对应年度应缴纳的企业所得税中时扣除。在股权激励计划可行权后,上市公司方可根据该股票实际行权时的公允价格与当年员工实际行权支付价格的差额及数量,计算确定作为当年上市公司工资薪金支出,按照税法规定进行税前扣除。

引用例 7－1,A 上市公司等待期内会计上计算确认的相关成本费用,不得在对应年度计算缴纳企业所得税时扣除。20×2 年、20×3 年、20×4 年申报所得税时,应分别调增应纳税所得额 80,000 元、90,000 元、62,500 元。

20×5 年 12 月 31 日行权,假设行权日的公允价值为 10 元,企业所得税税前扣除金额＝(员工实际行权时该股票的公允价格－员工实际支付价格)×行权数量＝(10－4)×155×100＝93,000 元。A 公司可以在员工实际行权时,允许当年的企业所得税税前扣除 93,000 元,本期应纳税所得额 93,000 元。

18 号公告是明确了上市公司以股份支付作为结算方式的企业所得税处理的规定。对于上市公司以股票增值权(即现金结算的股份支付)方式进行的股权激励,仍应按照工资薪金支出扣除办法进行纳税调整。计入成本费用的金额不得于税前扣除,计入公允价值变动损益的金额,既不确认所得也不确认损失,而应于实际发放现金的年度据实扣除。

引用例 7－2,20×2 年调增应纳税所得额 77,000 元;20×3 年调增应纳税所得额 83,000 元;20×4 年调增应纳税所得额 105,000 元,同时调减应纳税所得额 112,000 元;20×5 年调增应纳税所得额 100,000 元;20×6 年调增应纳税所得额 14,000 元,同时调减应纳税所得额 87500 元。

18 号公告自 2012 年 7 月 1 日起实行。其是基于《中华人民共和国企业所得税法》及其实施条例作出的规定,因此,对居民企业在 2008 年 1 月 1 日至 2012 年 6 月 30 日期间的以股份支付作出的激励支出也应追溯执行。

18 号公告明确,在我国境外上市的居民企业和非上市公司,凡是参照《上市公司股权激励管理办法(试行)》(证监公司字〔2015〕151 号)的规定制作的员工股权激励计划,且在企业会计处理上,也按照我国企业会计准则的相关规定处理的,涉及股权激励计划产生的企业所得税处理问题,可以按照上述规定操作。

二、股权激励的个人所得税确定

依据《个人所得税法》及其实施条例规定,个人因任职、受雇从上市公司取得的股票增值权所得和限制性股票所得,由上市公司或其境内机构按照“工资、薪金所得”项目和股票期权所得个人所得税计税方法,依法扣缴其个人所得税。

有关股权激励个人所得税的计算及征收管理,国家税务总局先后颁布了《国家税务总局关于股权激励有关个人所得税问题的通知》(国税函〔2009〕461 号)、《国家税务总局关于上市公司高管人员股票期权所得缴纳个人所得税有关问题的通知》(财税〔2009〕40 号)、《国家税务总局关于股票增值权所得和限制性股票所得征收个人所得税有关问题的通知》(财税〔2009〕5 号)、《国家税务总局关于个人股票期权所得征收个人所得税的通知》(财税〔2005〕年 35 号)、《国家税务总局关于个人认购股票等有价证券而从雇主取得折扣或补贴收入有关征收个人所得税问题的通知》(国税发〔1998〕9 号)、《国家税务总局关于在中国境内无住所个人以有价证券形式取得工资薪金所得确定纳税义务有关问题的通知》(国税函〔2000〕190 号)等文件。

(一)关于股票增值权应纳税所得额调整的确定

股票增值权被授予对象获取的收益,是由上市公司根据授权日与行权日股票差价乘以被授权股数,直接向被授权人支付的现金。上市公司应于向股票增值权被授予对象兑现时依法扣缴其个人所得税。被授予人的股票增值权应纳税所得额计算公式为:

应纳税所得额 = (行权日股票价格 - 授权日股票价格) × 行权股份数

(公式 7 - 1)

(二)关于限制性股票应纳税所得额的确定

根据《个人所得税法》及其实施条例等有关规定,限制性股票所有权归授予被激励对象时确认应纳税所得额,即上市公司实施限制性股票计划时,应以被激励对象限制性股票在中国证券登记结算公司(境外为证券登记托管机构)进行股票登记的股票市价(指当日收盘价)和本批次解禁股票当日市价(指当日收盘价)的平均价格乘以本批次解禁股票数量,减去被激励对象获取本批次解禁股份数的限制性股票实际支付资金数额,其差价为以应纳税所得额,被激励对象限制性股票应纳税所得额计算公式为:

应纳税所得额 = (股票登记日股票市价 + 本批次解禁股票当日市价) ÷ 2 × 本次解禁股份数 - 被激励对象实际支付的资金总额 × (本批次解禁股票份数 ÷

被激励对象获取的限制性股票总份数） （公式7－2）

（三）关于股权激励所得应纳税额的计算

个人在纳税年度内第一次获取的股票期权、股票增值权所得和限制性股票所得的，上市公司应按照下列公司计算扣缴其个人所得税：

应纳税额＝股票期权形式的工资薪金应纳税所得额/规定月份×（适用税率－速算扣除数）×规定月份数 （公式7－3）

上列公式中规定的月份数，是指被激励对象取得来源于中国境内的股票期权形式工资薪金所得的境内工作期间月份数，长于12个月的，按12个月计算。

在确定被激励对象取得的股票期权所得的来源地时，需划分境内外工作月份数。该境内外工作期间月份总数是指被激励对象按企业股票期权计划规定，在可行权以前须履行工作义务的月份总数。

根据《个人所得税法》及其实施条例，政府间税收协定和有关税收规定，在中国境内无住所的个人在华工作期间或离华后以折扣认购股票等有价证券形式取得工资薪金所得，仍应按照劳务发生地原则判定来源地及纳税义务，凡能够提供雇用单位有关工资制度及折扣认购有价证券办法，证明上述所得含有属于该个人在华之前工作所得的，可仅就其中属于在华工作期间的个人所得征收个人所得税。

上述个人停止在华履约或执行职务离境后收到的属于在华工作期间的所得，也应确定为来源于我国的所得，但该项工资薪金性质所得未在中国境内的企业或机构、场所负担的，可免于扣缴个人所得税。

个人在纳税年度内取得股票期权、股票增值权和限制性股票等所得达两次以上（含两次），包括两次以上（含两次）取得同一股权激励形式所得或者兼有不同激励形式所得的，上市公司应在其纳税年度内将各次股权激励所得合并，按照《国家税务总局关于个人股票期权所得缴纳个人所得税有关问题的补充通知》（国税函〔2006〕902号）第7条、第8条所列公式计算扣缴个人所得税：

（1）员工以在一个月份中取得的股票期权形式工资薪金所得为一次。员工在一个纳税年度内多次取得股票期权形式工资薪金所得的，其在该纳税年度内首次取得股权激励形式的工资薪金所得的应按照下列公式计算应纳税额：

应纳税额＝（股票期权形式的工资薪金应纳税所得额/规定月份数）×适用税率－速算扣除数）×规定月份数 （公式7－4）

本年度内以后每次取得股票期权形式的工资薪金所得，应按照下列公司计算所纳税额：

应纳税额＝（本纳税年度内取得的股票期权形式工资薪金所得累计应纳税所得额÷规定月份数×适用税率－速算扣除数）×规定月份数－本纳税年度内

股票股权形式的工资薪金所得累计已纳税额　　（公式7－5）

上款公式中的本纳税年度内取得的股票期权形式工资薪金所得应纳税所得额；上述公式中的规定月份数，是指员工取得来源于中国境内的股票期权形式工资薪金所得的境内工作期间月份数，长于12个月的，按12个月计算；上述公式中的适用税率和速算扣除数，以本纳税年度内取得的股票期权形式工资薪金所得累计应纳税所得额除以规定月份后的商数，对照国家税务总局2011年第46号公告所附税款，不含本次股票期权形式的工资薪金所得应纳税额。

（2）员工多次取得或者一次取得多项来源于中国境内的股票期权形式工资薪金所得，而且各次或各项股票期权形式工资薪金所得的境内工作期间月份数不同的，以境内工作期间月份数的加权平均数为公式7－4、公式7－5中的规定月份数，最长不超过12个月，计算公式如下：

规定月份数＝∑各次或各项股份期权形式工资薪金所应纳税所得额与该次或该项所得境内工作期间月份数的乘积/∑各次或各项股票期权形式工资薪金应纳税所得额　　（公式7－6）

（四）纳税义务发生时间

表7－5　纳税义务发生时间

税种	纳税时间
股票增值权个人所得税	上市公司向被授权人兑现股票增值权所得的日期
限制性股票个人所得税	每一批次限制性股票解禁的日期

（五）关于报送资料的规定

实施股票期权、股票增值权计划的境内上市公司，应在股票期权计划之前，将企业的股票激励计划或实施方案、股票期权协议书、授权通知书等报送主管税务机关；应在员工行权之前，将股票期权行权通知书和行权调整书等资料报送主管税务机关。

实施限制性股票计划的境内上市公司，应在中国证券登记结算公司（境外为证券登记托管机关）进行股票登记，并经上市公司公示后15日内，将本公司限制性股票计划实施方案、协议书、授权通知书、股票登记日期和当期收盘价、禁售期限和股权激励人名单等资料报送主管税务机关备案。

通过上市公司的境内机关，应向其主管税务机关报送境外上市公司实施股权激励计划的中（外）文备案。

扣缴义务人和自行申报纳税的个人在代扣代缴税款或申报纳税时，应在税法规定的纳税申报期限内，将个人接受或转让的股权以及认购的股票情况（包括种类、数量、施权价格、行权价格、市场价格、转让价格等）、股权激励人员名单、应纳税所得额、应纳税款等资料报送上级主管税务机关。

（六）其他有关问题的规定

《财政部、国家税务总局关于个人股票期权所得征收个人所得税问题的通知》（财税〔2005〕35 号）、《国家税务总局关于个人股票期权所得缴纳个人所得税有关问题的补充通知》（国税函〔2006〕902 号）、《财政部、国家税务总局关于股票增值权所得和限制性股票所得征收个人所得税有关问题的通知》（财税〔2009〕5号）、《国家税务总局关于股权激励有关个人所得税问题的通知》（国税函〔2009〕461 号）有关股权激励个人所得税政策，适用于上市公司（含所属分支机构）和上市公司控股企业的员工。其中上市公司占控股企业股份比例最低为 30%。

间接持股比例，按各层持股比例相乘计算，上市公司对一级子公司持股比例超过 50% 的，按照 100% 计算。

企业由上市公司持股比例不低于 30% 的，其员工以股权激励方式持有上市公司股权的，可以按照《国家税务总局关于股权激励有关个人所得税问题的通知》（国税函〔2009〕461 号）规定的计算方法，计算应扣缴的股权激励个人所得税，不受上市公司控股企业层级限制。

具有下列情形之一的股权激励所得，不适用上述优惠计税方法，直接计入个人当期所得征收个人所得税：

◆ 除上述规定之外的集团公司，非上市公司员工取得的股权激励所得。

◆ 公司上市之前设立股权激励计划，待公司上市后取得的股权激励所得。

◆ 上市公司未按照规定向其主管税务机关报备有关资料的。

被激励对象为缴纳个人所得税而出售股票，其出售价格与原计税价格不一致的，按原计税价格计算其应缴纳的所得额和税款。

依据《财政部、国家税务总局关于上市公司高管人员股票期权所得缴纳个人所得税有关问题的通知》（财税〔2009〕40 号）文件规定，对上市公司高管人员取得股票期权在行权时，纳税确有困难的，经主管税务机关审核，可自其股票股权行权之日起，在不超过 6 个月的期限内分期缴纳个人所得税。

【案例 7-3】

某上市公司(以下称“A公司”)高管陈某于2015年12月取得薪酬如下:

(1)本月薪酬6000元;

(2)A公司实施双薪制,本月领取第13个月工资5000元。

(3)本月领取年终奖300,000元。

(4)×公司于2009年上市,2012年6月18日股东大会授予企业高管股票期权;从2012年6月18日起,工作满3年可以按照8元/股购买本公司库存股10万股,其中3万股锁定期6个月,7万股锁定期12个月,张某于2015年6月18日支付80万元购买了10万股,2015年6月25日股票登记日公司股票收盘价为40元/股,2015年12月25日解禁3万股,当期收盘价30元/股。

张某2015年12月应纳个人所得税额计算如下:

(1)根据《国家税务总局关于明确个人所得税若干政策执行问题的通知》(国税发〔2009〕121号)规定,双薪收入作为一个月收入计算应纳税额,因此适用税率为20%,速算扣除数为555元。12月份双薪应纳税额=(6000+5000-3500)×20%-555=945元。

(2)根据《国家税务总局关于调整个人取得全年一次性奖金等计算征收个人所得税方法问题的通知》(国税发〔2005〕9号)规定,由于30,000÷12=2500(元),因此,年终奖税率为10%,速算扣除数为105。年终奖应纳税额=300,000×10%-105=29,895元。

(3)根据《国家税务总局关于股权激励有关个人所得税问题的通知》(国税函〔2009〕461号文件规定),本批次解禁股票应纳税所得额=[(40+30)÷2-8]×30,000=810,000元;应纳税额=(810,000÷12×35%-5505)×12=217,440元。

综上,本月合计应纳税额为945+29,895+217,440=248,280元

【案例 7-4】

英国人杰克于2014年1月1日受雇于英国某电机公司,2014年6月1日被派往该电机公司在中国的分支机构工作,根据该电机公司规定,员工在该公司及其全球各地分支机构只要工作满10个月即可按照10元/股(折合人民币,下同)购买本公司在伦敦上市的股票1万股。2014年11月1日杰克花费10万元购得1万股股票,当日股票市场价格为13元每股。由于公司股票看涨,杰克考虑暂不出售股票,按照合同规定,杰克将在中国分公司停留一年。

根据上述情况分析可知,2014年杰克在英国居住的时间为5个月,在中国居住的时间是7个月,按照涉外税收的有关规定,杰克在中国境内工作期间取得的薪酬必须在中国纳税。杰克在11月1日购买股票时的每股折扣价3元(不考虑其他税费),共取得股票期权形式的工资薪金所得3万元。

杰克可行权前须履行工作义务的月份总数为10个月,其中英国工作时间为5个月,中国境内工作时间为5个月。杰克在境外工作期间取得的薪酬不征个人所得税,仅就境内工作期间的薪酬征收个人所得税。

杰克股票期权形式工资薪金所得在中国应纳个人所得税额=(在中国应当纳税的股票期权形式工资薪金一次性所得÷在中国的工作月份数×适用税率－扣除数)×在中国的工作月份数=(30,000×50%÷5×10%－105)×5=975元

假设杰克于2015年3月1日将其拥有的该电机公司1万股股票全部以17元/股价格转让,虽然杰克取得了财产转让所得,但由于杰克2015年在中国境内只停留到5月31日,2015年实际在中国居住时间只有5个月,根据税法规定,来源于境外的资产转让所得不需要在中国纳税。

三、间接持股方式对高管实施股权激励相关法律主体的税务处理

【案例7－5】

拟上市A公司,2015年3月实施股权激励,由其非国有控股股东B公司将其持有的5%的股权以每股2元的价格转让给由其高管成立的C公司,共计100万股,200万元人民币(授予日和行权日相一致,并已即时行权,同时进行了股权交割,工商部门已办理了变更登记手续);同期(近半年内)B公司向外部第三方(无关联关系)转让了其持有的A公司10%的股权,转让价为每股10元人民币。现A公司申报材料时按证监会要求,按照《企业会计准则第11号——股份支付》的相关要求进行会计处理,并暂按B公司出售给第三方的股权价格作为股权支付的公允价格。

按照《企业会计准则第11号——股份支付》及应用指南,对于权益结算的涉及职工的股份支付,应当按照授予日权益工具的公允价值计入成本费用和资本公积,不确认其后续公允价值变动。A公司的财务处理如下:

借:管理费用——职工薪酬费

8,000,000[1,000,000×(10－2)]

贷:资本公积——股本溢价　　　　8,000,000

讨论：

(1)假设A公司对职工没有设定工作服务年限等行权条件，此800万A公司能否在计算企业所得税时税前扣除？如允许税前扣除，是在2014年一次性扣除还是在2014年以后按一定期限分期扣除？

(2)假设A公司对职工设定有5年工作服务年限的行权条件，此800万元A公司能否在计算企业所得税的时候在税前扣除？如允许税前扣除，是在2014年一次性扣除还是在2015年及以后按一定期限分期扣除？

(3)职工行权时是否缴纳个人所得税，如何计算？

(4)C公司取得A公司股权计税基础如何确定？C公司将来转让股票后的利润如何分配给职工，职工如何缴纳个人所得税？C公司清算注销，职工个人是否缴纳个人所得税，如何计算？

分析：

(1)A公司、B公司企业所得税处理。《企业所得税法实施条例》第34条规定，工资薪金，是指企业每一纳税年度支付给在本企业任职或者受雇的员工的所有现金形式或者非现金形式的劳动报酬，包括基本工资、奖金、津贴、补贴、年终加薪、加班工资，以及与员工任职或者受雇有关的其他支出。

A公司对高管股权激励，属于与员工任职或者受雇有关的支出，授予日根据估计数计提的薪酬不得在税前扣除，实际行权时视同发放薪酬，同时允许在税前扣除。对于授予日即行权的权益结算股权支付，应当直接在税前扣除，不作纳税调整。

基于上述分析，《国家税务总局关于我国居民企业实行股权激励计划有关企业所得税处理问题的公告》(国家税务总局公告2012年第18号)明确规定：对股权激励计划实行后立即进行行权的，上市公司(各拟上市公司)可以根据实际行权时该股票的公允价格与激励对象实际行权支付价格之间的差额和数量，计算确定作为当年上市公司薪金支出，依照税法规定进行税前扣除。

18号公告对于B公司股权转让所得及C公司取得A公司投资计税基础的确定没有做出具体规定，笔者认为，B公司将拟上市公司股权转让给高管成立的C公司，属于关联交易，应当按照独立交易原则调整股权转让收入，并缴纳企业所得税。调增股权转让所得800万元。C公司取得上市公司股权的计税基础为1000万元。

上述处理，可以理解为拟上市公司给员工发放现金800万元，员工按照规定缴纳个人所得税后，再将款项(含自筹)以股权或者债权方式投资于C公司，再由C公司按公允价值每股10元受让B公司持有拟上市公司股权。

如果将方案改为:A公司给员工发放薪酬800万元,员工成立C公司,按照每股10元对A公司增资扩股,款项又回到A公司(超过面值的部分计入"资本公积——股本溢价")。则A公司的现金流、会计利润、净资产与目前的方案基本相同。这样,就不难理解计入管理费用的800万元允许在税前扣除了。B公司原转让给C公司的100万股仍由B公司持有,未来B公司转让股票时,再征收企业所得税。

(2)C公司企业所得税及职工的个人所得税处理。《财政部、国家税务总局关于个人股票期权所得征收个人所得税问题的通知》(财税〔2005〕35号)、《国家税务总局关于股权激励有关个人所得税问题的通知》(国税函〔2009〕461号)等文件适用于已上市公司。而且是针对上市公司及其控股企业员工直接持有上市公司股票的情况,A公司属于拟上市公司,且属于C公司员工通过成立C公司间接持有上市公司股票的情况,故不能直接适用上述文件计算个人所得税。

如果员工个人直接以每股2元受让B公司持有拟上市公司股票,应适用《国家税务总局关于个人认购股票等有价证券而从雇主取得折扣或补贴收入有关征收个人所得税问题的通知》(国税发〔1998〕9号)规定,即,在中国负有纳税义务的个人(包括在中国境内有住所和在无住所的个人)认购股票等有价证券,因其受雇期间的表现或者业绩,从其雇主以不同形式取得的折扣或补贴(指雇主实际支付)的股票等有价证券的认购价格低于当期发行价格或者市场价格的数额,属于该个人因受雇而取得的工资、薪金所得,应在雇员实际认购股票等有价证券时,按照《个人所得税法》(以下简称税法)及其实施条例和其他相关规定计算缴纳个人所得税的。上述个人认购股票等有价证券而从雇主取得的折扣或者补贴,在计算缴纳个人所得税时,因一次收入较多,全部计入当月工资,薪金所得计算缴纳个人所得税有困难的,可在报经当地主管税务机关批准后,从其实际认购股票等有价证券的当月起,在不超过6个月的期限内平均分月计入工资、薪金所得计算缴纳个人所得税。

问题是,本案例属于员工通过成立C公司受让拟上市公司股票,故不能直接适用《国家税务总局关于个人认购股票等有价证券而从雇主取得折扣或补贴收入有关征收个人所得税问题的通知》(国税发〔1998〕9号)计算个人所得税。

根据《国家税务总局关于股权激励有关个人所得税问题的通知》(国税函〔2009〕461号)规定,公司上市前设立股权激励计划,待公司上市后取得的股权激励所得,不适用本通知(即国税函〔2009〕461号)规定的优惠计税方法,直接按照工资薪金所得计征个人所得税。因此,高管通过成立C公司低价受让股权必须按照工资薪金所得计征个人所得税。问题是C公司将来转让股票，缴纳了企业所得税后的利润，分配给个人股东，个人股东按照股息、红利所得缴纳个人所得税，虽然C公司缴纳企业所得税的投资成本允许按照10元/股计算，但如果账面成本是2元/股，其税后利润仍然包含折价受让部分（8元/股），这部分差价最终需缴纳20%的个人所得税，必然导致一部分所得重复缴纳个人所得税。

那么C公司取得的税后利润分配给高管的股息所得应如何计征个人所得税呢？

假设本案例中B公司直接以2元/股的价格将100万股转让给员工个人，即员工个人直接持有上市公司原始股，即员工应按照8元/股乘以股数作为工资薪金所得的缴纳个人所得税，将来转让原始股征收个人所得税时，应当按照10元/股作为投资成本扣除。

由于高管是通过成立C公司低价受让A公司股权，根据《财政部关于印发企业会计准则解释第4号的通知》（财会〔2010〕15号）规定，结算企业是接受服务企业的投资者的，应当按照授予日权益工具的公允价值或应当承担负债的公允价值确认为对接受服务企业的长期股权投资，同时确认资本公积（其他资本公积）或负债。接受服务企业没有结算义务或授予本企业职工的是其本身权益工具的，应当将该股份支付交易作为权益结算的股份支付处理。C公司应作以下分录：

借：长期股权投资　　2,000,000元

　贷：银行存款　　2,000,000元

借：长期股权投资　　8,000,000元

　贷：资本公积—其他资本公积　　8,000,000元

这样C公司长期股权投资合计成本为10元/股，同时，因B公司已按照独立交易原则将股权转让价格调整为每股10元，故C公司持有上市公司股权的计税成本也为每股10元。由于高管已按工资薪金所得缴纳了个人所得税，个人持有C公司股权的投资成本也应按照10元/股计算。

假设C公司持有上市公司股票解禁后，平均转让价格为25元/股，合计转让价2500万元。则：

C公司应缴纳企业所得税＝(2500－1000)×25%＝375(万元)

C公司税后利润为：2500－1000－375＝1125(万元)

C公司税后利润分配给高管应纳个人所得税＝1125×20%＝225(万元)

注销C公司，高管收回现金1000万元（对应的科目是实收资本和资本公积）不在征收个人所得税。

需要说明的是《国家税务总局关于企业转让上市公司限售股有关个人所得税问题的公告》（国家税务总局公告2011年第39号）指出："企业在限售股

解禁前将其持有的限售股份转让给其他企业或者个人(以下简称受让方)”的,企业应按减持在证券登记结算机构登记的限售股取得的全部收入,计入企业当年度应税收入计算企业所得税。企业持有的限售股在解禁前已签订协议转让给受让方,但未变更股权登记,仍由企业持有的,企业实际减持该限售股取得的收入,依照本条第一项规定纳税后,其余额转让给受让方的,受让方不再纳税。根据该文件规定,C公司在解禁前与员工(C公司股东)签订转让协议,C公司按照实际转让收入扣除10元/股缴纳企业所得税的利润分配给员工,员工不再缴纳个人所得税。

根据该文规定,C公司持有的限售股票在解禁之前已签订协议转让给受让方的,由于股权没有过户,暂不做会计处理,实际在流通环节转让股票时,会计分录如下:

借:银行存款　　25,000,000元

　贷:长期股权投资　　10,000,000元

　　投资收益　　15,000,000元

借:所得税费用—当期所得税费用　　3,750,000元

　贷:应交税费—应交企业所得税　　3,750,000元

注销C公司,个人股东取得清算分配额2125万元(其中含投资成本1000万元,企业所得税税后利润2215万元),不再缴纳个人所得税。

■第三节　股权激励税务规定

股权激励计划是现代企业长期发展和战略的需要,为很多企业的经营和发展提供了稳固的基础和充分的动力。为规范企业股权激励计划的实施,财政部、国家税务总局就股权激励计划中激励对象的个人所得税和实施企业的企业所得税处理先后多次发文予以明确和完善。本节现就目前实施股权激励计划企业的企业所得税处理、激励对象的个人所得税处理等税收事项中若干需要关注的问题进行简要分析。

一、实施股权激励企业的企业所得税规定

（一）一般规定——国家税务总局18号公告

2012年国家税务总局发布《国家税务总局关于我国居民企业实行股权激励计划有关企业所得税处理问题的公告》（国家税务总局公告2012年第18号，以下简称“18号公告”），对上市公司实施股权激励计划有关企业所得税处理的相关问题作了比较具体的规定。

股权激励计划的基本框架，是上市公司在授予日按照预先确定的条件授予激励对象一定的股票或权利，激励对象只有在等待期中符合规定的条件，才可进行行权，在行权日行使权利并实现获益。根据18号公告，企业在相应时点或时期中需要进行的税务处理亦不同。

1. 授予日

根据18号公告规定，除股权激励计划实行后立即可以行权的，在授予日上市公司不需要进行税务处理。无论是限制性股票还是股票期权，但凡需要激励对象经过一定等待期才能行权的，都不属于“股权激励计划实行后立即可以行权”，因此，在授予日，上市公司不需要进行税务处理。

2. 等待期

根据《企业会计准则第11号——股份支付》，实施股权激励计划的上市公司在等待期内应当进行会计处理，在股权激励计划授予激励对象后，按照该股票的公允价格及数量，计算确定作为上市公司相关年度的成本或费用，作为换取激励对象提供服务的对价。

但是，需要注意的是，18号公告规定，对股权激励计划实行后，需待一定服务年限或者达到规定业绩条件（即等待期）方可行权的，上市公司在等待期内会计上计算确认的相关成本费用，不得在对应年度计算缴纳企业所得税时扣除。

3. 行权日

根据18号公告规定，在股权激励计划可行权后，上市公司方可根据该股票实际行权时的公允价格与当年激励对象实际行权支付价格的差额及数量，计算确定作为当年上市公司工资薪金支出，依照税法规定进行税前扣除。股票实际行权时的公允价格，以实际行权日该股票的收盘价格确定。由于股权激励计划的对象是企业员工，其所发生的支出，应属于企业职工工资薪金范畴。

（二）需要关注的问题

1. 境内上市公司之外的其他公司实施股权激励计划时能否参照上市公司进

行税务处理

目前,有关部门仅对在我国境内上市的公司实施股权激励计划作出具体规定和要求,但实践中确实也存在一些境外上市公司以及非上市公司依照境内上市公司的做法实施股权激励计划。因此,为了体现税收政策的公平性,18 号公告第三条规定,在我国境外上市的居民企业和非上市公司,凡比照《上市公司股权激励管理办法(试行)》(证监公司字〔2005〕151 号,以下简称《管理办法》)的规定建立职工股权激励计划,且在企业会计处理上,也按我国会计准则的有关规定处理的,其股权激励计划有关企业所得税处理问题,可以按照 18 号公告规定执行。

实践中,很多拟上市企业会在上市前对公司的一些高管或核心技术人员突击实行股权激励,比如,由大股东将其持有的原始股以较低价格转让给或赠与高管、核心技术人员,或者由高管、核心技术人员以较低的价格向拟上市企业增资。对于拟上市企业的该等操作,《企业会计准则解释第 4 号》以及证监会都要求公司按股份支付会计准则的规定进行核算并进行追溯调整。但是,拟上市企业的该等操作是否一定能适用 18 号公告?根据 18 号公告的规定,要适用 18 号公告,非上市公司建立职工股权激励计划不仅在会计上要按照股份支付会计准则的规定进行处理,而且必须要符合《管理办法》的规定。

《管理办法》规定,上市公司授予激励对象限制性股票,应当在股权激励计划中规定激励对象获授股票的业绩条件、禁售期限。如果拟上市企业在上市前突击对高管、核心技术人员进行股权激励,但是并没有规定业绩条件以及禁售期,那么,拟上市企业的该等操作虽然在会计上根据财政部和证监会的规定按股份支付会计准则进行了会计核算,但因不符合《管理办法》规定,也将很可能不能适用 18 号公告的规定,此点尤其需要企业引起注意。

2. 用于股权激励的股份来源不同是否对税务处理产生影响

根据《管理办法》的规定,拟实行股权激励计划的上市公司,可以通过以下方式解决标的股票来源:(1)向激励对象发行股份;(2)回购本公司股份;(3)法律、行政法规允许的其他方式。但是,18 号公告对用于股权激励的股票来源并未明确限定,亦未规定分别对待,可见,只要是符合《管理办法》的规定,用于股权激励的股票来源并不会影响 18 号公告的适用。

二、股权激励对象的个人所得税规定

激励对象通过股权激励获得的收益属于《中华人民共和国个人所得税法》、《中华人民共和国个人所得税实施条例》规定的工资薪金、股利、红利所得和财产转让所得。2005 年 7 月 6 日国家税务总局颁发的《个人所得税管理办法》,2009 年 1 月、5 月和 8 月,国家税务总局相继发布的《关于股票增值权所得和限制性股票所得征收个人所得税有关问题的通知》(财税〔2009〕5 号)、《关于上市公司高管人员股票期权所得缴纳个人所得税有关问题的通知》(财税〔2009〕40 号)和《关于股权激励有关个人所得税问题的通知》(国税函〔2009〕461 号)、2014 年 6 月 27 日财政部、国家税务总局、证监会联合下发的《关于实施全国中小企业股份转让系统挂牌公司股息红利差别化个人所得税政策有关问题通知》、2014 年 12 月 7 日国家税务总局颁布的《股权转让个人所得税管理办法(试行)》(国家税务总局公告 2014 年 67 号)、2015 年 9 月 7 日颁布的《关于上市公司股息红利差别化个人所得税政策有关问题的通知》(财税〔2015〕101 号)。这些文件与《关于个人认购股票等有价证券而从雇主取得折扣或补贴收入有关征收个人所得税问题的通知》(国税发〔1998〕9 号)、《关于个人股票期权所得征收个人所得税问题的通知》(财税〔2005〕35 号)、《关于企业高级管理人员行使股票认购权取得所得征收个人所得税问题的批复》(国税函〔2005〕482 号)、《关于个人股票期权所得缴纳个人所得税有关问题的补充通知》(国税函〔2006〕902 号)等共同构成我国对个人获得上市公司或非上市公众公司股权激励所得的个人所得税处理办法和规范性依据。

股权激励的个人所得税处理是个人所得税中较为复杂的业务,掌握起来难度较大。本文结合上述文件对股权激励的个人所得税政策予以分析说明,便于读者掌握。

(一)股权激励的所得性质判定

我国最早对股权激励所得作出规定的文件是国税发〔1998〕9 号文,它对股权激励所得的性质判定是:无论其形式如何,均属于该个人因受雇而取得的工资薪金所得。这一判定被以后所发的相关文件所继承,没有变化。

股权激励计划实施后,激励对象行权后持有股票而获得的股息、红利,按照个人所得税"利息、股息、红利"所得征税。《财政部、国家税务总局关于股息红利个人所得税有关政策的通知》(财税〔2005〕102 号)规定,持有我国上市公司股票所获股息,减按 50% 计税。

转让上述股票的所得,按照"财产转让"所得征税。根据财税〔2005〕135 号、国税函〔2005〕482 号文的规定,个人将行权后的境内上市公司股票再行转让而取得的所得,暂不征收个人所得税;个人转让境外上市公司或者非上市公司的股票而取得的所得,应征个人所得税。

(二)股权激励的个人所得税处理

明确的工资薪金所得股权激励形式有三种:股票期权、股票增值权和限制性股票。股票期权所得的个人所得税处理主要依据财税〔2005〕35 号文和国税函

〔2006〕902 号文;财税〔2009〕5 号文规定,股票增值权和限制性股票所得比照股票期权所得处理。同时,国税函〔2009〕461 号文规定,财税〔2005〕35 号、国税函〔2006〕902 号、财税〔2009〕5 号和国税函〔2009〕461 号等文件仅适用于上市公司(含所属分支机构)和上市公司控股企业的员工。这里要注意,第一,上市公司占控股企业股份比例最低为 30%;第二,间接控股限于上市公司对二级子公司的持股,间接持股比例,按各层持股比例相乘计算,上市公司对一级子公司持股比例超过 50% 的,按 100% 计算。在下面的例子中,A、B、C 三家公司员工的股权激励所得可使用税法规定的计税方法。对于 D 公司,由于 C 对 D 的持股属于第三层持股,不能计算为 A 对 D 的间接持股,同时 A 对 D 直接持股 29%,低于 30%,所以,D 公司员工的股权激励所得不能采用税法规定的计税方法。

讨论股权激励的个人所得税处理之前,首先要了解两个重要的概念——“授权日”和“行权日”。这两个概念适用于股票期权和股票增值权。“授权日”,也称“授予日”,是指公司授予员工股权激励权利的日期。“行权日”是指激励对象行使上述权利的日期。

限制性股票使用的是“登记日”和“解禁日”。“登记日”指公司根据股东大会通过的《限制性股票股权激励计划》,在激励对象达到计划要求的授予条件时,授予公司员工限制性股票的日期,同日中国证券登记结算公司根据上市公司要求将限制性股票实际登记在被激励对象股票账户上。登记日之后,激励对象不能直接出售股票,必须要持有一定时期,即所谓“禁售期(锁定期)”。根据我国《上市公司股权激励管理办法(试行)》的规定,限制性股票自登记日起禁售期不得少于 1 年。禁售期结束后,进入“解锁期”。在解锁期内,如果公司业绩满足计划规定的条件,员工取得的限制性股票可以按计划规定的日期解锁。解锁后,员工的股票就可以在二级市场自由出售了。激励计划规定的解锁日期就是“解禁日(解锁日)”。为了便于叙述,本节将限制性股票的“登记日”视同为“授权日”,“解禁日”视同为“行权日”。

财税〔2005〕35 号文规定,股权激励所得在授权日不纳税,行权日纳税。因为在授权日,激励对象并不能真正行使其权利,必须经过业绩考核并达到考核要求,才能在行权日后行使被授予的权利,此时股权激励所得才成为所得税意义上的“所得”。

但是,对于股票期权,如果同时满足下列两个条件:第一,在授权时即约定可以转让;第二,在境内或境外存在公开市场及挂牌价格,则在授权日征税,行权日不再纳税。

明确了上述规定,下面就针对不同的股权激励类型如何计算个人所得税进行分析:

1. 限制性股票

(1) 授予日

根据《财政部、国家税务总局关于股票增值权所得和限制性股票所得征收个人所得税有关问题的通知》(财税〔2009〕5 号)、《财政部、国家税务总局关于个人股票期权所得征收个人所得税问题的通知》(财税〔2005〕35 号)、《国家税务总局关于股权激励有关个人所得税问题的通知》(国税函〔2009〕461 号)规定,员工接受实施股票期权计划企业授予的限制性股票时,即授予日,并不产生个人所得税纳税义务。

(2) 等待期

根据上述文件规定,等待期内激励对象不因取得限制性股票而发生纳税义务。等待期内上市公司进行利润分配的,员工应就取得的股息、红利所得应按照"利息、股息、红利所得"适用的规定计算缴纳个人所得税,除依照有关规定可以免税或减税的,其他应全额按 20% 的税率计算缴纳个人所得税。

(3) 行权日

国税函〔2009〕461 号文规定,限制性股票个人所得税纳税义务发生时间为每一批次限制性股票解禁的日期。根据个人所得税法及其实施条例和国税函〔2009〕461 号文、财税〔2009〕5 号文件等规定,个人因任职、受雇从上市公司取得的股票增值权所得和限制性股票所得,由上市公司或其境内机构按照"工资、薪金所得"项目和股票期权所得个人所得税计税方法,依法扣缴其个人所得税。

根据国税函〔2009〕461 号文规定,原则上应在限制性股票所有权归属于被激励对象时确认其限制性股票所得的应纳税所得额,即上市公司实施限制性股票计划时,应以被激励对象限制性股票在中国证券登记结算公司(境外为证券登记托管机构)进行股票登记日期的股票市价(指当日收盘价)和本批次解禁股票当日市价(指当日收盘价)的平均价格乘以本批次解禁股票份数,减去被激励对象本批次解禁股份数所对应的为获取限制性股票实际支付资金数额,其差额为应纳税所得额。

2. 股票期权

(1) 授予日

根据财税〔2005〕35 号文和《国家税务总局关于个人股票期权所得缴纳个人所得税有关问题的补充通知》(国税函〔2006〕902 号)规定,激励对象根据股权激励计划接受企业授予的股票期权时,除股票期权在授权时即可转让且在境内或境外存在公开市场及挂牌价格外,一般不作为应税所得征税,不产生个人所得税纳税义务。

(2) 等待期

根据财税〔2005〕35 号文规定,等待期内激励对象不发生纳税义务。与限制性股票不同,由于激励对象在授予日只是取得了一项将来以某一价格购买本公司一定数量股票的权利,在行权前并未取得标的股票。因此,在等待期内不会取得股息、红利所得。

(3)行权日

员工行权时,其从企业取得股票的实际购买价(施权价)低于购买日公平市场价(指该股票当日的收盘价)的差额,是因员工在企业的表现和业绩情况而取得的与任职、受雇有关的所得,应按"工资、薪金所得"适用的规定计算缴纳个人所得税。

3. 股票增值权

(1)授予日

根据国税函〔2009〕461 号文规定,股票增值权个人所得税纳税义务发生时间为上市公司向被授权人兑现股票增值权所得的日期。因此,激励对象在授予日不产生个人所得税纳税义务。

(2)等待期

股权增值权仅赋予激励对象获得规定数量的股票价格上升所带来收益的权利,激励对象并不实际持有公司股票,等待期内不会取得股息、红利所得,不因此产生纳税义务。

(3)行权日

根据国税函〔2009〕461 号文规定,股票增值权被授权人获取的收益,是由上市公司根据授权日与行权日股票差价乘以被授权股数,直接向被授权人支付的现金。上市公司应于向股票增值权被授权人兑现时依法扣缴其个人所得税。

(三)需要关注的问题

财税〔2005〕35 号、国税函〔2006〕902 号和财税〔2009〕5 号以及国税函〔2009〕461 号有关股权激励个人所得税政策,适用于上市公司(含所属分支机构)和上市公司控股企业的员工,根据《国家税务总局关于个人所得税有关问题的公告》(国家税务总局公告 2011 年第 27 号),企业由上市公司持股比例不低于 30% 的,其员工以股权激励方式持有上市公司股权的,可以按照前述文件规定的计算方法,计算应扣缴的股权激励个人所得税,不再受上市公司控股企业层级限制。

(四)"新三板"挂牌企业的特别规定

对于新三板挂牌公司来说,股权激励如果涉及股份转让和股息红利的,则按照《关于实施全国中小企业股份转让系统挂牌公司股息红利差别化个人所得税政策有关问题通知》的要求履行纳税义务：

1. 个人持有全国中小企业股份转让系统（简称全国股份转让系统）挂牌公司的股票，持股期限在1个月以内（含1个月）的，其股息红利所得全额计入应纳税所得额；持股期限在1个月以上至1年（含1年）的，暂减按50%计入应纳税所得额；持股期限超过1年的，暂减按25%计入应纳税所得额。上述所得统一适用20%的税率计征个人所得税。

前款所称挂牌公司是指股票在全国股份转让系统挂牌公开转让的非上市公众公司；持股期限是指个人取得挂牌公司股票之日至转让交割该股票之日前一日的持有时间。

2. 挂牌公司派发股息红利时，对截至股权登记日个人已持股超过1年的，其股息红利所得，按25%计入应纳税所得额，直接由挂牌公司计算并代扣代缴税款。对截至股权登记日个人持股1年以内（含1年）且尚未转让的，税款分两步代扣代缴：第一步，挂牌公司派发股息红利时，统一暂按25%计入应纳税所得额，计算并代扣税款。第二步，个人转让股票时，证券登记结算公司根据其持股期限计算实际应纳税额，超过已扣缴税款的部分，由证券公司等股票托管机构从个人资金账户中扣收并划付证券登记结算公司，证券登记结算公司应于次月5个工作日内划付挂牌公司，挂牌公司在收到税款当月的法定申报期内向主管税务机关申报缴纳。

第八章　股权激励实施流程

制作股权激励方案前，必须明确"股权激励的根本目的是什么"，股权激励不是一种揽财的工具，也不是把它单纯作为对核心员工出具的"空头支票"。企业在设计股权激励方案时，应该审时度势、通盘考虑，才能制定最适合企业自己的方案。

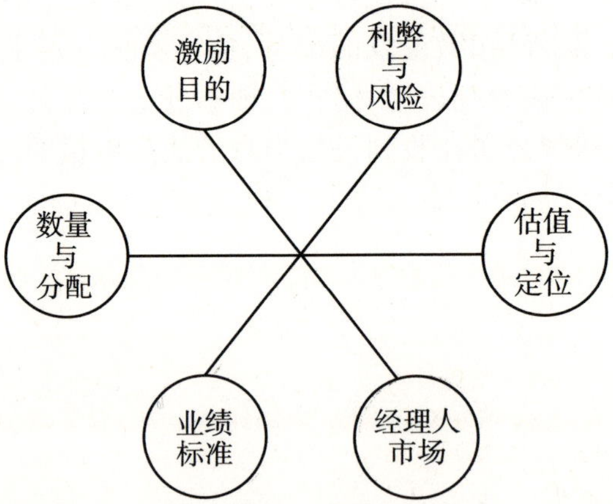

一个良好的激励方案，首要的目的是有效激励员工。如果仅仅把股权激励作为一种员工福利，甚至是侵吞企业或者国家财产的手段，不仅效果不佳，甚至还会构成违法犯罪。

股权激励是与战略周期一致的长期激励，能够引导管理层对企业整体业绩和长期发展的关注，而且在增值和利润基础上的分享，企业不需要直接支付现金。按照新的会计准则，股权激励的费用成本很高，在委托代理机制不成熟的大环境下，存在内部人操纵造假而获利的空间，甚至有些高管为了规避行权期的约束，为巨额套现而放弃企业。同时，以股票市价为参考的激励措施，股价受不可控因素影响，极可能反映不了企业的真实业绩。

在总量上，股权数量过少，根本起不到股权激励的作用；股权激励数量过多，则很可能导致激励过度，而且可能会使未来实行股权激励计划受限。更有甚者，长期滚动实施股权激励，有可能导致新的内部人控制。

在估值和定价上，应当避免以下不合理的现象：行权价格过低。比如中兴通讯公布的限制性股票的购买价仅为市场价格的1/3，中信证券、中信国安等公司以净资产为行权价，而净资产不到市场价的1/2。

公布股权激励方案的上市公司，股价在公布前后大都呈现“V”形走势，公布前往往利空不断，业绩低于预期，甚至股价毫无缘由地下跌，而达到阶段低点后，公司突然停牌公布股权激励方案，之后股价迅猛上涨，形成所谓的“股权激励行情”。

制定业绩标准时，应当综合考虑业绩的绝对标准（如每股盈利增长，股东回报提升）和相对标准（如地位相仿的同行业公司市值上升状况）。

以香港上市公司的汇丰控股的限制性股份激励计划为例，1999年股份奖励由以往的与每股盈利增长挂钩修订为与预想制订的股东总回报挂钩。汇丰预先制订的目标是五年内使股东回报最少上升一倍，这是绝对标准。股东总回报的定义是，有关期内的股票价值及宣布派发的股息收入的增长（假设股息全部用于投资）。相对标准是考虑到汇丰要成为国际领先的金融机构，因而着重与其他金融机构的表现比较。具体是通过以下三项成分：

（1）9家与汇丰相仿的银行。

（2）美国、英国、欧洲大陆及远东区（但不包含上述第一项的银行）的最大5家银行。

（3）摩根士丹利资金国际编制的世界指数所包罗的银行，但不包含上述的银行。

按第1项占50%、第2项及第3项各占25%的比重，计算加权平均数，即可制定一个适当的市场比较数字。

股权激励手段的有效性在很大程度上取决于经理人市场的健全，只有在合适的条件下，股权激励才能发挥其引导管理者长期效力的积极作用。同时，在企业内部，建立经理人市场化的聘用、选拔、任用、晋升和淘汰机制同样重要。

股权激励是一个系统工程，不仅要有大局观，还要把握住细节。明白了上述问题，就初步确定了股权激励的大方向。结合笔者的实践和经验总结，我认为股权激励方案在制定之前，先需要做好如下准备工作。

■第一节 制定股权激励方案前的准备工作

一、组建薪酬委员会

对于员工人数较多,规模较大或者董事会人数较多的股份公司可以设立薪酬委员会。薪酬委员会隶属于公司的董事会,对董事会负责并报告工作。该委员会的成员一般由董事会成员、监事及人力资源部门的主管人员组成。薪酬委员会要保持一定的多样性,防止出现内部人控制进而自定薪酬的问题。

薪酬委员会在董事会的领导下,主要负责以下6方面的工作:

表8-1 薪酬委员会的职责

摸清和掌握股权激励的现实基础	1. 了解公司股东和激励对象的期望 2. 确定固定薪酬(工资与津贴)与可变薪酬(年度与长期激励制度)的组合与平衡 3. 评估激励性薪酬的风险程度及超过目标薪酬所具有的杠杆效应 4. 确定短期薪酬和长期薪酬哪个比较重要 5. 估计非业绩薪酬在吸引新的骨干员工与留住现有的骨干员工方面的作用 6. 确定股权激励在薪酬中的作用 7. 考虑与税收、会计及证券法相关的事宜
评估激励对象的薪酬水平	1. 确定可进行比较的最合适的"参考系" 2. 确定目标薪酬的竞争性水平 3. 确定薪酬的竞争力 4. 确定能否反映出"参照系"的典型薪酬结构 5. 确定外部因素(市场驱动)与内部因素(平衡因素)对薪酬的相对影响
确定最有效的薪酬组合	1. 企业现行薪酬组合的调查和分析 2. 对备选的各种薪酬组合的效果进行分析和测算 3. 确定最适合企业情况和预定目标的薪酬组合

续表

提出激励性薪酬计划	1. 提出一般激励对象的年度及长期激励性薪酬计划 2. 制定行使计划的规则和条例 3. 确定公司薪酬委员会的行使职责及具体行使者
评估董事薪酬	1. 确定董事薪酬的决定程序 2. 确定董事薪酬的合理构成(现金与权益薪酬的比例) 3. 确定具有竞争力的目标薪酬 4. 确定董事薪酬的竞争力 5. 确定给董事以股权的指导方向是否恰当
评价激励对象的工作表现	1. 确定激励对象的工作业绩的评估标准 2. 确定评估对象的业绩评估程序

在履行上述职能时,薪酬委员会应当认识到薪酬机制在吸引、挽留员工以及激发他们的才能方面所具有的极其重要的影响。应确保薪酬富有竞争力,并且与公司业绩及为股东创造价值保持一致。

【案例8－1】

某公司薪酬委员会的组成及职责:

1. 人员构成

(1)薪酬委员会是由3~5名董事构成,独立董事成员需超过半数以上,公司董事会为薪酬委员会当然成员。

(2)薪酬委员会由董事长、1/2以上独立董事或者全体1/3提名,并由董事会选举产生。

(3)薪酬委员会设主席1名,由独立董事委员担任,负责主持委员会工作;主席在委员内选举,并报请董事会批准产生。

(4)薪酬委员会任期与董事会任期一致,委员任期届满,连选可以连任。期间如果有委员不再担任公司董事职务,自动失去委员资格,并由委员会根据上述3条规定补足委员人数。

2. 职责权限

(1)根据董事及经理人员管理岗位的主要范围、职责、重要性以及其他相关企业相关岗位的薪酬水平制定薪酬政策、计划及方案;薪酬政策、计划或方案主要包括但不限于绩效评价标准、程序及主要评价体系、奖励及惩罚的主要方案和制度等。

(2)拟订董事基本薪酬方案,报公司董事会审议通过后提交股东大会审议,经批准后实施;拟订公司高级管理人员基本薪酬方案,报董事会批准后实施。

(3)审查公司董事及经理人员履行职责情况并对其进行年度绩效考评,拟订年终奖励方案,报董事会决定实施。“奖励方案”包括但不限于以现金、实物(包括动产和不动产)、股权、股份或其他任何薪酬委员会认为合适的方式(包括但不限于,以第三方出任受托人的信托方式持有股份,按薪酬委员会决定的条款奖励董事及/或经理人员)对任何董事及经理人员进行奖励。

(4)负责对薪酬制度执行情况进行监督。

(5)董事会授权的其他事宜。

二、内部诊断

内部诊断是进行股权激励计划的一个重要基础。只有把企业的需求搞清楚了,才可能使股权激励计划做到有的放矢。内部诊断是一个发现问题、解决问题、构思方案的过程。内部需要针对以下问题找出解决方案:

(1)公司的法人治理结构机制的完善程度如何。完善的法人治理结构有利于股权激励计划的实施,也可以避免或者减少实施过程中的干扰。在评价法人治理结构的基础上,可以评估股权激励在本公司的实施有效性。即确定实施股权激励计划对公司员工,特别是管理层和骨干技术人员是否起到足够的约束作用。

(2)公司推进股权激励计划的目的和所希望达到的目标是什么?是为了留住人才,是行业惯例使然,还是出于竞争的压力?

(3)公司的价值是什么?公司价值的多大比例可以用来进行股权激励?公司价值是用市场价值还是用内在价值来衡量?在没有市场价值的情况下,是用账面价值还是评估价值衡量?

(4)公司核心人力资本拥有者包括哪些人,他们各自的价值是什么?明白了这个问题,就能确定股权激励对象的资格。

三、制订股权激励方案因素

股权激励的方案设计是一门科学,如何设计方案关系着激励效果。本人结合实践经历,认为设计激励方案应重点把握以下几个方面:

(一)定模式

股权激励的模式在第五章已经详细予以介绍,此处就不再赘述。确定股权激励的模式，主要综合考虑以下几个方面的因素：

表 8－2　确定激励模式的考虑因素

激励目的	所谓"对症下药"，股权激励的目的，直接决定了将要采用的激励模式。如为了提高公司的竞争力，吸引优秀人才，可采用股票奖励的激励模式；为了回报老员工，可采用储蓄—股票参与计划
激励对象	针对不同的激励对象，也应采用不同的激励模式。例如，针对管理骨干和技术骨干等"重要员工"，可选用限制性股票的激励模式；针对销售人员尤其是销售部门负责人和销售业务骨干，则要采用业绩股票的激励模式
企业实际情况	企业实际情况所指的内容是多方面的，包括企业所处的发展阶段、企业的性质、企业的规模、企业的现金流等

下表是几种激励模式适用的企业类型：

表 8－3　几种股权激励模式和适用的企业类型

激励模式	适用的企业类型
股票期权	新三板公司和新三板公司控股企业
业绩股票	业绩稳定型公司及其集团公司、子公司
账面价值增值权	现金流比较充裕且股份比较稳定的新三板公司
员工持股计划	所处行业较成熟的、具有稳定增长机会的新三板公司
虚拟股票	现金流比较充裕的新三板公司
股票增值权	现金流比较充裕且股价比较稳定的新三板公司
限制性股票计划	业绩不佳的上市公司；产业调整期的新三板公司
延期支付计划	业绩稳定型新三板公司及其集团公司、子公司
干股	业绩稳定、现金流较好的新三板公司
激励基金	业绩稳定、现金流充裕的新三板公司

（二）定数量

所谓"确定数量"，就是指确定股权激励的总量（激励计划将授予的股权总数）和个量（激励对象获授的股权数量）。

总量从国外的立法例来看，美国对上市公司的股权激励总量没有任何限制，只要公司有足够的股票来源，并经公司股东大会批准同意，公司可以按照自己激励计划的需要发放任意数量的股票期权。由于上市公司的治理结构比较合理，上市公司一般会按照需要滚动地、均衡地向高级管理人员发放股票期权,1997 年度美国各行业的上市公司股票期权的年发放量一般在公司总股本的1% ~2% 。

在我国,通常情况下,有三种方法能够确定股权激励的总量:

◆ 留存股票的最高额度:这一额度往往代表了现有股东所能忍受的股权受到稀释的最大程度。在这一限度内,企业可以根据规划,对该额度进行灵活调整。

◆ 根据薪水来确定股权激励总量:企业依据全体员工总年薪的某个百分点,或以其他薪金为基础,套算出股权激励的总量。采用这一做法,企业在股权激励的应用上有较大的灵活性,同时其激励总量又与企业的发展同步扩大。

◆ 基于公司的业绩来确定激励总量:企业设立某一业绩目标,如果员工在规定的期限内达到或超过了此目标,企业将根据计划中规定的比例授予员工股权,这一做法更加贴近于股权激励的目的。

在激励总量确定后,接下来就要解决总量的分配问题。一般的做法是,企业在董事会的监督下成立专门的薪酬委员会(前已述及),委员会对员工的岗位、工龄、学历、工作表现、部门业绩等进行考量,对每个激励对象进行评分,并按照评分标准的高低进行股权分配。

(三)定价格

行权价格是构成股权激励的重要条件,它是根据赠与日或赠与日前的若干天股票的公允价值确定的。行权价与行权日股票市价的差额就形成了对受益人的激励。科学、合理地确定行权价格是十分有必要的,因为它要确保激励计划参与者与社会公众股东之间的公平性——既要使参与者获益,也不至于使股东权益被过度稀释。

(四)定时间

激励计划中涉及的时间很多,包括有效期、授予日、授权日、等待期、可行权日、窗口期和禁售期等。关于每个时间的具体内容可以参考本书第五章第六节的"定时间"。

(五)定来源

定来源主要涉及股权激励的股票和资金来源问题。关于股票来源和资金来源的相关问题可以参见本书第五章第五节的"定来源"。

(六)定机制

"定机制"就是确定股权激励计划的管理机制、考核机制、调整及终止机制。

此部分的内容可以参见第五章第七节的“定机制”。

■第二节　制定相关文件

股权激励方案确定后，根据《上市公司股权激励管理办法(试行)》的规定，上市公司向中国证监会报送股权激励方案时必须委托律师事务所出具专业的法律意见书，并由公司聘请的独立财务顾问出具《独立财务顾问报告》。

目前，针对非上市公司股权激励的规范性文件较少，新三板挂牌公司实施股权激励多参照上市公司的相关规定并结合自身的具体情况灵活运用。实践中，新三板公司确定要实施股权激励计划，由股东大会授权董事会按照股东大会决议和股权激励计划书以及其他配套文件的规定执行。

一、股权激励计划方案(草案)

新三板公司要实施股权激励计划，一般要由董事会先制订股权激励计划方案，针对本次股权激励计划的目的、激励对象范围、激励方案的设计和实施、股票及资金来源、股票价格及数量、业绩考核期间和考核办法、公司与激励对象之间的权利义务、退出机制等作出初步约定。并按照新三板挂牌企业的信息披露要求进行披露。

新三板公司的董事会作为公司的执行机关，主要负责执行股东大会的决议，并按照《公司法》和公司章程规定的权限范围行使权利。股权激励作为公司的重大事项，需要股东大会、董事会等部门通力协作，互相分工、互相配合。董事会的主要工作就是制订和通过股权激励计划的方案，并报股东大会审议通过。股东大会通过股权激励计划后，授权董事会具体实施。董事会根据股东大会的授权，按照股权激励计划书的相关规定，具体负责落实。董事会的主要工作包括：激励对象的业绩考核、日常管理、股份授予、信息披露、意见反馈等。

二、公司与激励对象签订股权激励协议

为了明确公司与激励对象之间的相关权利义务，保护公司及激励对象的合法权益，防止激励过程中可能存在的相关法律纠纷，公司与激励对象之间需要签订书面的股权激励协议。按照合同相对性原则，该协议主要约束公司与激励对象，并由公司股东大会表决通过股权激励计划后生效。

三、股东大会表决通过涉及本次股权激励有关的议案，并形成股东大会决议

股东大会作为新三板公司的权力机关，有权决定公司的重大事项。股权激励涉及公司的股本结构、利润分配、员工薪酬待遇和人力资源战略等公司重大事项，具有“牵一发而动全身”的效果。该重大的事项应该由董事会提请股东大会表决审议通过。股东大会审议激励计划的实施、变更和终止。根据该权限的设定，股东大会投票表决的议案主要包括：《关于公司股权激励计划的议案》、《关于授权董事会具体执行本次股权激励计划的议案》、《关于因股权激励发行股份的议案》等。

四、中介机构针对公司本次股权激励发行股份的合法合规性法律意见

针对股权激励计划本身并不需要出具单独的法律意见书或合法合规性说明，但股权激励往往涉及挂牌企业向激励对象定向发行股份。按照《全国中小企业股份转让系统业务规则（试行）》、《全国中小企业股份转让系统股票发行业务细则（试行）》等相关规范性文件的规定，针对公司的股份发行行为，律师事务所和主办券商应在尽职调查的基础上，分别对公司本次股份发行出具书面意见。律师事务所出具的是《关于公司股票发行合法合规性的法律意见》，法律意见书针对股权激励导致的股票发行行为涉及的法律要点及发行过程的合法合规性做出了明确说明，通过法律意见书即可以很好地理解股权激励过程中的股票发行情况，以及股权激励与股票发行之间的关系。

主办券商就本次发行涉及申请豁免核准、信息披露情况、投资者适格性、发行过程及结果合法合规、股票定价的依据和原有股东的优先认购安排等方面是否合法合规发表意见，并最终出具公司股票发行情况的报告书。

【案例8－2】

××律师事务所
关于××股份有限公司股票发行合法合规性法
律意见书

致：××股份有限公司

××律师事务所（以下简称“本所”）受××股份有限公司（以下简称“××”、“公司”或“发行人”）之委托，担任其定向发行股票（以下简称“本次发行”）的专项法律顾问。根据《公司法》、《非上市公众公司监督管理办法》、《全国中小

企业股份转让系统股票票发行业务细则（试行）》、《全国中小企业股份转让系统股票发行业务指引第 4 号——法律意见书内容与格式（试行）》等法律、法规、规范性文件的有关规定，按照中国律师行业公认的业务规则、道德规范和勤勉尽责精神，就公司本次发行事宜出具本法律意见书。

对出具本法律意见书，本所律师特作如下申明：

1. 为出具本意见书之目的，本所律师依照现行有效的中国法法律、法规的要求和规定，对公司提供的与题述事宜有关的法律文件、资料进行了审查、判断。对本法律意见书至关重要又无法得到独立证据支持的事实，本所律师依赖于有关政府部门、公司或者其他有关单位出具的证明文件或口头陈述，或者在相关监管部门网站和其他公开网站的查询结果作出判断。

2. ××××××声明已提供本所律师为出具本法律意见书所必需的、真实的。保证有关副本材料或复印件与正本或原件相一致；所提供的文件、材料上的签字、印章是真实的，并已履行该等签字和盖章所需的法定程序，获得合法授权；所有口头说明陈述的事实均与发生的事实是一致的。

3. 本所及本所律师依据本法律意见书出具日及此前已经发生的事实，并基于对有关事实的了解以及对现行法律、法规的理解发表法律意见。

4. 本意见书中对有关审计报告、资产评估报告中某些数据和结论的引述，并不意味着对这些数据、结论的真实性和准确性作出任何明示或默示的保证，本所及本所律师并不具备核查和评价该等数据、结论的适当资格。

5. 本所及本所律师严格履行了法定职责，遵循了勤勉尽责、诚实信用、独立、客观、公正、审慎性及重要性原则，进行充分的核查验证，确认本法律意见书所认定的事实真实、准确、完整，不存在虚假记载、误导性陈述及重大遗漏。

6. 本所律师同意将本法律意见书作为公司申请本次发行股票所必备的法律文件，随同其他材料一同上报，并愿意承担相应的法律责任。

7. 本所及本所律师与××之间不存在可能影响本所及本所律师公正履行职责的关系。

8. 公司已审慎阅读本意见书，确认本意见书所引述或引证的事实部分均为真实、准确、完整的，没有任何虚假记载误导性陈述或重大遗漏。

9. 本意见书仅供××为本次股票发行之目的使用，不得被任何人用作其他任何目的。

正文

一、本次发行的主体资格

本次发行的主体为××股份有限公司,公司基本信息如下:

注册号	××××××	名称	××××××股份有限公司
类型	其他股份公司(非上市)	法定代表人	××
注册资本	××	成立日期	××.××.××
住所	××		
营业期限	××	至	××
经营范围	生物试剂的研发及相关的技术服务、技术咨询、技术培训,生化试剂(除药品、危险品)的销售,医用体外诊断试剂的生产,临床检验分析仪器(含医疗器械体外诊断试剂)的销售,医疗器械销售(详见医疗器械经营企业许可证),生物技术推广服务,从事货物与技术的进出口业务。【依法须经批准的项目,经相关部门批准后方可开展经营活动】		
登记机关	××	发照日期	××

根据公司现行有效的《营业执照》及《××股份有限公司章程》(以下简称《公司章程》)的规定,公司依法设立并有效存续,经营期限为自××年××月××日至××年××月××日,公司可通过召开股东大会的形式变更经营期限,存续期内不存在股东大会决定解散或终止经营及其他影响持续经营的情形。

经全国中小企业股份转让系统有限责任公司批准,公司于20×3年4月12日起在全国中小企业股份转让系统挂牌并公开转让,具备本次股票发行的主体资格。

二、公司符合豁免向中国证监会申请核准股票发行的条件

根据《非上市公众公司监督管理办法》第45条"在全国中中小企业股份转让系统挂牌公开转让股票的公众公司向特定对象发行股票后股东累计不超过200人的,中国证监会豁免核准。"之规定,公司本次定向发行符合豁免向中国证监会申请核准股票发行的条件。

公司截至股权登记日20×5年6月5日交易结束后在册股东为23名,其中包括自然人股东15名、法人股东8名;公司本次发行新增股东人数为29名,发行后股东人数累计未超过200人。

综上,本所律师认为,××本次股票发行后累计股东人数未超过200人,符

合《非上市公众公司监督管理办法》中关于豁免向中国证监会申请定向核准发行的条件。

三、发行对象符合关于投资者适当性制度的有关规定

（一）本次股票发行对象的基本情况

根据公司的股票发行方案、20×5年度第三次临时股东大会决议及股票发行认购公告，本次发行采取定向非公开的方式，发行股票198.6667万股，发行的价格为每股人民币3元，融资额人民币596.0001万元，发行目的为对公司核心员工进行股权激励。本次募集资金将用于补充公司流动资金，优化公司财务结构。本次发行对象为公司29名核心员工：××等共29人。

《非上市公众公司监督管理办法》第39条规定，"本办法所称股票发行是包括向特定对象发行股票导致股东累计超过200人，以及股东人数数超过200人的公众公司向公众公司向特定对象发行股票两种情形。前款所称特定对象的范围包括下列机构或者自然人：（一）公司股东；（二）公司的董事、监事、高级管理人员、核心员工；（三）符合投资者适当性管理规定的自然人投资者、法人投资者及其他经济组织。公司确定发行对象时，符合本条第二款第（二）项第（三）项规定的投资者合计不得超过35名"。以及《投资者适当性管理细则》第六条规定，"下列投资者可以参与挂牌公司股票发行：第三十九条规定的投资者；（二）符合参与挂牌公司股票公开转让条件的投资者"。经查公司第三届董事会第四次会议、第三届监事会第三次会议和2015年第三次临时股东大会审议并通过的《关于提名公司60名员工为核心员工的议案》本次发行对象均为公司的核心员工。

综上，本所律师认为，公司的本次发行对象符合中国证监会及全国股份转让系统公司关于投资者适当性制度的有关规定，具备作为本次发行对象的主体资格。

四、本次发行过程及结果合法合规

（一）本次股票发行的过程

为实现本次股票发行之目的，发行人在征询公司董事、监事、高级管理人员的意见的基础上，最终制定了本次股票发行方案，并召集董事会、股东大会审议通过了本次股票发行的相关议案，具体过程如下：

1.20×5年5月25日公司召开第三届董事会第四次会议，全体8名董事一致通过了《限制性股票激励计划》、《关于提名公司66名员工为核心员工》的议案、《关于公司第一次股权激励股票发行方案的议案》、《关于和30名员工签署附生效条件的限制性股票授予协议书的议案》、《关于提请股东大会授权董事会全权办理公司第一次股权激励股票发行事宜的议案》、《关于修改公司章程的议案》、《关于召开20×5年第三次临时股东大会的议案》等，并决议

将前六项议案提交20×5年第三次临时股东大会审议。次日，公司在全国中小企业股份转让系统网站就上述相关内容进行了披露。

2.20×5年6月11日公司召开20×5年度第三次临时股东大会，出席本次股东大会的股东（包括股东授权委托代表）共18人，持有表决权的股份72,534,634股，占公司股份总数的94.77%，经表决，会议审议并通过了《限制性股票激励计划》、《关于提名公司60名员工为核心员工的议案》、《关于公司第一次股权激励股票发行方案的议案》、《关于和30名员工签订附生效条件的限制性股票授予协议书的议案》、《关于提请股东大会授权董事会全权办理公司第一次股权激励股票发行事宜的议案》、《关于修改公司章程的议案》等议案。上述议案均不涉及关联交易事项，不存在回避表决情况。同日，公司在全国中小企业股份转让系统进行了披露。

（二）本次发行的结果

本次股票发行数量为198.6667万股，募集资金总额为人民币币596.0001万元，发行对象为公司核心员工29名，认购价格为人民币3元/股，认股方式为现金认购，不存在以非货币资产认购股份的情形。

××师事务所（特殊普通合伙）对公司本次发行股票进行了验资，并于20×5年6月20日出具了众会字〔20×5〕第4600号《验资报告》。根据该《验资报告》，截至20×5年6月18日，公司已收到限制性股票激励对象缴纳的增资合计人民币5,960,001.00元，其中：新增注册资本人民币1,9886,667.00元；出资额溢价部分为人民币3,973,334.00元，全部计入资本公积，上述出资全部为货币出资。据此，本次发行股票的认购资金已经全部足额缴付并获得验资机构的验证，符合《公司法》、《非上市公众公司监督管理办法》等法律、法规、规范性文件的规定。

综上，本所律师认为，本次股票发行过程中，公司合法规范履行了董事会、股东大会议事程序，执行了公司章程规定的表决权回避制度。发行人董事会、股东大会的召开程序、表决方式符合国家法律、法规和公司章程的规定、审议表决结果合法有权。发行认购对象的股票认购款经具有证券期货相关业务资质的会计师事务所的验证确认并已缴纳，发行人的本次股票发行结果合法有效。

五、本次定向发行的法律文件

20×5年5月25日公司为本次发行之目的与本次发行对象签署了《限制性股票授予协议书》。协议主要内容对股份认购数量、认购方式、支付方式、生效条件、违约责任、风险揭示及争议解决方式等作了约定，协议当事人主体资格均合法有效。当事人意思表示真实，自愿，且合同内容不违反法律、法规的强制性规定和社会公共利益，其协议合法有效。

经本所律师适当核查后认为，本次发行股票的前述法律文件系在相关当事人意思自治的基础上签订，符合《公司法》、《非上市公众公司监督管理办法》等法律、法规和规范性文件的规定，合法、有效。

六、本次定向发行的优先认购安排

根据《股票发行方案》，发行人已对在册股东的优先认购安排做出规定，并将本次发行的具体情况告知股权登记日在册股东。现有在册股东中公司员工身份的股东均自愿放弃本次股票发行的优先认购权，并出具了《关于放弃优先认购权的承诺书》。本次限制性股票发行对象不适用于非公司员工的在册股东，故非公司员工的在册股东不享有本次股票发行的优先认购权。

本所律师审查认为，××现有在册股东不认购本次股票发行的股份系其真实意思表示，行为合法、有效。××本次股票发行对本次定向发行的优先认购安排充分保障了现有股东的合法权益，不存在损害原股东优先认购权的决定。

七、本次股票发行的限售安排

发行人本次发行的新增股份登记在中国证券登记结算有限公司北京分公司，认购人自愿作如下限售安排：在限制性股票授出后的12个月内锁定。从限制性股票授出的第12个月后开始进入解锁期。在解锁期内采取分批解锁的办法：自首次授予日起满12个月后的首个交易日至授予日起24个月内的最后一个交易日止，解锁上限为其获授限制性股票总额的10%；自首次授予日起满24个月后的首个交易日至授予日起36个月内的最后一个交易日止，解锁上限为其获授限制性股票总额的20%，自首次授予日起满36个月后的首个交易日至授予日起48个月内的最后一个交易日止，解锁上限为其获授限制性股票总额的30%，自首次授予日起满48个月后的首个交易日至授予日起60个月内的最后一个交易日止，解锁上限为其获授限制性股票总额的40%。经公司内部认定的以高级管理人员对待的人员，其任职期间每年出售或转让的限制性股票不得超过其所持有本公司股份总数的25%，离职后半年内不得转让本公司持有的股票。

八、私募投资基金备案情况

根据公司提供的20×5年6月5日的证券持有人名册，本所律师通过查询全国企业信用信息公示系统公布的企业基本信息等核查手段，按照《证券投资基金法》、《私募投资基金监督管理暂行办法》及《私募投资基金管理人登记和基金备案办法(试行)》的相关规定，比对了证券持有人名册列示的公司股东或其管理人情况。截至2015年6月5日，公司共有15名自然人股东和8名非自然股东。其中8名非自然人股东是否为私募投资基金管理人或私募投资基金的核查及认定情况如下：

1. ××投资有限公司

××投资有限公司成立于20×0年6月3日，注册资本为30,000万元人民币，企业类型为有限责任公司，经营范围为：创业投资(依法须经批准的项目，经相关部门批准后方可开展经营活动)。根据××投资有限公司章程的规定：××投资有限公司委托××创业投资管理合伙企业(有限公司)担任管理人。

××投资管理合伙企业(有限合伙)已于2014年4月29日取得中国证券投资基金业协会核发的《私募投资基金管理人登记证书》(编号：P1001675)。根据该证书记载，××创业投资管理合伙企业(有限合伙)已登记为私募投资基金管理人，成为开展私募证券投资、股权投资创业投资等私募基金业务的金融机构。××创业投资管理合伙企业(有限合伙)已于中国证券投资基金业协会网站(https://pf. amac. org. cn/open/comNNotice)进行备案公示。基金管理人登记备案已完成。同时，××投资有限公司作为××××创业投资管理合伙企业(有限合伙)管理的私募投资基金，已于20×4年4月29日取得了中国证券投资基金业协会开具的《私募投资基金证明》(电子证明)。根据该证明，×××××创业投资管理合伙企业(有限合伙)作为基金管理人已根据《证券投资基金法》和《私募投资基金监督管理暂行办法》等法律法规的要求，在中国证券投资基金业协会私募基金登记备案系统填报了所列基金信息。经核查有关《私募投资基金管理人登记证书》、《私募投资基金证明》以及中国证券基金业协会网站，江苏华工创业投资有限公司已完成私募投资基金备案。

综上，根据公司的股东名册并经本所律师核查，本次股票发行的认购对象及发行人现有股东中存在的私募投资基金或私募基金管理人，均已按照《证券投资基金法》、《私募投资基金监督管理暂行办法》及《私募投资基金管理人登记和基金备案办法(试行)》等相关规定履行了登记或备案程序。

九、本次股票发行不涉及非现金资产认购情形，适用股份支付准则进行会计处理根据发行方案并经核查，发行人本次定向发行认购对象为×××核心员工，发行目的为对公司核心员工进行股权激励。本次股票发行价格为人民币3元/股。最近一期现金认购的定向增发价6元/股的50%确定，为每股3元。根据认购协议及股票发行方案，本次股票发行的新增股份全部由投资者以现金方式认购。

本所律师认为，本次定向发行的股票系用于公司的股权激励，属于《企业会计准则第11号——股份支付》第二条规定的企业为获得职工和其他方提供服务而授予权益工具或者承担以权益工具为基础确定的负债的交易的情形，公司应按照《企业会计准则第11号——股份支付》的要求，并根据股权激励的具体实施情况对本次发行作相应的股份支付处理。

十、结论意见

综上，本所律师认为，××本次股票发行符合豁免向中国证监会申请核准股票发行的条件，发行对象符合中国证监会及全国股份转让系统公司关于投资者适当性制度的有关规定，与本次股票发行相关的合同等法律文件合法合规，对现有股东的优先认购安排充分保障了发行人现有股东的合法权利，发行过程符合国家有关法律、法规及公司章程的规定，发行结果合法有效。

（以下无正文）

××律师事务所

负责人：××

经办律师：××

经办律师：××

××××年××月××日

第三节　报告和审批股权激励计划

证监会和全国中小企业股份转让系统有限公司尚未就新三板公司的股权激励出具专门的规定。实践中，新三板公司实施股权激励一般参照上市公司的相关规定并结合自身的具体情况灵活适用。根据《上市公司股权激励管理办法（征求意见稿）》第54条规定：上市公司应当在董事会会议审议通过股权激励计划草案后，及时公告董事会会议、股权激励计划草案、独立董事意见及监事会意见。公司在发出召开股权激励计划的通知时，应当同时公告法律意见书；聘请了独立财务顾问的公司，还应当同时公告独立财务顾问报告。

按照新三板公司已经实施股权激励的现状来看，新三板公司实施股权激励需要公告的文件包括：股权激励计划方案、董事会决议、股东大会决议、律师事务所关于股票发行合法合规性的法律意见、主办券商关于股票发行的合规意见和股票发行情况的报告书。

按照《非上市公众公司监督管理办法》和《全国中小企业股份转让系统投资者适当性管理细则（试行）》的相关规定，新三板公司向激励对象定向发行股份应以其符合定向发行的对象条件为前提。激励对象必须是公司的董事、高级管理人员和核心员工。针对核心员工的认定应当由公司董事会提名，并向全体员工公示和征求意见，由监事会发表明确意见后，报股东大会审议批准。

股权激励计划是否通过，最终取决于股东大会；激励计划的每个事项，都须经股东大会 2/3 以上表决票通过方为有效。经股东大会通过后的股权激励计划才可以实施。

股东大会应当对股权激励计划中的下列事项进行表决：

1）股权激励计划所涉及的标的股权种类、来源和数量。

2）激励对象的确定依据、范围及被授予的股权数量。

3）激励对象的授权条件。

4）股权激励计划的有效期、标的股权的禁售期。

5）股权的授予价格、行权价格及其确定方法。

6）股权激励计划涉及的股权数量、授予条件及行权价格的调整方法和程序。

7）股权激励计划的修改和终止。

8）对董事会办理有关股权激励计划相关事宜的授权。

股东大会审议通过股权激励计划及相关议案后，新三板公司应该及时披露股东大会决议公告。股权激励计划等文件报全国股份转让核准备案。

第四节 信息披露

股权激励计划一般可由新三板公司自己编制，也可以委托具有丰富从业经验的律师事务所或挂牌公司的主办券商编制，并按照《非上市公众公司监督管理办法》、《非上市公众公司监管指引第 1 号——信息披露》、《全国中小企业股份转让系统业务规则（试行）》、《全国中小企业股份转让系统挂牌公司信息披露细则（试行）》等相关规范性文件的规定进行信息披露。

股权激励计划的实施，不但关系到股东和员工的切身利益，还将影响到企业未来的经营活动和发展前景。除此之外，股权激励还会对公司的股本结构甚至股价产生影响。特别是公司的股价问题是极为敏感的，因为它涉及众多投资者的根本利益。因此，将股权激励计划在实施的不同阶段形成的董事会、股东大会决议等相关信息及时地进行披露，是很重要也是很有必要的。

作为新三板公司，对股权激励计划进行信息披露是公司应尽的义务。按照《全国中小企业股份转让系统业务准则（试行）》、《全国中小企业股份转让系统挂牌公司信息披露细则（试行）》等规范性文件关于信息披露的规定，新三板挂牌公司实施股权激励需要披露的内容如下：

1. 涉及股权激励的董事会决议

董事会作为公司的日常经营决策机关，在公司的治理架构中具有承上启下的作用，在职权范围内对公司重大事项作出经营决策，并在股东大会授权的范围内开展工作。

新三板挂牌公司实施股权激励，需要按照公司内部的决策程序，先由董事会就本次股权激励的实施作出决议，并先行制订股权激励计划（草案或方案）。按照《全国中小企业股份转让系统挂牌公司信息披露细则（试行）》第二十二条的规定，挂牌公司应该在临时报告所涉及的重大事件最先触及下列任一时点后及时履行首次披露义务：

（一）董事会或者监事会作出决议时

这也就意味着实施股权激励的董事会决议通过之日起，新三板挂牌公司就要着手办理信息的披露工作。

按照《全国中小企业股份转让系统业务规则（试行）》第四章"挂牌公司"中的第二节"信息披露"的规定：挂牌公司及其信息披露义务人应当对其披露信息内容的真实性、准确性、完整性承担责任；主办券商应对挂牌公司拟披露的信息披露文件进行审查，履行持续督导职责；全国股份转让系统公司对挂牌公司及其信息披露义务人已披露的信息进行审查。

可见，董事会决议及股权激励计划（草案或方案）是信息披露的必要文件，也是就本次激励计划召开股东大会并最终通过股东大会决议的前置程序。

（二）股东大会决议和股权激励计划

董事会在将股权激励计划（草案或方案）提交股东大会讨论后，应当在股东大会通知中明确披露下列信息：

1. 股权激励计划的主要内容，包括计划的目的，授予总量和授予单个人的数量、参与者范围、行权价格的确定方法、股权激励计划的期限、授予或行使的限制性条款等。

2. 实现股权激励计划目的的途径。

3. 以图表方式注明公司最近三年股价的表现与行业指数作比较。

4. 股权授予总量或授予单个人的数量如超过有关限制、股权超范围发放、行权价格过低时，董事会应当予以解释和说明。

5. 相关规范性文件或者董事会认为应当补充提供的其他材料。

股东大会在董事会提交的相关文件的基础上，审议股权激励的实施计划并按照"股份多数决"的原则表决确定是否通过股权激励计划。股东大会通过决议的,应当按照《全国中小企业股份转让系统挂牌公司信息披露细则(试行)》的第三章"定期报告"或者第四章"临时报告"的规定履行信息披露义务。应注意的是,如果股权激励计划是在年度股东大会上表决,挂牌公司需要在年度股东大会召开20日前以临时公告形式向股东发出股东大会通知;如果股权激励计划是在临时股东大会上交由股东表决,需要挂牌公司在临时股东大会召开前15日内以临时公告形式向全体股东发出股东大会通知。

挂牌公司在股东大会结束后两个转让日内将相关决议公告披露。其中年度股东大会还应由律师见证出具意见。

(三)授予时的信息披露

股东大会通过股权激励计划后,授权董事会负责具体实施。董事会应按照股东大会的授权范围,并结合股权激励计划的具体内容,负责股权激励的日常监督、考核、行权等事务性工作。而董事会在股权激励的实施过程中,一旦对激励对象授予股份等涉及《公司法》、《证券法》、证监会和全国股份转让系统公司的相关规范性文件或者《公司章程》、《信息披露管理制度》、《股东大会决议》等内部文件规定的必须由董事会进行表决或者属于公司的重大事项变动必须办理信息披露事宜的情形,则公司董事会必须召开会议并履行表决程序,并对决议内容进行公告。

(四)股权激励计划修改和终止的披露

如果股权激励计划在实施的过程中涉及重大事项的变更,需要对激励计划进行修改或者终止时,需要召开股东大会并由股东大会作出决议,股东大会的召开和表决程序需要严格遵守《公司法》、《证券法》和公司章程的规定,并按照《全国中小企业股份转让系统挂牌公司信息披露细则(试行)》的第三章"定期报告"或者第四章"临时报告"的规定履行信息披露义务。即如果股权激励计划修改或者终止的议案是在年度股东大会上表决,挂牌公司需要在年度股东大会召开20日前以临时公告形式向股东发出股东大会通知;如果相关议案是在临时股东大会上交由股东表决,需要挂牌公司在临时股东大会召开前15日内以临时公告形式向全体股东发出股东大会通知。挂牌公司在股东大会结束后两个转让日内将相关决议公告披露。

第九章　股权激励的误区

股权激励对企业的战略发展和业绩提升的作用是毋庸置疑的。同时,由于股权激励使企业与高级管理人员、核心技术人员等激励对象的目标追求达成高度一致,从而使激励对象为了企业和自身的利益而愿意全身心地投入生产经营管理活动中来。结果是企业业绩稳定大幅提高,自然会兑现股权激励计划的约定,对激励对象实施薪酬、福利以及股权方面的奖励措施,他们收获的是良好的经营效益。

当然,这是在企业的股权激励措施方式得当、手段合理的情况下取得的。实践中,要真正取得企业与激励对象共赢的效果也并不是一件简单的事情。就笔者的业务经历和了解的情况来看,企业要想真正实现股权激励的效果,一定要统筹兼顾、全盘谋划,不能头脑发热、盲目蛮干。

某知名企业由于忽视了期权行权会产生高额费用,导致行权后账面出现亏损,招来了舆论的非议,损害了企业的形象。更有甚者,一些公司的高管为了达到股权激励所要求的净利润指标,不惜牺牲企业的长期利益,出售对企业经营至关重要的战略资产,给企业以后的盈利能力带来隐患。

那么,制定股权激励计划时,到底应该注意哪些事项,规避哪些误区?这里总结出目前我国企业在推行股权激励时面临的九大误区和陷阱,配以案例和评论,希望能给正在股权激励这个围城内外徘徊的企业一点启示。

误区一　认为股权激励就是股票期权激励

误区二　认为股票期权计划适用于任何行业

误区三　认为推行股权激励可以完善公司治理结构

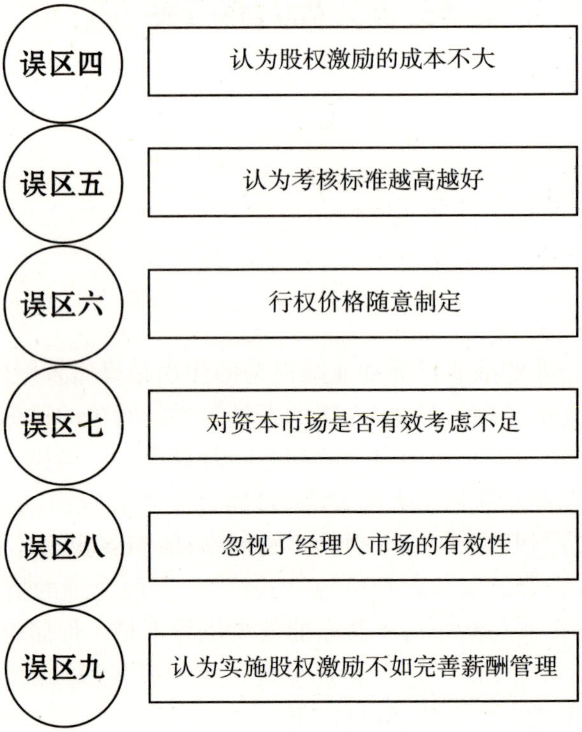

误区一：认为股权激励就是股票期权激励

股权激励并非只有股票期权激励这一种方式，股权激励还包括限制性股票计划、员工持股计划、虚拟股票增值权等。由于现在A股上市公司用得最多的是股票期权激励，因此，大家对期权激励比较熟悉。但这并不表明企业对高管的股权激励只有这一个方法，企业（特别是新三板公司）完全可以根据公司的具体情况选择其他的激励方法。

在我国证监会颁布的《上市公司股权激励管理办法（试行）》中，仅对股票期权和限制性股票作了规定，因而在实际操作中，我国上市公司绝大多数采取股票期权和限制性股票两种方式。

所谓限制性股票，是公司免费赠送给高管人员的一种股票，但这些股票的买卖和所有权受到一定的限制。比如，高管在限制的期限内不得随意处置股票，如果在限制期内高管辞职或者不幸被开除，股票就会被没收。目前，限制性股票计划因为对高管抛售股票限制较多、激励程度有限而遭到了大多数公司的冷遇。

误区二：认为股票期权计划适用于任何行业

股票期权并非适用于每一个企业。一般来讲，实行股票期权的企业必须具备以下三个条件：

企业处于竞争性行业

只有处于竞争性的行业才有必要实行期权激励。由于经营者面临的市场环境充满竞争，企业只有求新求变方可生存发展。实行期权激励，可以鼓励经营者锐意进取、勇于创新，让公司不断增强竞争力。否则，经营者无须通过自己的努力，只要利用垄断地位提高价格或减少供给量，就可轻易长期地坐享高额利润

企业的成长性较好，具有发展潜力

企业有较好的成长性，意味着市场尚未开发或尚未饱和，企业有充足的物质资本和人力资源开拓业务。在这种条件下，只要所有者有效地激励经营者，他们就会创造出良好的业绩，实现经营者价值和股东价值的双赢

企业产权清晰，内部权责明确

企业建立起规范完善的现代企业制度，拥有健全的法人治理结构，使董事会和经理层形成委托代理关系，是实施期权激励的前提条件。产权不清晰，股权就无法确定，而且，如果政府对企业经营进行过多的不应有的干预，也会使股票期权计划失效

从A股市场上来看，已经公布股权激励方案的企业主要处于医药、家电、造纸、化工、电子、通信、高科技等充分竞争、成长性良好的行业。而一些因受制于国家政策规划而成长较为稳定，或者市场行情波动剧烈的企业则不适合。譬如公路建设企业，其业务情况与国家规划息息相关，管理层可作为的程度较为有限；有色金属行业迄今尚无一家发布股权激励方案，也是因为金属价格随行就市，可控程度较低，每年的利润波动幅度很大。

误区三：认为推行股权激励可以完善公司治理结构

完善的公司治理结构是企业推行股权激励的前提条件，反之则不成立。一个

治理结构不完善的企业若贸然实施股权激励方案,甚至会引发企业生存危机。

完善的公司治理结构包含两个层面的意思。首先是形式上的完善。公司的法人治理结构应该包含这样一些要素:股东大会、董事会、监事会、经理层、职工大会等。

但更为重要的是实质上的完善。上述要素以合约关系为纽带,各司其职,互为制衡。股东大会选举出董事会,董事会作为委托人,要求公司高管尽职尽责,以使股东能够得到更多的投资回报。

而作为代理人的经理人员,追求的是包括知识、才能、社会地位在内的自身人力资本增值,以及从事经营管理的人力资本报酬最大化。因此,公司不仅必须为经理人员建立一套行之有效的激励机制,还必须建立与激励机制相配套的经理人员约束机制。

2001 年爆发的安然公司丑闻便是因为该公司的治理结构只有形式,没有实质。在形式上,安然公司并不缺少治理结构中的各个要素,但实质上,这些要素之间并没有发挥制衡的作用。安然公司除了支付给董事会成员服务费(每人7.9 万美元),还与很多成员存在大量的利益关系。比如,一些董事拥有的公司与安然就存在大量的关联交易。

在这种情况下,董事会的地位和作用被大大弱化,企业 CEO 和职业经理人的权力异常放大,最终公司沦为高管人员巧取豪夺的逐利场。例如,经理人员在完成一笔交易时,安然公司不是按照项目给公司带来的实际收入而是按预测的业绩来进行奖罚。于是经理人员常常在项目计划上做手脚,让它们看上去有利可图,然后迅速将分红装入腰包。

利用业绩上的造假,安然的高管层不断行使他们的股票期权。仅 2000 年,董事长肯尼斯·莱就获得了 1 亿多美元的收入,首席执行官杰弗里·斯基林也入账6250 万美元。安然公司在 2001 年 12 月 2 日申请破产保护的前一年时间里,公司向其 114 位高管人员发放了约 7.44 亿美元的现金和股票。

误区四:认为股权激励的成本不大

把股权激励的成本作为费用记入损益表,对上市公司净利润的影响是非常明显的。2007 年年报显示,有 19 家公司明确了报告期内予以摊销的期权费用。这 19 家公司共实现净利润 104.88 亿元,期权费用合计 13.12 亿元,占比达到 12.5%。这相当于上市公司平均拿出一成以上的利润用于奖励高管层。其中代价最大的是伊利股份,期权费用超过 7 亿元,其次是万科 A 和金发科技,分别为 2.35 亿元和 1.477 亿元。

股权激励产生如此高昂的费用可能出乎很多企业决策者的意料。实际上,对于股票期权产生的费用是否要在报表中列出这一问题,曾经在这一工具的发源地美国引发激烈争论。直到2002年,标准普尔500指数成分股中只有波音、Winn-Dixiestores和可口可乐公司在财报中将其作为费用处理。但是,安然事件给人们敲了一记警钟:期权费用不计入成本危害甚大。

安然前CEO斯基林在美国国会听证会上承认:股票期权不记入成本,能“超乎寻常”地夸大公司的盈利水平。2005年1月1日国际会计准则委员会终于要求会员公司将员工期权费用计入成本。

对于刚刚接触股票期权的我国上市公司来说,对这一权益工具带来的费用问题可能有如下三种认识误区或操作障碍:第一,认为高管们行权后获得的财富来自于在二级市场抛售股票,公司本身并没有承担成本和费用;第二,认为只有激励对象行权才产生费用,在行权等待期内不应将相关费用入账;第三,已经意识到了股票期权会产生费用,但是会计入账时,不知道如何计算或分摊该费用。

其实,当被激励对象行权时,正常情况下每股价值已经高过了行权价,高出的部分是经过一段时间的努力经营取得的价值,本应归属于公司,但公司把这部分价值授予了经营者,这势必会摊薄公司收益,因此须记入费用,作为获得经理人劳动或服务的成本。而经理人的劳动贯穿了整个行权期限,因而必须在整个行权期的每个会计年度予以分摊。

误区五:认为考核标准越高越好

如何制定对管理层的考核标准被认为是整个股权激励方案设计中的最难点。合理的考核指标能够激励管理层努力经营,但又不至于被他们认为高不可攀而放弃努力。

资本市场上,已经出现考核指标较低,高管行权套现过于容易的案例。中国A股市场一些公司高管通过股权激励计划得到高额的行权收益,但是公司的股价表现平平,甚至下跌,这种高管薪酬和股东回报的不一致现象说明公司没有设置有效的行权业绩条件。

2008年5月中国证监会颁布《股权激励有关事项备忘录1号》与《股权激励有关事项备忘录2号》,对行权指标设定问题做出了详细规定:公司设定的行权指标须考虑公司的业绩情况,原则上实行股权激励后的业绩指标(如每股收益、加权净资产收益率和净利润增长率等)不低于历史水平。

此外,鼓励公司同时采用下列指标:(1)市值指标,也就是指数指标;(2)行业比较指标,如公司业绩指标不低于同行业平均水平。另外,公司根据自身情况,可设定适合于本公司的绩效考核指标。绩效考核指标应包含财务指标和非财务指标。

这些规定是善意的,从高从严的考核标准将鞭策高管们勤勉努力。但并不意味着一定具有可行性或者最为合理。公司的情况千差万别,无法用一个统一的框架来套住。如上述规定要求公司业绩指标不低于行业平均水平,这个平均水平的数字从何得到？行业协会、发改委、证监会都有自己的行业报告，以谁为准？

在当下，国企（尤其是大型央企）和民营企业依然有很大差别，反映在股权激励方案的考核指标上，民企较为激进，国企较为保守。

先看看民营企业，报喜鸟的行权条件是，以 2006 年净利润为基数，2008 ~ 2010 年净利润增长率不低于 120%、140% 和 160%，即两年业绩翻一番还多。新湖中宝的标准也比较高，该公司的行权主要条件为：2008 年、2009 年、2010 年净利润分别为 6 亿元、9 亿元和 15 亿元。该公司 2006 年净利润为 2.35 亿元，2007 年的预测净利润为 4.02 亿元。

而国企的考核指标则宽松一些。例如，中化国际的主要行权条件为，三年滚动净资产收益率超过 8%，净利润年增长 12%。而公司 2006 年净资产收益率已达 12.66%，2007 年前三季更达 15.45%。

误区六：行权价格随意制定

尽管斯克尔斯早在 20 世纪 70 年代就与他的同事数学家费雪·布莱克研究出了一个计算期权价格的复杂公式——Black-Scholes 期权定价模型，并因此获得 1997 年诺贝尔经济学家，成为国际上制定期权价格最权威的方法。但中国限制于没有期权市场的投资者对期权价格进行纠偏，行权价格的制定具有极大随意性，更改也过于频繁。

原则上说，在股价不低于行权价的情况下，一般不允许上市公司通过股票期权重新定价来使股票期权变得更加有利可图。如果重新定价确属必要，上市公司应就重新定价事宜提交股东大会表决通过后才能更改。

这些必须改变的情况理论上包括公司股本变化，以及进行资产重组、合并、分离，或因经营亏损导致停牌、破产、解散而终止；公司有重大违法违规行为，经营不佳或经股东大会的特别决议而终止股票期权计划；激励对象违反国家相关法律法规、公司的规章制度，或遇不可抗力而导致股票期权计划加速或终止，或者经特别决议重新确定行权价格等情况。

根据 Wind 资讯统计，在 2008 年 3 月 17 日至 5 月 7 日期间，共有 27 家上市公司就股权激励董事会预案或进行行权、期权份额及价格调整发布公告。

尽管一些公司的行权价格更改是迫于监管层的意志，因为没有预料到股市大盘的快速增长，导致激励幅度过大而更改行权价格，是一种管理层与监管者博弈的结果。

从本质上来说，在一个有效的市场中，股权激励方案应是一个企业的自主行为，股东们通过召开股东大会判断这一方案是否符合他们的最大利益。如果得到股东大会的通过，它就是合理的，监管方不应该过多干涉。哪怕后来被证明可能存在激励过度问题，理性的企业将在未来的激励方案设计中予以调整。

误区七:对资本市场是否有效考虑不足

资本市场的有效性是股权激励计划能否有效实施的前提。在一个有效市场中,股票价格基本上反映了经营者接手企业时企业的价值,短时间内股价大幅上涨的可能性很小。在美国,大部分公司股票期权授予日的价格都约等于甚至小于股票期权的行权价。

在西方很多国家的股票市场上,基本不会出现"股权激励行情"。企业高层管理人员在制定行权价以及行权时,很难通过企业内部消息来操纵股价,即使操纵一时,由于股票期权的行使是分批进行的,只要市场有效,股价最终将反映企业价值,经营者操纵股价获利不会屡屡得手。因此,这就迫使经营者努力工作,而不是挖空心思去修改会计利润,或者公布虚假信息欺骗股东。

但是在一个扭曲的市场,投资者并不看重企业的价值增长和未来分红能力,而是想着在二级市场快速炒作一把便撤离。这时,股价不能正确反映公司价值,也难以用股价来衡量经营者的业绩,股票期权方案最终失灵。

2007~2008年,A股从集体狂欢转至崩盘式下挫,大部分股票价格都几乎先是突飞猛进然后被拦腰砍去一半。这样的股价,如何能反映企业的真实经营状况?

有学者提出,在目前欠完善的资本市场里,股票期权的激励作用将会很有限。提醒企业在今后制定股权激励方案时,要规避上述情况发生,应该根据股价未来上涨、下跌以及平盘的三种可能情况进行估计,对期权的风险、收益和成本做"灵敏度分析"。

为了消除股权激励的大盘噪声,国外早有学者提出一种指数化期权方案。比如,我国的公司可以选取沪深300指数为参照物,若在第一年中,沪深300指数上升12%,则规定期权的行权价也将上升12%。这样,只有当公司股价增长跑赢了沪深300时,经营者才有行权的可能。公司也可选择行业指数来克服市场指数不能区分行业特点的缺陷,但对于一些综合经营的企业,因很难将其划入某个行业,就会给选择指数带来困难。

误区八:忽视了经理人市场的有效性

正如一个有效的资本市场能够正确评价一家公司的价值,一个有效的经理人市场也能够正确评价职业经理人的能力,并对经理人的行为加以约束。一个有效的职业经理人市场,不仅能够记录经理人的过往业绩,也能记录经理人的职业操守。在市场经济发达的国家,信用和操守是职业经理人的立身之本,一个职业经理人一旦在信用上有了瑕疵,就意味着其职业经理人生涯的终结。市场赋予德才兼备者的价格会很高,而不胜任者或者信用有问题的经理人则会面临被淘汰的威胁。

而在我国，由于职业经理人的稀缺，导致职业经理人市场出现了求大于供的现象。很多时候，企业在招聘经理人时求贤若渴，往往忽视了对职业经理人的信用进行检查，即使想检查，也由于市场信息的不完备而只能作罢，甚至检查出了污点，也由于企业急缺人才而只能将就任用。由于市场失效，造成了某些职业经理人对职业道德的忽视，进而会给企业带来危害。

其中，经理人辞职抛股对于企业来说就是一种道德风险。由于《公司法》规定董事、监事、高级管理人员任期内只能每年部分抛售股票的硬性规定，时常能够听到高管辞职抛股的消息。

高管辞职大都出现在股价暴涨时期，这时公司的股价被明显高估。一些聪明的高管由于考虑到今后股市恢复理性时股价势必会回落，为避免财富缩水，不惜辞职套现，以实现自身利益的最大化。这种行为从经济学的角度上讲无可厚非，但是，这些人的流失，很可能让企业难以承受。

因此，企业在设计期权激励方案的时候，应该考虑到我国职业经理人市场对经理人的约束较弱这个因素，争取在创造富翁的时候，还能留住这些能干的富翁。股权激励方案并非激励的万灵药，而是一把“双刃剑”。善用这把剑的企业，会使激励效果事半功倍，不会用这种方案的，可能会适得其反。

误区九：认为实施股权激励不如完善薪酬管理

诚然，良好的薪酬管理制度能够凝聚员工士气，提高员工工作积极性，提升公司的生产经营效益。但我们不能忽视的是，薪酬管理制度是公司实行的以薪酬为媒介的管人制度，这就决定了这种制度具有对抗性和不确定性。如果运行良好，则能够带来正面的作用，如果实施得不好，就很可能激化企业与员工之间的矛盾，造成劳资纠纷，甚至会造成核心员工的大量流失和员工对企业认同感的降低。因此，薪酬管理制度和股权激励并不冲突，股权激励也具有薪酬制度不具备的优势。

1. 薪酬制度和股权激励的员工收入构成不同

员工的收入构成以工资、提成和奖金为主。奖金的设置决定了员工之间存在竞争和优胜劣汰关系。只有优秀者才能获得丰厚的奖金，而绩效不佳的员工则很可能得不到奖金。另外，薪酬是与当地经济发展水平和企业所处行业以及经营状况有关，这就决定了员工的工资提高的幅度有限。实践中，企业往往会把薪酬和奖金的授予条件尽量提高，以减少符合授予条件的员工的人数，从而追求“既让马儿跑，又让马儿吃的少”的目标。而员工也会权衡薪酬和奖金的条件实现难易程度，并追求一种“少干活，多拿钱”的状态，部分有能力的员工会为了追求更好报酬而“身在曹营心在汉”，一旦时机成熟，就会“炒公司鱿鱼”。这就形成了企业与员工之间的利益博弈和价值观的冲突。而股权激励则是企业与员工之间以身份为纽带，以企业价值与员工个人价值相一致为最终追求的激励制度。股权激励设置的这种利益共享机制会吸引人才、凝聚人心，使企业与员工超越普通的身份隶属关系，而上升到企业与员工的“珠联璧合”、“惺惺相惜”。员工具有了劳动者和所有者的双重身份，员工与企业的价值追求在根本上是一致的。员工可以分享企业经营的收益，企业可以获取股权激励带来的巨大“人才红利”。最终的结果就是企业发展了，员工腰包也鼓了。企业和员工的双赢才是股权激励真正的价值和优势所在。

2. 薪酬制度与股权激励所引发的劳资关系和管理特征也不相同

在单纯以工资、奖金吸引人才的制度下，公司的管理采取的是上下级、家长制、一言堂，领导说了算，员工只能听命于上级指令，自身缺乏工作的方向感和能动性。并且由于价值追求不同，员工不可避免会出现消极怠工、阳奉阴违、效率低下、奢侈浪费等问题，员工更不会主动追求生产效率、成本管控、产品创新等。而股权激励强调的是自我管理、能动执行。由于公司利益与自身利益高度一致，员工无论是出于主动还是被动，都会考虑公司利益，并从自己的岗位出发，追求精简高效、勤勉创新、“以企为家”的工作状态。人才的潜能是无穷无尽的，有了梦想、有了目标，必然会为了实现梦想而努力奋斗。这是一般的薪酬管理达不到的效果，也是二元对立的劳资关系不可能实现的状态。这就是股权激励状态下的劳资关系和管理特征不同于薪酬管理下的劳资关系和管理特征的重要优势。

3. 薪酬制度与股权激励的监管机制不同

薪酬制度下，只会存在上下级之间的监督关系，规模越大、人员越多和部门越繁的企业更会通过层层授权下放部分监管职能，这必然会带来代理成本的高昂和监管职能的缺失。并且，在这种情况下，由于员工的身份隶属关系明显，其无权也不会“越级监督”，难以形成互相监督和自我约束的局面。而在股权激励下，虽然员工仍存在身份隶属关系，但已具备另一重身份。员工必然会为了公司利益，以企业利益共享者的身份对上级进行监督，并形成自我约束的机制。这就会简化管理，降低管理成本。

企业要真正向“管理要效益”，就要找准突破口。而这个突破口就是化人力资源为人才资源，化数量优势为质量优势。只有激发关键人才的积极性和创造力，才能使企业的创新和创造力提升一个量级。当然，任何一家企业的员工不可能都是精兵强将，这就要发挥薪酬管理和股权激励两种制度的甄别和协同功能。对于普通岗位的普通员工，可以侧重通过薪酬制度进行有效管理；对于关键岗位的关键员工就不能仅仅依靠薪酬管理，这时候，就可以发挥股权激励留住人才、凝聚人才的制度优势。

股权激励和薪酬管理既不是对立关系，也不是同一的关系，但在追求实现企业利益最大化的这一目标上是一致的。如果能走出上述这个误区，企业的人力资源管理和人才战略将会给企业带来丰厚的回报。这也应该成为每个真正希望大展宏图有所作为的企业所应该关注和追求的终极目标。

第十章　案例精选

2015年以来,新三板挂牌公司中,有一百多家公司公布了股权激励方案。企业实施股权激励的时点分为挂牌前、挂牌时、挂牌后。

一、挂牌前实施股权激励

大多数企业的股权激励在挂牌后实施;挂牌前实施股权激励的企业较少,下面以仁会生物(证券代码:830921)为例进行分析。

仁会生物(证券代码:830921)

上海仁会生物制药股份有限公司于2014年8月11日起在全国股份转让系统挂牌并公开转让,系一家专注于创新生物技术药物研发、生产和销售的高科技生物制药公司。公司经营范围为:药品生产(凭许可证经营),生物技术、精细化工、新材料专业领域内八技服务及其开发产品研制、试销,制药工艺辅料(除危险品)、普通机械的销售。

仁会生物股权激励计划主要内容:

(一)激励对象

仁会生物本次股权激励计划中,首次股票期权的激励对象合计7人,包括公司董事、监事、中高级管理人员及核心技术人员等,不存在主要股东、实际控制人、实际控制人直系近亲属成为激励对象的情形。

(二)激励对象的资金来源

本次激励对象行权资金以自筹方式解决,仁会生物承诺不为激励对象依据本激励计划获得的有关权益提供贷款以及其他任何形式的财务资助,包括为其贷款提供担保。

(三)标的股票的来源、数量

仁会生物本次股权激励计划的股票来源为向激励对象定向发行公司普通股,拟向激励对象授予股票期权317万份,约占公司股本总额9,126.6万股的3.4734%。其中首次授予股票期权76万份,占公司股本总额的0.8327%;预留股票期权 241 万份，占公司股本总额的 2.6406%。

（四）股票期权的行权价格和行权价格的确定方法

1. 首次授予的股票期权的行权价格

首次授予的 76 万份股票期权的行权价格为 1 元/股。

2. 预留股权期权行权价格

预留授予的 241 万股股票期权的行权价格为 5 元/股。

（五）激励计划的有效期、授予日、等待期、可行权日

1. 股票期权激励计划的有效期

股票期权激励计划的有效期为自股票期权首次授予日起十年。

2. 股票期权激励计划的授予日

股票期权激励计划首次授予日及各次预留授予日在公司股东大会审议批准后确定。授予股票期权的首次授予日、预留授予日均不得晚于公司股东大会审议通过本计划后的 30 日。

3. 股票期权激励计划的等待期

指股票期权首次授予日（或预留授予日）至可行权日之间的时间。首次授予的股票期权自确定的首次股票期权首次授予日起 24 个月为等待期，预留授予的股票期权自预留股票期权预留授予日起 24 个月为等待期。

4. 股票期权激励计划的可行权日

本激励计划授予的股票期权自首次授予日起满 24 个月后（分期）行权，预留股票期权自预留股票期权预留授予日起 24 个月后可以分期行权。

（六）与本次股权激励计划配套的考核方法

在 2015 年至 2016 年期间，以公司获得“谊生泰注射液”新药证书、“谊生泰注射液”生产批件、“谊生泰注射液”通过 GMP 认证并获得相关证书作为对首次授予股票期权的行权条件；预留股票期权的行权条件以年度业绩考核为准，业绩考核目标由公司董事会根据当年公司经营状况及工作计划确定并提交公司股东大会审议通过。

公司如能在 2015 年 12 月 31 日前达到“三证齐全”的目标，即获得“谊生泰注射液”新药证书、“谊生泰注射液”生产批件、“谊生泰注射液”通过 GMP 认证并获得相关证书，则首次授予的股票期权自授予日期满 24 个月后（等待期后），激励对象在可行权日内 100% 一次行权。

首次授予股票期权的行权条件：

如在 2015 年 12 月 31 日前未达到“三证齐全”的目标，首次期权激励对象所获授的期权数量按以下比例进行折扣后分期行权：

1. 2016 年 6 月 30 日前达到“三证齐全”的目标，所有激励对象按本计划所首次授予股票期权份数的 95% 分两次行权。

2. 2016 年 12 月 31 日前达到“三证齐全”的目标，所有激励对象按本计划所首次授予股票期权份数的 90% 分两次行权。

3. 2016 年 12 月 31 日前未能达到“三证齐全”的目标，所有激励对象按本计划所首次授予股票期权份数的 80% 分两次行权。

如公司未能在 2015 年 12 月 31 日前完成“三证齐全”的目标，激励对象可在取得授予股份后的下列行权期内将实际已获授的股票期权分两次等比例行权：

项目	行权期	可行权数量占首次获授权期权数量的比例（%）
首次授予期权的第一个行权期	自激励对象首次授予日 24 个月后的 12 个月内	50.00
首次授予期权的第二个行权期	自激励对象首次授予日 36 个月后的 12 个月内	50.00

预留股票期权行权的业绩考核目标由公司董事会根据当年公司经营状况及工作计划确定，并提交股东大会审议后通过。

预留股票期权在首次授予股票期权首次授予日后分三次授予，应分别于 2015 年、2016 年、2017 年各年的 4 月 30 日前授予完成（以上三年各年具体的预留授予日、授予数量以当年股东大会确定为准），自预留股票期权当年预留授予日起满 24 个月后（即等待期后），各激励对象可在等待期满后的行权期内分两次等比例行权：

项目	行权期	可行权数量占首次获授权期权数量的比例（%）
预留授予期权的第一个行权期	自激励对象当年预留授予日起 24 个月后的 12 个月内	50.00
预留授予期权的第二个行权期	自激励对象当年预留授予日起 36 个月后的 12 个月内	50.00

二、通过持股平台，实施股权激励

企业设立持股平台对员工进行股权激励，即激励对象通过持股平台间接持有企业股权。持股平台一般为有限责任公司或有限合伙企业。下面分别以新宁股份（证券代码：831220）、盛世大联（证券代码：831566）股权激励计划为例对两种持股平台持股方式做介绍。

通过有限公司持股平台:新宁股份(证券代码:831220)

安徽新宁装备股份有限公司于2014年10月15日起在全国股份转让系统挂牌并公开转让,是专业研发、制造成套耐磨铸件生产装备的科技企业。公司经营范围为:铸造机械、热处理设备及模具研发、生产、销售,冶炼设备、矿山设备销售,自营本公司产品及技术的进出口业务。

2015年3月,安徽新宁装备股份有限公司实施股权激励计划,公司实际控制人周道宏先生以其持有本公司另一股东宁国市新宁投资管理有限公司的出资额对本公司的高级、中级管理人员和业务骨干实施股权激励。

新宁股份股权激励计划主要内容:

(一)激励对象

新宁股份本次股权激励计划中,激励对象确定为公司董事、监事、高级管理人员及相当岗位者;公司中级管理人员及相当岗位者;公司业务或技术骨干;车间一线优秀员工。

(二)激励对象的资金来源

本次激励对象行权资金以自筹方式解决,新宁股份承诺不为激励对象依据本激励计划获得的有关权益提供贷款以及其他任何形式的财务资助,包括为其贷款提供担保。

(三)标的股票的来源、数量

新宁股份本次股权激励计划的股票来源为新宁投资(新宁投资系有限公司,其出资额为300万股,1元1股。目前股权结构为周道宏270万股,李水珍30万股)将公司183.50万股股权授予激励对象。即周道宏将所持新宁投资股权183.50万股转让给激励对象。

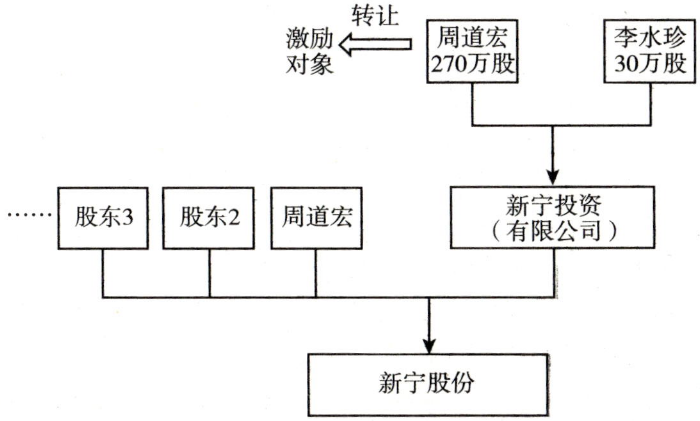

股权转让分两次完成,第一次为激励计划通过后立即实施,第二次在激励对象服务期满三年后至公司 IPO 前完成。激励对象服务期满三年后至公司 IPO 前,完成第二次股权转让,周道宏将其持有新宁投资的 91.75 万股股权转让给激励对象。在限制期内,若新宁装备发生资本公积或留存收益(盈余公积和未分配利润)转增股本,此次股权激励计划份额相应按同比例增加;若新宁装备发生其他方式的增资,则此次股权激励计划份额保持不变。

(四)本激励计划的持股平台

本激励计划的持股平台为宁国市新宁投资管理有限公司,实际控制人周道宏将新宁投资股权转让给激励对象,使激励对象成为新宁投资股东,间接持有新宁股份股权。

(五)限制性股权的授予价格

限制性股权以 2.00 元/股的价格授予激励对象。

在激励对象向周道宏支付股权转让款,且新宁投资完成股东变更的工商登记后,即为本次限制性股权授予完毕。

(六)获授股权的权利

激励对象在获得限制性股权后享有新宁投资的股东权利,包括但不限于:

1. 通过新宁投资特别享有公司此前实现但未分配的未分配利润及其他利益(如法定盈余公积金)。

2. 通过新宁投资享有公司股权分红权。在股权激励实施后,公司每年在条件许可的情况下可以将当年实现利润的一定份额进行红利分配,而新宁投资应将其所得收益(当然包括从公司分红所获得的投资收益)全部向股东进行分配。

3. 在满足条件的情况下,转让新宁投资出资份额获得转让收益。

此外,为特别保护激励对象的利益,激励方同意授予激励的特别回售权。即在连续服务的服务期满三年后至 IPO 申报前,如果原激励对象受让的股份愿意回售的,周道宏必须按照历史成本价(即激励对象购买新宁投资股权的原始价格)不计息回购,原激励对象不享有回售时点时公司所属的其他一切权利。

(七)限制性股权的限制性条件

1. 激励对象应承诺自获授限制性股权之日起在公司工作至2017 年 12 月 31 日。

激励对象一旦在此期间因个人原因主动离职或者发生与公司同业竞争等利益损害的情形,则应当将其获授股权(含派生利益)按出资价格的原价(即激励对象购买新宁投资股权的原始价格)回售给周道宏(含其指定的人)。

除上述回售情形外,激励对象的股权转让需遵守新宁投资的相关规定。

2. 激励对象自 2017 年 12 月 31 日后,即享有获授股权的全部利益(该等利益包括获授股权本身及其派生的各种利益、分红及其他收益),但受到以下限制:持有股权期间,激励对象不得与公司有同业竞争关系,不得有损害公司利益的情形,否则，应当将其所持获授股权按出资价格的原价回售实际控制人；即使激励对象强行向他方转让，实际控制人也有权进行追偿。在追偿完成前，该股权相应的利润、利息等一切股利归实际控制人所有。

3. 如果公司在中国境内 A 股（含主板、中小板或创业板）申请公开发行股票并上市，则激励对象应承诺自获授限制性股权之日起在公司工作至 2017 年 12 月 31 日或者工作至公司股票上市之日，二者以较长者为准。

在期限届满后，激励对象可以要求新宁投资在证券市场或者其他符合法律规定的交易场所转让相关股权并将相关收益依法依规支付给激励对象。但如果转让股权前激励对象存在与公司同业竞争关系，或者有损害公司利益的情形，则应当将其所持获授股权按出资价格的原价回售给实际控制人；即使激励对象强行向他方转让，实际控制人也有权进行追偿。在追偿完成前，该股权的相应的利润、利息等一切股利归实际控制人所有。

4. 激励对象转让其持有本激励计划获授的限制性股权，还应当符合届时新宁投资《公司章程》的规定，不得违反届时《公司章程》有关禁售期的规定。

通过有限合伙持股平台：盛世大联概况（证券代码：831566）

上海盛世大联保险代理股份有限公司于 2014 年 12 月 15 日起在全国股份转让系统挂牌并公开转让，成为保险代理行业首家登陆新三板的企业。公司经营范围为：在上海市行政辖区内代理销售保险产品，代理收取保险费，代理相关保险业务的损失勘查和理赔，中国保监会批准的其他业务。

2015 年 4 月，盛世大联为激励公司管理人员及员工，发布《股权激励股票发行方案》实施股权激励。

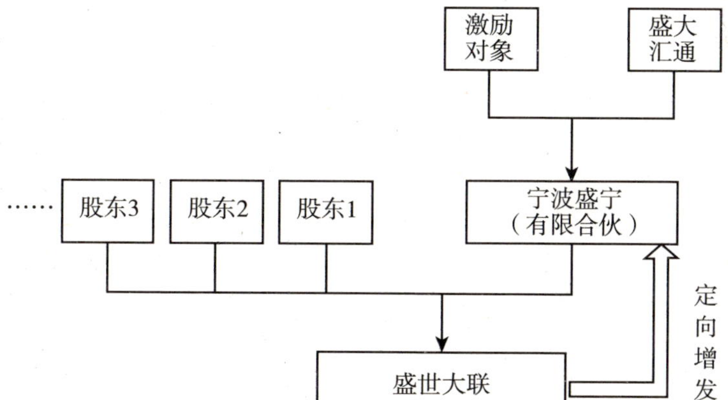

盛世大联本次股权激励计划主要内容：

（一）激励对象

盛世大联本次股权激励计划中，激励对象为盛世大联的管理人员、员工合计

16名自然人。

(二)激励对象的资金来源

本次激励对象行权资金以自筹方式解决,盛世大联承诺不为激励对象依据本激励计划获得的有关权益提供贷款以及其他任何形式的财务资助,包括为其贷款提供担保。

(三)标的股票的来源、数量

本次股权激励计划的股票来源为向激励对象定向发行公司普通股,本次股票发行拟发行总数量不超过4,000,000股,定增资金总额不超过8,000,000元人民币。

(四)本激励计划的持股平台

本激励计划的持股平台为宁波盛宁投资合伙企业(有限合伙),宁波盛宁的合伙人为盛世大联的管理人员、员工合计16名自然人及一名机构。

序号	合伙人及在盛世大联担任的职务		间接持有公司股份(股)
1	卜江勇	董事长	500,000
2	雷准富	董事、总经理	1,925,000
3	杜博宏	董事	300,000
4	张奇涛	副总裁	300,000
5	顾赛晔	董事	300,000
6	范科军	董事	150,000
7	印晓明	分公司总经理	100,000
8	龚惠	分公司总经理	75,000
9	惠东	董秘、财务总监	50,000
10	曲海霞	监事、市场总监	50,000
11	罗松林	机构总监	50,000
12	丁路	业务总监	50,000
13	杨帅麟	技术总监	50,000
14	聂国民	技术经理	30,000
15	吴钊华	客户总监	15,000
16	苏倩	业务经理	15,000
17	上海盛大汇通企业服务有限公司		40,000
合计			4,000,000

（五）股票发行价格及定价方法

本次发行价格为：激励对象按照 2 元/股的价格通过宁波盛宁向公司增资的方式获得激励股权。

本次股票发行的价格综合考虑了公司所处行业、成长性、最近一期融资价格等多种因素，并与投资人进行充分沟通后最终确定。

本次股票发行以股权激励为目的，经与原有股东充分沟通，原有股东放弃优先认购权。

（六）本次股票发行限售安排

本次股票发行的新增股份登记在中国证券登记结算有限公司北京分公司，为无限售条件普通股。

三、控股股东转让股权模式

企业实施股权激励的股权一般来源于控股股东转让、公司增发新股及公司回购股份转让给员工。公司增发新股模式较为常用，下面以百胜软件（证券代码：832722）、鹏远光电（证券代码：430688）为例介绍控股股东转让股权模式。

百胜软件（证券代码：832722）

上海百胜软件股份有限公司于 2015 年 6 月 29 日起在全国股份转让系统挂牌并公开转让，是目前市场占有率第一的时尚行业软件产品和解决方案的专业提供商。公司经营范围为：在计算机软件及网络领域范围内从事技术开发、技术转让、技术咨询、技术服务。销售计算机软件及外围设备、通信设备（除无线）、办公设备及电子元器件，从事货物和技术的进出口业务。

2015 年 8 月 20 日，百胜软件实施股权激励计划。

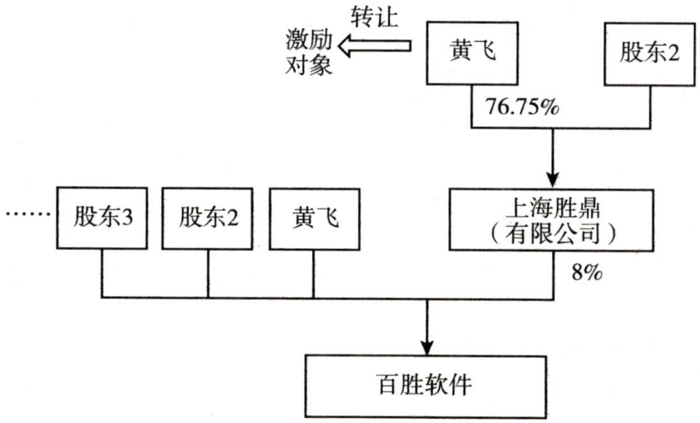

百胜软件本次股权激励计划主要内容：

（一）激励对象

本次股权激励对象为公司主要高管、中层以上管理人员及核心技术人员。最终确定人员为43人。

（二）激励对象的资金来源

本次激励对象行权资金以自筹方式解决。

（三）标的股票的来源

上海胜鼎目前持有百胜软件8%的股份，控股股东黄飞目前持有上海胜鼎76.75%的股权。本次拟激励的股份来自黄飞通过上海胜鼎间接持有的百胜软件股份。

本次股权激励的具体操作方式为：黄飞向激励对象转让其所持有的上海胜鼎部分股权，激励对象与黄飞签署《股权转让协议》，激励对象向黄飞支付股权转让款，股权转让事宜经工商登记完成后，激励对象成为上海胜鼎的股东，从而间接持有百胜软件的股份。

（四）激励股权的价格

激励对象按照百胜软件总价值8250万元进行估值，按百胜软件目前总股本5000万股计算，对应百胜软件股份价格为1.65元/股。

上海胜鼎共持有百胜软件8%的股份，对应百胜软件股份价值660万元，上海胜鼎目前注册资本为500万元，则本次用于激励的上海胜鼎股权价格为1.32元/注册资本，即本次激励对象按照1.32元/注册资本的价格购买上海胜鼎的股权。

（五）公司、激励对象的权利与义务

公司的权利与义务：

1. 公司有权要求激励对象为公司工作并承诺一定的服务年限，并签订书面承诺。

2. 若激励对象涉及任何刑事犯罪或因触犯法律、违反职业道德、泄露百胜软件机密、失职或渎职等行为严重损害百胜软件利益或声誉，将承担违约责任。

3. 若激励对象严重违反其与百胜软件签署的劳动合同或聘用协议项下的义务，并给百胜软件带来严重损失的，将承担违约责任。

4. 公司根据国家税收法规的规定，代扣代缴激励对象应缴纳的个人所得税及其他税费。

5. 法律、法规规定的其他相关权利与义务。

激励对象的权利与义务：

1. 激励对象应当按公司所聘岗位的要求，勤勉尽责、恪守职业道德，为公司的发展做出应有贡献。

2. 激励对象按照本激励计划的规定获取有关权益的资金来源为激励对象自筹资金。

3. 激励对象因本激励计划获得的收益，应按国家税收法规缴纳个人所得税。

4. 激励对象签署避免同业竞争承诺函，若违反承诺，将对因此给百胜软件造成的损失承担赔偿责任。

5. 法律、法规规定的其他相关权利义务。

（六）激励股权的特殊约定

为确保上海胜鼎决策的有效性，在股权转让完成后，激励对象将委托黄飞行使其在上海胜鼎与决策有关的股东权利，包括但不限于：

1. 投票表决权，黄飞根据激励对象出资份额对上海胜鼎股东会每一审议和表决事项代为投票的权利；

2. 选举权，黄飞代为激励对象行使选举董事、监事成员的权利；

3. 黄飞代为激励对象行使股东质询和建议的权利；

4. 黄飞代为激励对象行使股东提案的权利；

5. 黄飞代为激励对象行使提议召集临时股东会等权利。

激励对象同意委托黄飞代表上海胜鼎出席百胜软件股东大会，对百胜软件股东大会需表决的议案行使投票权。

激励对象享有除股东决策权之外的其他股东权利，包括但不限于激励股权分红权、收益权、知情权等。

鹏远光电（证券代码：430688）

河北鹏远光电股份有限公司于 2014 年 3 月 31 日起在全国股份转让系统挂牌并公开转让，成为河北省电子行业首家在新三板挂牌上市企业。鹏远光电是一家集 LED 封装、LED 照明灯具研发、生产、销售于一体的国家高新技术企业。公司经营范围为：电子产品、器件和元件、照明灯具、光电子器件及其他电子器件的生产、制造、销售；发光二极管芯片的生产、封装与应用；金属有机化学气相沉积系统设备的制造与安装；货物及技术的进出口。

2015 年 5 月，河北鹏远光电股份有限公司实施股权激励计划。

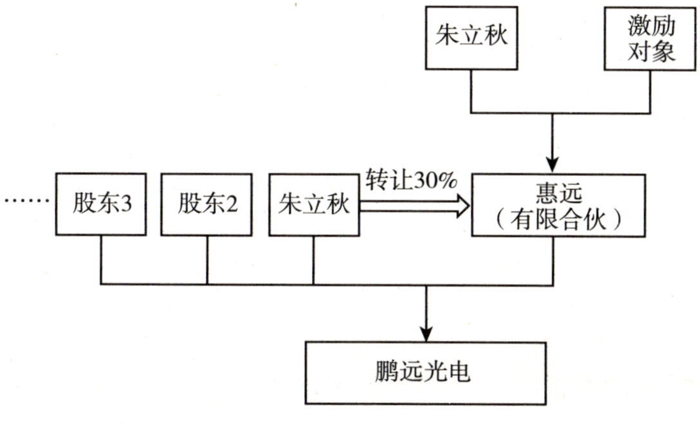

鹏远光电本次股权激励计划主要内容：

（一）激励对象的确定依据及原则

1. 首期激励对象的确定原则

首期激励对象包括公司董监高及核心员工，除董事、监事外所有激励对象必须在本计划规定的考核期内在公司或其控股子公司任职并与公司或其控股子公司签署劳动合同。

2. 预留部分激励对象的确定原则

预留部分激励对象是指本计划获得股东大会批准时尚未确定但在本计划存续期间纳入股权激励计划的激励对象，包括未来新引进的、晋升的对公司有特殊贡献的以及公司董事会认为需要激励的对象。

3. 有下列情形之一的，不能成为本计划的激励对象

最近三年内被全国股转系统公司公开谴责或宣布为不适当人选的；最近三年因重大违法违规行为被中国证监会或全国股转系统公司予以行政处罚的；具有《公司法》第146条规定不得担任董事、监事、高级管理人员的情形的。如在公司激励计划实施过程中，激励对象出现以上任何规定不得参与激励计划情形的，公司将终止其参与本计划的权利，回购其已认购但尚未解锁的全部持股平台合伙份额。

（二）激励对象的范围

本激励计划的激励对象符合上述确定依据和原则，由公司董事会提名，为目前公司董监高及核心员工，在本激励计划项下首期拟参与认购持股平台合伙份额的激励对象共计8名，具体激励对象名单、职务情况如下表：

姓名	性别	职务	股权激励数量（万股）	备注
朱立秋	女	董事长、总经理	127.50	含预留股份激励
朱立波	男	董事、	5	
周光启		董事、财务总监、董秘	2	
王玲	女	监事会主席	2	
李大湧	男	监事	2	
梁啸	男	研发人员	10	
马健	女	证券代表	1	
王志国	男	核心员工	0.5	
合计			150	

（三）激励股权的来源

本次激励股权来源于实际控制人朱立秋拟转让给持股平台秦皇岛惠远企业

管理咨询合伙企业(有限合伙)(以下简称惠远)持有的公司股票,转让股份共计150万份,占股本总额的3%,转让价格每股1元,转让总价款150万元。

激励对象通过作为惠远的合伙人间接持有公司股票。

首次股权激励规模为150万股(对应惠远出资总额中150万元出资额)占公司截至2015年4月30日股本总额5000万股的3%,其中朱立秋本人认购127.50万股(包含为吸引优秀人才预留的股份激励),其他激励对象认购22.5万股。合伙人认缴出资额(实缴后)与对应首次激励持股平台出资额溢余部分可用于后续股权激励。

(四)激励计划的有效期、授权日、解除限售日

1. 有效期:5年,自股东大会审议批准本激励计划之日起计算。

2. 授权日:公司股东大会审议批准本激励计划的日期。

3. 解除限售日:本计划授予激励股权的解除限售日及限售期如表所示:

解除限售期	解除限售时间	可解除限售数量占获授股份激励数量比例
第一个解除限售期	工作满三年,自做市交易之日起	25%
第二个解除限售期	工作满三年,自做市交易之日起满12个月	25%
第三个解除限售期	工作满三年,自做市交易之日起满24个月	25%
第四个解除限售期	工作满三年,自做市交易之日起满36个月	25%

4. 激励股权的解除限售条件

激励对象只有在同时满足下列条件时,才能解除限售:

(1)公司未发生以下任一情形:①最近一个会计年度财务会计报告被注册会计师出具否定意见或者无法表示意见的审计报告;②最近一年内因重大违法违规行为被行政处罚。

(2)激励对象未发生以下任一情形:①因严重失职、渎职等原因被追究刑事责任的;②严重违反公司管理制度,或给公司造成巨大经济损失,或给公司造成严重消极影响,受到公司行政处分的;③被公司解除劳动合同。

(五)股权激励的调整方法和程序

若在激励对象解除限售前,公司有资本公积金转增股本、派送股票红利、缩股、及秦皇岛惠远企业管理咨询合伙企业(有限合伙)调整合伙企业的出资额等事项,激励对象获授的激励股权数量相应调整。

(六)公司与激励对象各自的权利与义务

公司的权利与义务:

1. 公司有权要求激励对象按其所聘岗位的要求为公司工作,若激励对象不能

胜任所聘工作岗位或者考核不合格,经公司董事会批准,公司注销激励对象尚未解除限售的股份。

2. 若激励对象因触犯法律、违反职业道德、泄露公司机密、失职或渎职等行为严重损害公司利益或声誉,经公司董事会批准,公司注销激励对象尚未解除限售的股份。

3. 持股平台根据国家税收法规的规定,代扣代缴激励对象应缴纳的个人所得税及其他税费。

4. 法律、法规规定的其他相关权利与义务。

激励对象的权利与义务:

1. 激励对象应当按公司所聘岗位的要求,勤勉尽责、恪守职业道德,为公司的发展做出应有贡献。

2. 激励对象按照本激励计划的规定获取有关权益的资金来源为激励对象自筹资金。

3. 激励对象有权且应当按照本激励计划的规定解除限售。

4. 激励对象获授的股份用于担保或偿还债务。

5. 激励对象因本激励计划获得的收益,应按国家税收法规缴纳个人所得税。

6. 激励对象在解除限售后离职的,应当在 2 年内不得从事与公司同业竞争相同或类似的相关工作;如果激励对象在解除限售后离职,并在 2 年内从事与公司同业竞争相同或类似工作的,激励对象应将其因解除限售所得全部收益返还给公司,并承担与其解除限售所得收益同等金额的违约金,给公司造成损失的,还应同时向公司承担赔偿责任。

7. 法律、法规规定的其他相关权利义务。

四、股票期权激励计划

益盟股份(证券代码:832950)

上海益盟软件技术股份有限公司于 2015 年 7 月 16 日在全国股份转让系统挂牌并公开转让,是一家从事软件研发与销售的科技型公司,以用户需求为导向设计产品、建立服务和培训体系,为不同投资方式、不同投资习惯、不同风险偏好的证券投资者提供不同的证券投资辅助决策产品。公司经营范围为:计算机软件的开发、设计、制作,销售自产产品,提供上述相关产品、电子信息、计算机、网络工程领域内的“四技”服务,证券投资咨询,商务咨询,投资咨询,经济信息咨询。

2015 年 11 月益盟股份实施股权激励计划,采用股票期权模式。

益盟股份本次股权激励计划主要内容:

(一)激励对象

益盟股份本次股权激励计划中,激励对象为公司及分公司的高层管理人员、核心员工、子公司高管等,激励对象中没有持有公司5%以上股权的主要股东或实际控制人及其配偶、直系近亲属。

(二)激励对象的资金来源

本次激励对象行权资金以自筹方式解决,益盟股份承诺不为激励对象依据本激励计划获得的有关权益提供贷款以及其他任何形式的财务资助,包括为其贷款提供担保。

(三)标的股票的来源、数量

益盟股份本次股权激励计划的股票来源为向激励对象定向发行公司普通股3000万份,分别于2015年、2016年、2017年分三期对激励对象进行授权,全部行权后标的股票数量占本次激励计划签署时股本总额4.375亿股的6.86%。其中1200万份作为首期(2015年)授权的股票期权总额,剩余股票期权进入第二期(2016年)、第三期(2017年)的股票期权预留池,第三期未能完成授权的期权将被取消。

(四)股票期权的行权价格

每份股票期权的行权价格为15元/股,激励对象需于行权时支付相应行权成本。

(五)激励计划的有效期、授予日、等待期、可行权日、禁售期

1. 有效期

本次股票期权激励计划的整体有效期为自本计划经股东大会批准后起不超过十年。若公司在全国中小企业股份转让系统挂牌晚于2015年,则本计划有效期顺延至根据本计划激励对象所获股票期权全部行权完成之日。

2. 授予日

本次股票期权激励计划在股东大会批准后,各期授予日由公司董事会审议确定。

3. 等待期

指股票期权授予日至可行权日之间的时间。本次激励计划自授予日起12个月为等待期。

4. 可行权日

自授予日起满12个月后可分期行权,每月可行权日由公司提前公布。

激励对象必须在激励计划有效期及行权期内对可行权的股票期权一次性行权完毕。已授权并可行权的股票期权未能在规定行权期内行权将被取消。

5. 禁售期

禁售期指对激励对象行权后所获股票售出进行限制的时间段。本计划的禁

售期按《公司法》、《非上市公众公司监督管理办法》、益盟股份《章程》及相关规定执行，具体规定如下：

（1）激励对象为公司董事、监事、高级管理人员，其在任职期间每年转让的股份不得超过其所持有公司股份总数的25%；在离职后半年内，不得转让其所持有的公司股份。

（2）激励对象为公司董事、监事、高级管理人员，将其持有的公司股票在买入后6个月内卖出，或者在卖出后6个月内又买入，由此所得收益归公司所有，公司董事会将收回其所得收益。

（3）在本计划的有效期内，如果《中华人民共和国公司法》、《非上市公众公司监督管理办法》、益盟股份《章程》及相关规定关于股票转让限制的规定发生变化，本计划应按照变化后的规定执行。

（六）股票期权的授权条件

激励对象只有在同时满足下列条件时，才能获得授权股票期权：

1. 业绩条件

股票期权分三次授权，应分别于2015年、2016年、2017年完成股票期权授权（具体授予日以当年董事会确定为准）。

首期授权条件是公司在全国中小企业股份转让系统挂牌成功；

第二期、第三期授权条件以上年度公司ROE值作为参考条件，具体条件如下：

<table>
<tr><th colspan="2">业绩完成情况</th><th>对应当期授权比例</th></tr>
<tr><td colspan="2">$\text{ROE}_{(\text{公司})}<6\%$</td><td>取消当年授权</td></tr>
<tr><td rowspan="3">$\text{ROE}_{(\text{公司})}\geqslant 6\%$</td><td>$\text{ROE}_{(\text{公司})}>\text{ROE}_{(\text{行业})}$</td><td>100%</td></tr>
<tr><td>$\text{ROE}_{(\text{行业})}>\text{ROE}_{(\text{公司})}\geqslant \text{ROE}_{(\text{行业})}\times 80\%$</td><td>50%</td></tr>
<tr><td>$\text{ROE}_{(\text{公司})}<\text{ROE}_{(\text{行业})}\times 80\%$</td><td>取消当年授权</td></tr>
</table>

2. 法律条件

（1）益盟股份未发生如下任一情形：最近一个会计年度的财务会计报告被注册会计师出具否定意见或者无法表示意见的审计报告；最近一年内发生重大违法违规行为的；相关监管机构认定不能实行股票期权激励计划的其他情形。

（2）激励对象未发生如下任一情形：最近三年内被证券交易所公开谴责或宣布为不适当人选；最近三年内发生重大违法违规行为的；具有《中华人民共和国公司法》第147条规定的不得担任公司董事、监事、高级管理人员情形。

（七）股票期权的行权条件

自股票期权授予日起满12个月后（等待期后），对行权后不需要履行限售义

务的激励对象可在等待期满后的行权期内分三次行权,参见下表:

项目	行权期	可行权数量占该期被授权股票期权数量的比例
第一个行权期	自授予日起 12 个月后的 12 个月内	40%
第二个行权期	自授予日起 24 个月后的 12 个月内	30%
第三个行权期	自授予日起 36 个月后的 12 个月内	30%

对行权后需要履行限售义务的激励对象(含公司董事、监事、高级管理人员)在等待期满后,可以选择一次行权或者分三次行权两种方式进行期权行权。如果选择一次性行权,则需要确定在上面规定的三个行权期内选择一个行权期,对可以行权的期权根据规定一次全部行权;如果选择分三次行权,则根据以上规定的三个行权期和相应行权比例进行期权的行权。

每一个行权期从可以开始行权之日起一个自然年结束,已经可以行权但未能在规定行权期内行权的股票期权将被注销。在行权期内,具体可行权日由董事会根据相应规定作出统一计划,激励对象只能在可行权日进行股票期权的行权。

激励对象行权条件以个人年度绩效考核结果为参考条件,具体如下:

上年度绩效考核结果	当期实际行权期权数量占比当期可行权期权总量
良好及以上	100%
合格	80%
未达到合格标准	不可行权,当期可行权期权取消

五、限制性股票激励模式

华博胜讯(证券代码:430494)

安徽华博胜讯信息科技股份有限公司于 2014 年 1 月 22 日在全国股份转让系统挂牌并公开转让。公司主要从事计算机软件开发、销售;建筑弱电智能化工程,安全防范系统工程,网络工程设计、安装、系统集成,相关产品销售;技术服务、培训,信息咨询服务。

2015 年 9 月华博胜讯实施股权激励计划,采用限制性股票模式。

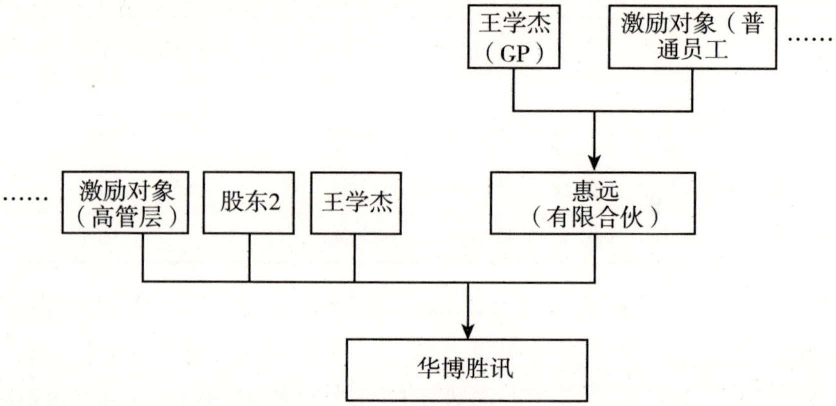

华博胜讯本次股权激励计划主要内容：

（一）激励对象

华博胜讯本次股权激励计划中，激励对象为：（1）公司董事、监事、高级管理人员；（2）在公司及下属子公司任职的研发骨干员工；（3）2012 年 1 月 1 日前入职公司的老员工并评定过优秀员工；（4）经董事会认定有卓越贡献的其他员工及核心员工。

（二）激励对象的资金来源

激励对象认购本次限制性股票，以其合法薪酬、自筹资金解决。

（三）标的股票的来源、数量

股票来源为公司定向增发，计划授予 300 万股公司限制性股票。

（四）限制性股票的授予价格

每股授予价格以截至 2015 年 6 月 30 日半年度报告每股净资产为依据，经公司董事会决议，定价为每股人民币 1.6 元。

（五）激励计划的管理模式

激励对象中，公司高管层采取直接由自然人持股的方式；其他激励人员均以设立有限合伙企业作为平台持股的方式统一管理。

有限合伙企业中包含合伙人 19 人，其中普通合伙人 1 人，为王学杰，有限合伙人 18 人。公司董事长王学杰为有限合伙企业执行事务合伙人。

1. 执行事务合伙人的义务包括：

（1）不得利用职权收受贿赂或者其他非法收入，不得侵占员工持股激励计划的财产。

（2）不得挪用员工持股激励计划资金。

（3）未经全体合伙人同意，不得将员工持股激励计划资产或者资金以其个人名义或者其他个人名义开立账户存储。

(4)未经全体合伙人同意,不得将员工持股激励计划资金借贷给他人或者以员工持股激励计划财产为他人提供担保。

(5)不得利用其职权损害员工持股激励计划利益。

执行事务合伙人违反忠实义务给员工持股激励计划造成损失的,应当承担赔偿责任。

2. 有限合伙人的权利包括:

(1)依照其持有的本激励计划份额享有本计划资产的权益。

(2)参加或委派其代理人参加有限合伙企业合伙人会议,并行使相应的表决权。

(3)对本激励计划的管理进行监督,提出建议或质询。

(4)法律、行政法规、部门规章或本员工持股激励计划规定的其他权利。

3. 有限合伙人的义务包括:

(1)按认购本激励计划股票份额在约定期限内足额缴款,自行承担与本激励计划相关的投资风险,自负盈亏;

(2)在本激励计划锁定期限内,所持股票份额不得用于担保、偿还债务或作其他类似处置;

(3)法律、行政法规及本员工持股激励计划规定的其他义务。

(六)激励计划的锁定期限

1. 激励计划的锁定期分为60个月和48个月,自公司完成新股登记之日起计算。

2. 激励对象正式缴款之日为公司董事会发布激励计划方案至股票发行公告之日期间,激励对象亦不得转让或者私自处理其所持有的激励计划份额。

3. 激励对象所持标的股票锁定期满后,当激励对象所持资产均为货币资金时,激励计划可提前终止。

(七)激励计划的解锁时间

1. 高管持股激励计划购买标的股票的,锁定期分为2年(24个月)、3年(36个月)、4年(48个月)、5年(60个月)、分四期解除转让制,即自公司激励股份登记之日起算,激励对象服务公司满二年后,每年可解锁25%。

解锁期	解锁时间	可解锁限制性股票比例
第一个解锁期	自首次授权日起24个月后的首个交易日起至首次授权日起36个月内的最后一个交易日当日止	25%

续表

解锁期	解锁时间	可解锁限制性股票比例
第二个解锁期	自首次授权日起36个月后的首个交易日起至首次授权日起48个月内的最后一个交易日当日止	25%
第三个解锁期	自首次授权日起48个月后的首个交易日起至首次授权日起60个月内的最后一个交易日当日止	25%
第四个解锁期	自首次授权日起60个月后的首个交易日起至首次授权日起72个月内的最后一个交易日当日止	25%

2. 员工持股激励计划购买标的股票的，锁定期分为1年(12个月)、2年(24个月)、3年(36个月)、4年(48个月)分四期解除转让限制，即自公司激励股份登记之日起算，激励对象服务公司满一年后，每年可解锁25%。

解锁期	解锁时间	可解锁限制性股票比例
第一个解锁期	自首次授权日起12个月后的首个交易日起至首次授权日起24个月内的最后一个交易日当日止	25%
第二个解锁期	自首次授权日起24个月后的首个交易日起至首次授权日起36个月内的最后一个交易日当日止	25%
第三个解锁期	自首次授权日起36个月后的首个交易日起至首次授权日起48个月内的最后一个交易日当日止	25%
第四个解锁期	自首次授权日起48个月后的首个交易日起至首次授权日起60个月内的最后一个交易日当日止	25%

(八)激励对象所持权益的处置办法

1. 锁定期内的权益处置

(1)在锁定期内，除激励计划约定的特殊情况外，激励对象所持的员工持股份额不得转让或用于抵押、质押、担保、偿还债务等。

(2)在锁定期内,激励对象不得要求对激励计划的权益进行分配。

(3)在锁定期内,公司发生资本公积转增股本、派送股票红利时,新取得的股份一并锁定,不得在二级市场出售或以其他方式转让,该等股票的解锁日与相对应股票相同。存续期内,公司发生派息时,激励计划因持有公司股份而获得的现金股利在激励计划存续期内可以进行分配。

(4)存续期内,激励对象所持有的权益未经执行事务合伙人同意不得转让,未经同意擅自转让的,该转让行为无效。

2. 取消激励对象资格的情形

锁定期内,发生如下情形的,公司有权取消该激励对象参与激励计划的资格,并将其持有的激励计划权益按照原始出资金额加上同期银行贷款利率所产生的利息(利息计算期限为自出资款打入计划平台公司之日至回购之日)强制转让给执行事务合伙人或者其指定的具备参与激励计划资格的受让人:

(1)锁定期内,激励对象辞职或擅自离职的;

(2)锁定期内,激励对象在劳动合同到期后拒绝与公司或公司的控股子公司续签劳动合同的;

(3)激励对象因违反法律、行政法规或公司规章制度而被公司或公司的控股子公司解除劳动合同的;

(4)激励对象违法签署《竞业约定协议》的;

(5)违反职业道德、泄露公司机密、贪污受贿、失职或渎职等行为的。

3. 激励对象所持权益不作变更的情形

(1)职务变更

激励对象职务变动但仍符合参与条件的,其持有的激励计划权益不作变更。

(2)丧失劳动能力

激励对象丧失劳动能力的,其持有的股激励计划权益不作变更。

(3)退休

激励对象达到国家规定的退休年龄而退休的,其持有的激励计划权益不作变更。

(4)死亡

激励对象死亡的,其持有的激励计划权益不作变更,由其合法继承人继承并继续享有;该等继承人不受需具备参与本激励计划资格的限制。

(5)公司董事会认定的其他情形

六、股票期权与限制性股票激励计划组合模式

百华悦邦(证券代码:831008)

北京百华悦邦科技股份有限公司于2014年7月28日起在全国股份转让系统挂牌并公开转让。百华悦邦是一家提供手机售后服务及增值业务,以专业技术为核心、以提供服务为导向的全国性连锁经营企业,是国内颇具规模的手机售后服务之一,与苹果、三星、诺基亚、HTC、摩托罗拉、联想等国内外手机生产厂商,均建立了长期的合作伙伴关系,是苹果公司在中国大陆最大的售后服务机构,也是三星和诺基亚在中国大陆主要的指定售后服务机构。

2014年9月北京百华悦邦科技股份有限公司实施股权激励计划,采用股票期权+限制性股票组合模式。

百华悦邦本次股票期权激励计划主要内容:

(一)激励对象

百华悦邦本次股权激励计划中,激励对象确定为公司董事、高级管理人员中层管理人员、主要业务(技术)人员。

(二)激励对象的资金来源

本次激励对象行权资金以自筹方式解决。

(三)标的股票的来源、数量

计划拟向激励对象授予股票期权100万份股票期权,涉及的标的股票种类为公司普通股,约占本公司股本总额4000万股的2.5%。其中首次授予73.85万股,占目前公司股本总额4000万股的1.85%;预留26.15万股,占目前公司股本总额的0.65%。每份股票期权在满足行权条件的情况下,拥有在有效期内以行权价格购买1股公司股票的权利。

授予的股票期权在各激励对象间的分配情况如下表所示:

姓名	职务	获得的股票期权数量(万份)	占授予期权总数的比例(%)	占目前股本总额的比例(%)
刘保元	董事、副总经理	12.5	12.5	0.31
王彩香	财务总监、董秘	7.5	7.5	0.19
李岩	董事、合规部总监	2.5	2.5	0.06
中层管理人员、主要业务(技术)人员109人		51.35	51.35	1.29
预留部分		26.15	26.15	0.65
合计		100	100	2.5

（四）股票期权的行权价格和行权价格的确定方法

1. 本次授予的股票期权的行权价格

本次授予的股票期权的行权价格为15元。

2. 预留部分的股票期权，在每次授予前，须召开董事会会议确定行权价格，并披露授予情况的摘要。

（五）激励计划的有效期、授予日、等待期、可行权日

1. 股票期权激励计划的有效期

本激励计划的有效期为自股票期权首次授予日起54个月。

2. 授予日

授予日为本计划经公司股东大会审议通过之日。

3. 等待期

股票期权授予后至股票期权可行权日之间的时间，本计划等待期为18个月。

4. 可行权日

在本计划通过后，授予的股票期权自授予日起满18个月后可以开始行权。

激励对象必须在期权有效期内行权完毕，计划有效期结束后，已获授但尚未行权的股票期权不得行权，由公司注销。

在可行权日内，若达到本计划规定的行权条件，激励对象应在股票期权授予日起满18个月后的未来36个月内分三期行权。

预留部分的股票期权在首次授予后的18个月内授予，应自相应的授权日起满12个月后，激励对象应在未来24个月内分两期行权，每期行权50%。

激励对象必须在期权行权有效期内行权完毕。若达不到行权条件，则当期股票期权不得行权。若符合行权条件，但未在上述行权期全部行权的该部分股票期权由公司注销。

5. 禁售期

禁售期是指对激励对象行权后所获股票进行售出限制的时间段。本激励计划的禁售规定按照《公司法》、《证券法》等相关法律、法规、规范性文件和《公司章程》执行，具体规定如下：

（1）激励对象为公司董事、监事和高级管理人员的，其在任职期间每年转让的股份不得超过其所持有本公司股份总数的25%；在离职后半年内，不得转让其所持有的本公司股份。

（2）激励对象为公司董事、监事和高级管理人员的，将其持有的本公司股票在买入后6个月内卖出，或者在卖出后6个月内又买入，由此所得收益归本公司所有，本公司董事会将收回其所得收益。

（3）在本激励计划的有效期内，如果《公司法》、《证券法》等相关法律、法规、规范性文件和《公司章程》中对公司董事、监事和高级管理人员持有股份转让的

有关规定发生了变化，则这部分激励对象转让其所持有的公司股票应当在转让时符合修改后的《公司法》、《证券法》等相关法律、法规、规范性文件和《公司章程》的规定。

（六）与本次股权激励计划配套的考核方法

1. 公司业绩考核要求

本计划授予的股票期权，在行权期的 3 个会计年度中，分年度进行绩效考核并行权，以达到绩效考核目标作为激励对象的行权条件。

各年度绩效考核目标如下表所示：

行权期	业绩考核目标
第一个行权期	2015 年归属于公司股东的扣除非经常性损益后的加权平均净资产收益率不低于 20%；公司 2015 年实现营业收入相比于 2013 年增长不低于 20%；公司 2015 年归属于公司股东的扣除非经常性损益的净利润相比于 2013 年增长不低于 20%
第二个行权期	2016 年归属于公司股东的扣除非经常性损益后的加权平均净资产收益率不低于 20%；公司 2016 年实现营业收入相比于 2013 年增长不低于 40%；公司 2016 年归属于公司股东的扣除非经常性损益的净利润相比于 2013 年增长不低于 40%
第三个行权期	2017 年归属于公司股东的扣除非经常性损益后的加权平均净资产收益率不低于 20%；公司 2017 年实现营业收入相比于 2013 年增长不低于 60%；公司 2017 年归属于公司股东的扣除非经常性损益的净利润相比于 2013 年增长不低于 60%

预留部分在首次授予日后的 18 个月内授予，其年度绩效考核目标以上表为基础进行确定。

如果公司当年发生公开发行或非公开发行行为，则新增加的净资产和该等净资产产生的净利润于其对应预定投入的项目达到预定可使用状态前，计算加权平均净资产收益率和净利润增长率时相应地从净资产中和净利润中扣除。

由本次股权激励产生的激励成本将在管理费用中列支。

期权的行权条件达成，则激励对象按照计划规定比例行权。反之，若行权上一年度考核不合格，激励对象当年度股票期权的可行权额度不可行权，作废处理。

2. 个人业绩考核要求

根据公司制定的考核办法，在本计划有效期内的各年度，对所有激励对象进行考核，目前对个人绩效考核结果共有 A、B、C、D 四档。若激励对象上一年度个人绩效考核结果为 A/B/C 档,则上一年度激励对象个人绩效为考核合格;若激励对象上一年度个人绩效考核为 D 档,则上一年度激励对象个人绩效考核为不合格。

百华悦邦本次限制性股票激励计划主要内容:

(一)激励对象

百华悦邦本次股权激励计划中,激励对象确定为公司董事、高级管理人员中层管理人员、主要业务(技术)人员。

(二)激励对象的资金来源

本次激励对象行权资金以自筹方式解决。

(三)标的股票的来源、数量

计划授予 100 万股公司限制性股票,占本激励计划签署时公司股本总额 4000 万股的 2.5%。其中首次授予 73.85 万股,占目前公司股本总额 4000 万股的 1.85%;预留 26.15 万股,占目前公司股本总额的 0.65%。

授予的限制性股票在各激励对象间的分配情况如下表所示:

姓名	职务	获得的限制性股票数量(万份)	占授予总数的比例(%)	占目前股本总额的比例(%)
刘保元	董事、副总经理	12.5	12.5	0.31
王彩香	财务总监、董秘	7.5	7.5	0.19
李岩	董事、合规部总监	2.5	2.5	0.06
中层管理人员、主要业务(技术)人员 109 人		51.35	51.35	1.29
预留部分		26.15	26.15	0.65
合计		100	100	2.5

(四)限制性股票的授予价格

限制性股票的授予价格为每股 7.50 元,即满足授予条件后,激励对象可以每股 7.50 元的价格购买公司向激励对象增发的公司限制性股票。

(五)激励计划的有效期、授予日、等待期、可行权日

1. 限制性股票激励计划的有效期

本计划的有效期为限制性股票授予之日起至所有限制性股票解锁或回购注销完毕之日止。本激励计划的有效期为自限制性股票授予日起 54 个月。

2. 授予日

授予日为本计划经公司股东大会审议通过之日。

3. 锁定期

限制性股票授予后即行锁定。激励对象获授的全部限制性股票适用不同的锁定期，分别为18个月、30个月和42个月，均自授予之日起计。

在锁定期内，激励对象持有的限制性股票不得转让、用于担保或偿还债务。

在解锁日，公司为满足解锁条件的激励对象办理解锁事宜，未满足解锁条件的激励对象持有的限制性股票由公司回购注销。激励对象持有的限制性股票分三次分别按照40%、30%、30%的比例解锁，即各个锁定期满后激励对象解锁（或由公司回购注销）占其获授总数相应解锁比例的限制性股票。

4. 解锁期

解锁安排如下表所示：

解锁期	解锁时间	可解锁限制性股票比例
第一个解锁期	自首次授权日起18个月后的首个交易日起至首次授权日起30个月内的最后一个交易日当日止	40%
第二个解锁期	自首次授权日起30个月后的首个交易日起至首次授权日起42个月内的最后一个交易日当日止	30%
第三个解锁期	自首次授权日起42个月后的首个交易日起至首次授权日起54个月内的最后一个交易日当日止	30%

5. 禁售期

本次限制性股票激励计划的限售规定按照《公司法》、《证券法》等相关法律、法规、规范性文件和《公司章程》执行，具体规定如下：

（1）激励对象为公司董事、监事和高级管理人员的，其在任职期间每年转让的股份不得超过其所持有本公司股份总数的25%；在离职后半年内，不得转让其所持有的本公司股份。

（2）激励对象为公司董事、监事和高级管理人员的，将其持有的本公司股票在买入后6个月内卖出，或者在卖出后6个月内又买入，由此所得收益归本公司所有，本公司董事会将收回其所得收益。

（3）在本计划有效期内，如果《公司法》、《证券法》等相关法律、法规、规范性文件和《公司章程》中对公司董事、监事和高级管理人员持有股份转让的有关规定发生了变化，则这部分激励对象转让其所持有的公司股票应当在转让时符合修改后的

《公司法》、《证券法》等相关法律、法规、规范性文件和《公司章程》的规定。

（六）与本次股权激励计划配套的考核方法

1. 公司业绩考核要求

各年度绩效考核目标如下表所示：

解锁期	业绩考核目标
第一个解锁期	2015年归属于公司股东的扣除非经常性损益后的加权平均净资产收益率不低于20%；公司2015年实现营业收入相比于2013年增长不低于20%；公司2015年归属于公司股东的扣除非经常性损益的净利润相比于2013年增长不低于20%
第二个解锁期	2016年归属于公司股东的扣除非经常性损益后的加权平均净资产收益率不低于20%；公司2016年实现营业收入相比于2013年增长不低于40%；公司2016年归属于公司股东的扣除非经常性损益的净利润相比于2013年增长不低于40%
第三个解锁期	2017年归属于公司股东的扣除非经常性损益后的加权平均净资产收益率不低于20%；公司2017年实现营业收入相比于2013年增长不低于60%；公司2017年归属于公司股东的扣除非经常性损益的净利润相比于2013年增长不低于60%

若解锁条件未达成，则公司按照本激励计划的规定回购限制性股票并注销。

2. 个人业绩考核要求

根据公司制定的考核办法，在本计划有效期内的各年度，对所有激励对象进行考核，目前对个人绩效考核结果共有A、B、C、D四档。若激励对象上一年度个人绩效考核结果为A/B/C档，则上一年度激励对象个人绩效为考核合格；若激励对象上一年度个人绩效考核为D档，则上一年度激励对象个人绩效考核为不合格。

七、虚拟股权激励计划

精冶源（证券代码：831091）

北京精冶源新材料股份有限公司于2014年7月31日起在全国股份转让系统挂牌并公开转让。精冶源专注于耐火材料的研究开发、生产制造、销售、工程和服务。2015年5月精冶源实施股权激励计划，采用虚拟股权模式。

精冶源本次股权激励计划主要内容：

（一）激励对象

虚拟股权授予对象参照如下标准确定：（1）在公司的历史发展中做出过突出

贡献的人员;(2)公司未来发展亟须的人员;(3)年度工作表现突出的人员;(4)其他公司认为必要的标准。

授予范围包括公司高级管理人员、中层管理人员、业务骨干以及对公司有卓越贡献的新老员工等。

(二)虚拟股权数量的确定

1.虚拟股权持有数量

虚拟股权的授予数量,根据虚拟股权激励对象所处的职位确定股权级别及其对应基准职位股数(经董事会表决同意后基准职位股数可按年度调整),根据个人能力系数和工龄系数确定计划初始授予数量,根据年终绩效考核结果确定当年最终授予虚拟股权数量。

虚拟股权的初始授予数量=基准职位股数×能力系数×工龄系数

虚拟股权的最终授予数量=虚拟股权的初始授予数量×绩效考核系数

2.股权级别及职位股数确定

股权级别	评定标准	基准职位股数(股)
1级	通过按指令能基本完成本岗位的工作任务	10,000
2级	能够独立、合格地完成本岗位的工作	15,000
3级	通过自己的技术专长或团队管理能较好地完成本岗位的工作	20,000
4级	通过他人或团队管理能完成工作目标,业绩卓越且能保持团队稳定	25,000

3.个人能力系数

个人能力系数由公司根据下表所列能力评定标准,结合员工个人学历、工作经历及在公司的工作表现等因素进行综合评定。

能力等级	能力评定标准	能力系数
中级	熟练运用所掌握知识、技能完成一般复杂程度的工作;对工作相关风险或潜在问题具有一般的认知与把控能力;能够将岗位相关经验应用于工作实际	1.0
高级	精通某一方面知识或技能的工作应用;能够独立处理富有挑战性和复杂的事项;能够带领一定规模的团队开展相关工作	1.1
专家级	能被征询意见,解决本职工作领域相关的复杂技术问题;能对其掌握的知识、技能提出战略性建议或作出合理调整;对公司业务及其工作有敏锐的洞察力并提出解决方案	1.2

4. 工龄系数表

本司工龄	本司工龄系数
3 年以下(含)	1.0
3 ~ 5 年(含)	1.1
5 年以上	1.2

(三)激励期限

本计划的有效期限为 3 年,即 2015 ~ 2017 年,激励对象无偿享有公司给予一定比例的分红权,计划有效期满后,公司可根据实际情况决定是否继续授予激励对象该等比例的分红权。如在该方案的有效期内经股东大会和董事会决议通过了其他的股权激励计划,经股东大会和董事会表决后可以中止该计划。

董事会负责虚拟股权的组织管理工作:根据年度税后净利润确定虚拟股权分配方案;根据员工持股情况设立员工个人持股明细账户,登记员工持有的虚拟股权状况,结算年终分红收益,办理虚拟股权的授予等事宜。

董事会负责审核虚拟股权授予方案。

董事会负责批准授予人选,制订年终分红方案,批准虚拟股权的授予方案。

股东大会负责批准虚拟股权设置方案以及年终分红方案。

(四)业绩目标与绩效考核

1. 业绩目标

公司以年度净利润作为业绩考核指标。设定的每年业绩目标为:年度净利润增长率不低于 20%(含 20%)。

上述业绩目标作为确定是否授予年度分红权激励基金的基准指标。

2. 业绩目标考核

每个考核年度期满且审计报告出具后 30 天内,由董事会组织财务部门考核是否实现公司业绩目标。如公司业绩目标实现,则开始实施当年度的分红权激励,向激励对象授予分红权激励基金。业绩目标未能实现的,不得授予分红权激励基金。

3. 业绩目标调整

当出现如下情况时,由董事会审议决定,可对公司业绩目标做出相应调整以剔除下述因素对利润的影响:

(1)会计政策及会计处理办法发生重大变更;

(2)国家税收政策直接导致公司的税收发生重大变化;

(3)国家经济环境、经济政策、行业政策等的重大变化直接对公司产品的市场和价格产生重大影响;

(4)战争、自然灾害等不可抗拒因素影响公司正常经营;

(5)发生管理人员职责范围外的其他不可控制风险。

如果调整后的业绩目标变动幅度超过30%,则须由股东大会重新审议通过后才能执行。

4. 考核周期

本计划以一个完整的会计年度为一个业绩目标和绩效考核的周期。

5. 考核内容

每年年初,根据激励对象所在岗位的岗位职责,确定考核内容,包括工作态度、工作能力和工作业绩等方面的考核,其中工作业绩是重点考核内容。

6. 考核结果与绩效系数

每年年初,公司对上年度的个人绩效做评估,评定激励对象的考核结果和绩效系数。其结果作为激励对象参与股权激励基金分配的依据之一。

序号	绩效评级	绩效系数
1	优异	1.5
2	良好	1.2
3	达标	1.0
4	不达标	0

(五)激励基金的提取、分配和发放

1. 年度激励基金总额

每年以上述所确定业绩目标作为确定是否授予股权激励基金的考核基准指标。在实现公司业绩目标的情况下,按照公司该年度净利润和虚拟股权占比核算和提取股权激励基金。即

当年激励基金总额=考核年度净利润×加权虚拟股权总数/加权实际总股本

2. 虚拟股权的每股现金价值

每股现金价值=当年激励基金总额÷实际参与分红的虚拟股权总数

3. 分红办法和分红现金数额

将每股现金价值乘以激励对象持有的虚拟股权数量,就可以得到每一个激励对象当年的分红现金数额。

个人实际可分配虚拟股红利=虚拟股权每股现金价值×虚拟股股数

4. 红利发放

当年的虚拟股红利在次年5月份发放,虚拟股红利以公司公告为准。虚拟股权红利发放通过银行转账发放到员工银行卡上,涉及征税,由公司代扣代缴。

5. 虚拟股份退出

从激励对象离职或被解雇之日起所授予虚拟股权自动丧失，不再享有任何分红权。

6. 转换条款

公司处于收购、兼并或转板上市阶段的，虚拟股权可以通过一定的对价方案转化为股票或者现金补偿，具体转换方案另行制定。

八、资产管理计划

联讯证券（证券代码：830899）

联讯证券股份有限公司于2014年7月21日起在全国股份转让系统挂牌并公开转让。公司经营范围为：证券经纪，证券投资咨询，与证券交易、证券投资活动有关的财务顾问，证券自营，证券承销与保荐，证券资产管理，融资融券，证券投资基金代销，代销金融产品业务。

2015年1月联讯证券实施股权激励计划，采用资产管理计划模式。

联讯证券本次股权激励计划主要内容：

（一）激励对象

本计划的参加对象为截至2014年12月31日公司全体在册正式员工。除公司董事、监事，公司及各分公司、营业部经营管理团队、部门级管理人员外，其他员工按照入职年限分为三档：

1. 司龄10年（含）以上；

2. 司龄5（含）以上10年以下；

3. 司龄5年以下。

所有参加对象必须在本计划的有效期内在公司、分公司及营业部任职并签署劳动合同、领取报酬。

拟参加本次激励计划的公司董事、监事和高级管理人员共11人。

（二）激励对象的资金来源

参加对象认购本计划的资金来源为其合法薪酬及法律、行政法规允许的其他方式筹集的资金。

（三）标的股票的来源、数量

本激励计划股票来源为联讯证券定向发行的股票。激励对象认购的股票合计不超过8345.36万份，资金总额不超过8345.36万元。每份份额为1.00元，每1460份为一个认购份额基数，单个员工必须认购整数倍份额基数，参加对象按级别设定不同的认购标准。

公司全部有效的激励计划份额所对应的标的股票总数量不超过公司股本总额的10%。任一持有人所持本计划份额所对应的标的股票数量不超过公司股本总额的1%。

(四)标的股票的价格

启航1号资管计划认购公司标的股票的价格为1.46元/股。

(五)激励计划的存续期、锁定期及变更

1.激励计划的存续期

本激励计划的存续期为24个月,自股东大会审议通过本激励计划之日起计算。

本激励计划涉及标的股票的锁定期满后,启航1号资管计划终止时,本激励计划随之终止。

本激励计划的存续期届满前,经出席持有人会议的持2/3以上份额的持有人同意并提交董事会审议通过后,本激励计划的存续期可以延长。

激励计划的存续期届满后未有效延期的,激励计划自行终止。

2.激励计划所涉及的标的股票的锁定期

启航1号资管计划持有标的股票的锁定期为12个月,自标的股票过户至启航1号资管计划名下之日起计算。

3.激励计划的变更

在激励计划的存续期内,激励计划的变更须经出席持有人会议的持2/3以上份额的持有人同意并提交董事会审议通过方可实施。

(六)本计划的管理模式

本计划设立后委托中信信诚资产管理有限公司管理,并全额认购由中信信诚资产管理有限公司设立的中信信诚联讯启航1号专项资产管理计划中的次级份额。启航1号资管计划份额上限为21,250,00万份,按照1:1.5的比例设立次级份额和优先级份额。

(七)本激励计划的资产及其投资

1.本激励计划通过全额认购中信信诚资产管理有限公司设立的启航1号资管计划的次级份额而相应享有启航1号资管计划持有公司股票所对应的权益。

2.存续期内为现金管理的目的,启航1号资管计划资产可以投资于银行存款和货币基金等低风险高流动性现金管理工具。

3.本激励计划的资产独立于联讯证券的固有财产。联讯证券不得将本激励计划资产归入其固有财产。因本激励计划的管理、运用或者其他情形而取得的财产和收益归入本激励计划资产。

(八)本激励计划的持有人会议、管理委员会

1.持有人会议

参加对象在认购本激励计划份额后即成为本计划的持有人,持有人会议是本

激励计划的权力机构,由全体持有人组成。所有持有人均有权参加持有人会议,并按其持有份额行使表决权。

2. 管理委员会

本激励计划设管理委员会,对本激励计划负责,是本激励计划的日常监督管理机构,代表持有人行使股东权利或者授权资产管理机构行使股东权利。

管理委员会由3名委员组成,设管理委员会主任1名。管理委员会委员均由持有人会议选举产生。管理委员会主任由管理委员会以全体委员的过半数选举产生。管理委员会委员的任期为自管理委员会选举产生之日起至本激励计划终止。

（九）资管计划合同的主要条款:

一、激励计划管理机构的选任

（一）公司选任中信信诚资产管理有限公司作为本激励持股计划的管理机构。

（二）公司代表本激励计划与中信信诚资产管理有限公司签订《中信信诚联讯启航1号专项资产管理计划管理合同》及相关协议文件。

二、资产管理协议的主要条款

（一）资管计划名称:中信信诚联讯启航1号专项资产管理计划

（二）类型:证券投资型资产管理计划

（三）目标规模:本专项资产管理计划规模上限为21,250.00万份,资金总额不超过21,250.00万元,按照1∶1.5的比例设立次级份额和优先级份额。

（四）存续期限:启航1号资管计划期限为24个月,自启航1号资管计划生效之日起满12个月后,经管理人允许,可以提前全部或部分减持启航1号资管计划所持有的联讯证券股份有限公司股票。

（五）资管计划的参与和退出:

1. 资产管理计划的参与:启航1号资管计划存续期不允许参与。

2. 资产管理计划的退出:启航1号资管计划存续期满12个月起至启航1号资管计划到期前,允许优先级委托人和次级委托人在保持其持有份额比例不变的前提下同时等比例减少各自持有的部分计划份额,提前退出本启航1号资管计划。

（六）投资策略:启航1号资管计划通过对定向增发上市公司的多维度基本面分析,包括其估值水平、成长性、行业地位、盈利水平、公司治理等多个角度,从战略角度评估参与定向增发的可能损益和风险成本,综合决定参与其定向增发。通过对市场环境的理性判断,采取集中投资策略,将委托财产集中投资于某个定向增发股票。

为了支付各类费率而保留的计划财产以及闲置资金通过委托人代表出具投

资指令投资于流动性强期限较短的现金管理工具(包括但不限于货币基金,银行存款等),增强组合管理效率。

(七)特别风险提示:

1.委托人资金流动性风险

根据启航1号资管计划的规定,委托人不得随意赎回其计划单位,委托人持有计划单位的封闭时间和金额均有一定要求,因此委托人在资金流动性方面会受一定影响。

2.计划利益不确定的风险

计划利益受多项因素影响,包括证券市场价格波动、投资操作水平、国家政策变化等,启航1号资管计划既有盈利的可能,亦存在亏损的可能。根据相关法律法规规定,管理人不对启航1号资管计划的委托人承诺计划利益或做出某种保底暗示。

3.特定投资策略的风险

由于委托人代表的知识、经验等因素而影响其对相关信息、经济形势和证券价格走势的判断,可能导致其建议投资品种的业绩表现低于预期,甚至形成投资亏损。由此造成的风险和损失由启航1号资管计划财产承担。

4.次级委托人的收益分配顺序劣后于优先级委托人。在启航1号资管计划投资未实现预期投资目标时,次级委托人的投资本金将用于补偿优先级委托人的预期收益,次级委托人的投资本金面临全部或部分损失的风险。

三、管理费用计提及支付

(一)参与费率:0

(二)退出费率:0

(三)管理费率:本专项资产管理计划的年管理费率为1%

(四)托管费:本专项资产管理计划的年托管费为0.1%

(五)业绩报酬:本专项资产管理计划不收取业绩报酬

(六)本激励计划收益分配

1.标的股票锁定期内收益的分配:

(1)在标的股票锁定期内持有人不得要求对激励计划的权益进行分配;

(2)在标的股票锁定期内,公司发生资本公积转增股本、派送股票红利时,启航1号资管计划因持有公司股份而新取得的股份一并锁定,不得出售或以其他方式转让,该等股票的解锁期与相对应股票相同。

(3)在标的股票锁定期内,公司发生派发现金股利时,启航1号资管计划因持有公司股份而获得的现金股利也一并锁定,在启航1号资管计划退出日或产品结束时进行分配。

2.标的股票锁定期届满后,管理委员会有权要求启航1号资管计划减持标的股票，在启航 1 号资管计划设定的退出开放日，对优先级和次级(激励计划)对应计划份额进行退出。激励计划将退出部分的本金及收益分配给激励计划持有人。

3. 本激励计划涉及标的股票的锁定期满后，启航 1 号资管计划终止时，本激励计划随之终止。

4. 存续期内，启航 1 号资管计划需按年支付优先级份额 10.7% 的年基准收益率收益及专项资产管理计划的管理费、托管费。当启航 1 号资管计划可分配的现金不足以支付优先级份额收益、管理费及托管费时，由本激励计划持有人补缴资金，用于支付优先级份额收益、管理费及托管费。

5. 存续期满或本激励计划提前终止时，启航 1 号资管计划所持公司股票及其他资产进行变现，启航 1 号资管计划资产全部变现后，首先对优先级份额进行分配，支付优先级份额的本金及收益，剩余可分配资产向次级份额(本激励计划)分配，激励计划按各持有人份额比例进行分配。

6. 预警线、止损线及补仓义务

(1) 预警线、止损线的设置

启航 1 号资管计划份额净值预警线设置为 0.83 元，止损线设置为 0.80 元。本激励计划存续期内，其认购的启航 1 号资管计划份额净值低于 0.83 元(含)时，本计划持有人履行补仓义务。

(2) 补仓安排

在启航 1 号资管计划存续期间任何一个工作日(T 日)，若启航 1 号资管计划份额净值跌破预警线时，由管理委员会发出补仓通知，本计划持有人按照触发预警线时点各持有人持有份额的比例补缴资金，以履行专项资产管理计划合同约定之补仓义务，使得启航 1 号计划份额净值不低于 1.00 元(含)。

当出现个别本激励计划持有人未能及时补缴资金的，需补缴资金缺口由管理委员会指定公司符合条件的持有人按职级优先补仓，并对本激励计划持有人份额进行重新折算，份额折算参照如下公式：

持有人折算后份额 = 持有人本次补仓前持有份额 × 补仓资金认缴前一日本激励计划单位净值/1 元 + 持有人本次补仓补缴资金/1 元

补仓资金认缴前一日本激励计划单位净值以中信信诚联讯启航 1 号专项资产管理计划补仓资金认缴前一日估值为准。

若本激励计划未能及时、足额补足资金，启航 1 号资管计划管理人行使特别交易权，处置金额优先用于分配优先级份额的本金和收益，剩余收益归属员工持股计划，本计划持有人按比例享有该部分收益。

九、激励基金模式

黄国粮业(证券代码:831357)

河南黄国粮业股份有限公司于2014年10月31日起在全国股份转让系统挂牌并公开转让,系目前国内乃至世界规模最大的水磨糯米粉生产龙头企业。2015年4月,黄国粮业实施股权激励,采用年度业绩激励基金模式。

黄国粮业本次股权激励计划主要内容:

(一)本激励计划适用年度

2015~2018年度。

(二)激励对象

1. 公司董事会聘任的高级管理人员;

2. 对公司整体业绩和持续发展有直接影响的中层管理人员、核心技术(业务)人才以及公司所需的其他关键人才;

3. 公司董事会认定的应当予以激励的其他员工。

所有被激励对象必须在本次激励的考核期内于公司或公司的控股子公司任职并已签署劳动合同。激励对象必须经董事会考核合格后方可具有获得授予当期业绩激励基金的资格。

(三)激励对象的薪酬

公司上述人员的薪酬分为基本薪酬和年度业绩激励基金,其中基本薪酬按公司现有制度执行,年度业绩激励基金按本方案执行,即从提取的激励基金中进行分配。

(四)年度业绩激励基金的获授予计提

公司年度业绩激励基金的提取须同时满足以下条件:

1. 当年度实现的归属股东的净利润(扣除非经常性损益前后孰低者,下同)增长率超过10%;

2. 当年净资产收益率不低于6%(包括6%);

3. 最近一个会计年度财务报告审计意见为“标准无保留意见”;

4. 最近一年内公司未发生因重大违法违规行为被监管单位予以行政处罚的情形。

若满足上述条件,以当年度净利润增加额(当年度激励基金提取前净利润减去年年度净利润)为基数,按照20%的比例提取年度业绩激励基金。

净利润、净资产收益率均为经审计后的数据。根据企业会计准则,考核当年提取的业绩激励基金将在下一年的税前费用中提前列支。

在业绩激励基金的实施期内如出现上一年度巨额亏损，原则上该亏损年度不再实施业绩激励基金实施方案，亏损年度之后的第一年度在提取业绩激励基金之前应弥补亏损，如弥补亏损之后达到业绩激励基金实施方案设定的业绩考核指标，则按照弥补亏损后的业绩指标为基础计提业绩激励基金；如弥补亏损之后仍无法达到业绩激励基金实施方案设定的业绩考核指标或仍为亏损的，则当年不再计提业绩激励基金。

（五）年度业绩激励基金的管理与权限

1. 股东大会

股东大会为公司年度业绩激励基金实施方案的最高决策机构，审议批准《年度业绩激励基金实施方案》及每年《业绩激励基金计提和分配方案》。

2. 董事会

公司董事会为公司年度业绩激励基金实施方案的最高管理机构，行使以下职权：

（1）制订《年度业绩激励基金实施方案》或修正案；

（2）审议批准每年《业绩激励基金计提和分配方案》或修正案；

（3）股东大会授予的有关业绩激励基金的其他职权。

3. 监事会

公司监事会作为公司年度业绩激励基金实施方案的监督机构，行使以下职权：

（1）对业绩激励基金的计提和分配方案的知情权及建议权；

（2）监督业绩激励基金的计提和分配方案的制定及实施；

（3）监事会的有关业绩激励基金的其他监督权。

4. 董事会秘书

董事会授权董事会秘书为公司年度业绩激励基金实施方案的管理机构，行使以下职权：

（1）负责激励对象的资格审查；

（2）负责激励对象的考核工作；

（3）审核每年《业绩激励基金计提和分配方案》并报董事会审议；

（4）董事会授予的其他与业绩激励基金管理有关的工作。

5. 激励基金管理办公室

董事会秘书与财务总监联合设立年度业绩激励基金管理办公室，履行以下职责：

（1）制定详细的《业绩激励基金计提和分配方案》或修正案；

（2）负责本业绩激励基金制度具体实施方案的拟定、解释及实施，主要包括但不限于：业绩激励基金的提取、核算、分配；激励对象账户的设立；激励对象资格

审查和每年的重新评定;激励对象个人激励基金计算、通报、兑现等;

(3)负责业绩激励基金的日常管理;

(4)具体负责激励对象的考评并向董事会秘书报告考评情况;

(5)负责业绩激励基金的分配发放;

(6)董事会要求的关于业绩激励基金的其他工作。

(六)年度业绩激励基金实施的操作流程

公司股东大会通过本方案后,在实施周期内,每年根据公司业绩情况,提取相应金额作为年度业绩激励基金。

公司股东大会审议通过当年经审计的年度报告后,若满足业绩激励基金提取条件的所有内容,则业绩激励基金管理办公室根据高级管理人员、骨干员工等当年的工作情况,拟定当年参与业绩激励基金分配的激励对象建议名单,并根据激励对象当年的职务级别、任职时间、绩效考核结果等因素,拟定激励对象当年分配的激励基金建议额度,在股东大会审议通过公司年度审计报告后30日内报公司董事会秘书批准。

公司业绩激励基金管理办公室在股东大会审议通过公司年度审计报告后30日内,根据公司财务指标,制定《年度业绩激励基金计提和分配方案》,报总经理审批后的90日内,财务部配合业绩激励基金管理办公室负责业绩激励基金的发放及相关手续的履行直至完成。

业绩激励基金均用于对激励对象进行现金奖励,个人所得税均由公司代扣代缴。

在实施年度业绩激励基金实施方案过程中,公司必须按照中国证券监督管理委员会和全国中小企业股份转让系统有限责任公司的相关规定履行信息披露义务。

(七)年度业绩激励基金的调整

如果激励对象当年发生下列情形,则其不享有当年业绩激励基金实施方案的资格:

(1)未经公司同意,擅自终止雇佣关系的;

(2)严重违反法律法规和公司相关规定被辞退的;

(3)因工作过失被免职的;

(4)本方案第六条规定的情形;

(5)违反本方案规定的情形。

本方案的实施周期内,因工作正常调动致使激励对象职务发生变动,如变动后仍属于激励对象范围的,则按照职务任职时间等因素分别计算应分配的业绩激励基金;如变动后不再属于激励对象范围的,则按照实际任职时间等因素计算应分配的业绩激励基金。

本方案的实施周期内,如激励对象因退休、丧失行为能力、死亡(包括宣告死亡),则按照其当年的任职时间等因素计算应分配的业绩激励基金,且后续年度不再享有继续参与年度业绩激励基金实施方案的资格。

十、名义为股权激励,实则对赌

分豆教育(证券代码:831850)

北京分豆教育科技股份有限公司于 2015 年 1 月 12 日起在全国股份转让系统挂牌并公开转让。公司经营范围为:第二类增值电信业务中的信息服务业务(仅限互联网信息服务):互联网信息服务不含新闻、出版、教育、医疗保健、药品和医疗器械、电子公告服务(电信与信息服务业务经营许可证有效期至 2019 年 9 月 4 日);技术开发、技术咨询、技术转让、技术服务;软件设计、开发;销售电气设备、计算机、软件及辅助设备、电子产品;教育咨询(不含出国留学咨询及中介服务);组织文化艺术交流活动(不含演出)、承办展览展示活动;设计、制作、代理、发布广告;影视策划。

2015 年 4 月,北京分豆教育科技股份有限公司实施股权激励计划。

分豆教育本次股权激励计划主要内容:

(一)本股权激励计划实施前提

本股权激励方案的实施条件是 2015 年销售额达到 1 亿元,利润总额达到 4300 万元。分豆教育在 2015 年度报告公告后确定是否达到股权激励条件,上述两个前置条件需均满足。如未达到上述要求,本股权激励方案自动终止。

(二)激励对象

激励对象为公司高级管理人员、核心员工以及其他对公司做出突出贡献的员工。

(三)持股平台

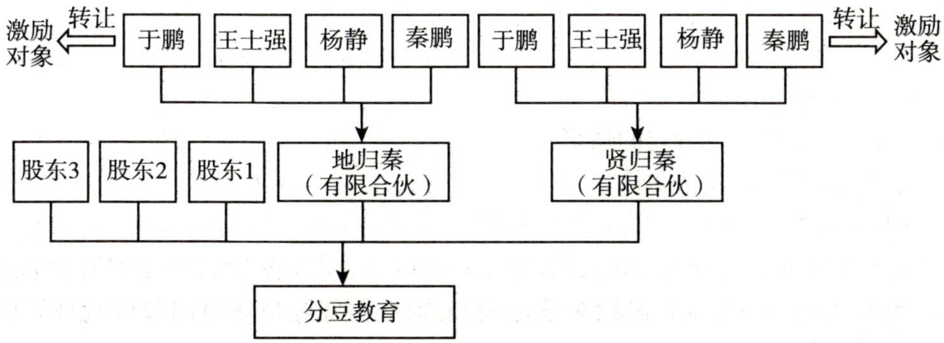

本次股权激励以拟成立的北京地归秦投资管理中心(有限合伙)和北京贤归秦投资管理中心(有限合伙)为载体。

北京地归秦投资管理中心(有限合伙)由于鹏、王士强、杨静及秦鹏分别出资成立,认缴出资额分别为0.5万元、0.75万元、8万元、0.75万元。

北京贤归秦投资管理中心(有限合伙)由于鹏、王士强、杨静及秦鹏分别出资成立,认缴出资额分别为0.5万元、0.75万元、8万元、0.75万元。

两家有限合伙企业的普通合伙人均由于鹏担任,于鹏在股权激励方案实施后对两家有限合伙企业均仅持有1000份额,以使其能以普通合伙人身份在两家有限合伙企业中存在。该两家有限合伙仅作为实现本股权激励计划而设立,不从事任何经营活动,不做任何其他用途。

(四)激励对象的资金来源

激励对象认购激励股份的资金应当自行筹措,公司不得向其提供资金。

(五)标的股票的来源、数量、价格

激励股份由分豆教育向北京地归秦投资管理中心(有限合伙)和北京贤归秦投资管理中心(有限合伙)定向增发,待董事会通过考核确定激励对象及股份数量后由有限合伙中的合伙人转让其在有限合伙中的份额。

激励股份数量:总计为10,000,000股。

激励股份价格:人民币8元/股。

(六)考核方案

公司与员工每月签订工作任务责任书,员工每月100%完成工作任务责任书内容且评分在100分及以上,并全年总评120分及以上者可有机会获得股权激励。董事会对员工工作任务责任书完成情况以及所处岗位、对公司的贡献综合评定后给予是否对该员工进行股权激励的决定并在公司内部公告。

公司相关部门根据工作事项完成时间、完成情况等因素,对每一事项进行考核,考核结果分为四档:1)较差:未完成责任书规定工作;2)正常:100%完成责任书规定工作;3)良好:100%完成责任书内容并超额完成工作内容;4)优秀:超额完成责任书内容并因为该事项对公司发展及业绩作出一定的特殊贡献。

较差对应得分50(可上下浮动10分),正常对应得分100(可上下浮动10分),良好对应得分120(可上下浮动10分),优秀对应得分150分(可上下浮动10分)。每项工作获得得分除以工作项目总数,所得平均数作为最后评定得分。按照股权激励获取条件,即工作任务责任书每月得分为100分及以上者可有资格进入年度评审环节。

年度综合评定考核按百分制进行评定,如在某一方面较为突出者上级可根据其表现予以加分,加分形式为X+Y,X为根据工作任务责任书评定分数,Y为被测评人上级评定分数。总评得分120分及以上者可获得股权激励资格。

获得股权激励的数额经公司相关部门审核符合员工股权激励计划的员工，由董事会根据员工月工作任务责任书完成情况、年度评审结果以及该员工所在部门及岗位，综合评定后给出具体股权激励数额。

（七）股份赎回的约定

与公司有全职劳动或用工关系的激励对象在激励股份限售期内从公司离职，即解除与公司之间的全职劳动或用工关系时，丧失股权激励资格。

其所持有的尚未行权的激励股份应当按照其购买股份的股款金额出售给有限合伙企业，该部分股权将作为以后符合员工股权激励计划的高级管理人员、核心人员以及特殊贡献员工股权激励的股份。

分豆教育本激励计划实施条件是 2015 年销售额达到 1 亿元，利润总额达到 4300 万元。其 2014 年度报告显示，该年度分豆教育营业收入为 2898 万元，归属于分豆教育的净利润为 735 万元。这意味着，分豆教育若想完成 2015 年业绩对赌，营收增长率需达到 3.45 倍，利润增长率需达到 5.85 倍才能满足本激励计划的实施条件。

附录　某股份有限公司限制性股票激励计划

特别提示

1. 本激励计划所采用的形式为限制性股票，其股票来源为某公司向激励对象定向发行的股份。

2. 本激励计划所涉及的标的股票为682,000股某股票，占本计划签署时股本总额3100万股的2.2%。

3. 本计划有效期为4年，其中锁定期3年，在锁定期内，激励对象根据本计划所获得的限制性股票股权予以锁定，不得转让；锁定期结束后的3年为解锁期。在解锁期内，若达到本计划规定的解锁条件，激励对象可以分三次申请解锁。

1）第一次解锁期为锁定期满后一年，激励对象申请解锁的股票数量为获得限制性股票股权总数的30%；

2）第二次解锁期为锁定期满后的第二年，激励对象申请解锁的股票数量为获得限制性股票股权总数的30%；

3）第三次解锁期为锁定期满后的第三年，激励对象申请解锁的股票数量为获得限制性股票股权总数的40%；

4）在解锁期内，若当期达到解锁条件，激励对象可在当期董事会确定的解锁窗口期内对相应比例的限制性股票申请解锁，当期未申请解锁的部分不得解锁并由公司回购注销。

4. 本激励计划的激励对象为部分董事、高级管理人员和核心员工。

5. 某授予激励对象的限制性股票的价格为5元/股。授予价格是根据公司的每股净资产价值参考公司所处的行业和成长性后综合确定的价格。

6. 在本激励计划公告当日至股权激励对象完成限制性股票的股份登记期间，若公司发生资本公积金转增股本、派发股票红利、股份拆细或者缩股、配股、向老股东定向发行新股等事宜,限制性股票数量及所涉及的标的股票总数作相应的调整;在本激励计划公告当日至激励对象完成限制性股票登记期间,若公司发生资本公积金转增股本、派发股票红利、股份拆细或者缩股、配股、派息向老股东定向发行新股等事宜,限制性股票的授予价格作相应的调整。

7. 公司及其实际控制人承诺不为激励对象依本激励计划获取有关限制性股票提供贷款及其他任何形式的财务资助,包括为其贷款提供担保。

8. 本激励计划必须经公司股东大会审议通过及相关部门核准后方可实施。

9. 本次激励计划实施后,将不会导致股权分布不符合新三板挂牌转让条件要求。

10. 本激励计划的参与对象符合全国中小企业股份转让系统关于投资者适当性的要求,如因激励对象个人原因导致不符合投资者适当性要求的情况,公司不承担任何损失及相关责任。

11. 公司董事会可根据实际需要(如转板上市、合并、分立等)或有关法律、法规、规范性文件的要求,视激励对象的实际绩效情况提出提前加速实施本方案,经股东大会审议通过后,激励对象不得对本方案提出异议。

第一章　释　　义

在本激励计划中,除非另有说明,以下简称在本文中作如下释义:

某、本公司、公司	指	某股份有限公司
激励计划、本计划、本激励计划	指	以公司股票为标的,对公司部分董事、监事、高级管理人员和核心员工的长期股票激励计划
限制性股票	指	激励对象按照本计划规定的条件,以约定的价格从公司获得一定数量的公司股票的权利
激励对象	指	按照本计划规定获得公司限制性股票的员工
授予日	指	公司向激励对象授予限制性股票的日期
授予价格	指	某向激励对象授予限制性股票时确定的,以一定的价格购买标的股票的价格
有效期	指	限制性股票授予激励对象之日起到全部股票解锁完毕或者回购注销为止的期间
锁定期	指	激励对象从本计划获授的限制性股票被禁止转让的期限,该期间自激励对象获授限制性股票至该限制性股票解锁或者回购注销之日止

续表

解锁期	指	本计划规定的解锁条件成就后，激励对象持有的限制性股票解除锁定的期限
解锁日	指	本计划规定的解锁条件成就后，激励对象持有的限制性股票解除锁定之日
股转系统	指	全国中小企业股份转让系统
中国证监会	指	中国证券监督管理委员会
元、万元	指	人民币元、万元
《公司法》	指	《中华人民共和国公司法》
《证券法》	指	《中华人民共和国证券法》
《公司章程》	指	《某股份有限公司章程》

第二章　本激励计划的目的

为进一步完善公司的法人治理结构，促进公司建立、健全长期、有效的激励机制，充分调动公司董事、监事、高级管理人员和核心员工的工作积极性和能动性，有效将股东利益、公司利益和经营者个人利益结合在一起，使各方共同关注公司的长远发展，在充分保障股东利益的前提下，按照收益与贡献对等原则根据《公司法》、《证券法》以及其他法律、法规、规范性文件和《公司章程》，制订本激励计划。

第三章　本激励计划的管理机关

一、股东大会作为公司的最高权力机构，负责审议批准本计划的实施、变更和终止。

二、董事会是本股权激励计划的执行管理机构，负责拟订和修订本股权激励计划，报公司股东大会审批和主管部门审核，并在股东大会授权范围内办理本计划的相关事宜。

第四章　本计划激励对象的确定依据和范围

一、激励对象的确定依据

1. 激励对象确定的法律依据

本计划激励对象根据《公司法》、《证券法》、《管理办法》及其他有关法律、法规、规范性文件和《公司章程》的相关规定，结合公司实际情况而确定。

2. 激励对象确定的职务依据

本计划激励对象为目前公司的高级管理人员、核心技术人员以及公司董事会认为需要进行激励的相关员工。

二、激励对象的范围

本计划涉及的激励对象共计 5 人，包括：

1. 公司董事、高级管理人员 2 人；

2. 公司核心人员 3 人。

以上激励对象中，所有激励对象必须在本计划项下股票授予日前于公司任职并已与公司签署劳动合同。

第五章　激励计划具体内容

一、限制性股票的来源

本计划股票来源为公司向激励对象定向发行新股。

二、限制性股票的数量

本计划采用定向发行的方式，公司向激励对象发行 682,000 股限制性股票，涉及的股票种类为公司普通流通股，本激励计划发行的标的股票占某当前股份总数的 2.2%。

三、限制性股票的价格

本计划股票发行价格为【5】元/股。

本次股票发行价格综合考虑了公司所处行业、公司成长性以及股权激励股票发行的目的。

激励对象认购本计划项下股票以自筹资金方式解决,公司不为激励对象提供贷款以及其他任何形式的财务资助,包括为其贷款提供担保。

四、本激励计划股票的分配

授予的限制性股票在各激励对象间的分配情况如下表所示:

序号	激励对象的身份		全部行权后持有的公司股份(股)	占授予的限制性股票总数的比例(%)	占目前公司总股本的比例(%)
1	陶某	董事、财务总监兼董事会秘书	155000	22.73	0.50
2	张某	核心技术人员	155000	22.73	0.50
3	王某	核心技术人员	155000	22.73	0.50
4	肖某	核心技术人员	155000	22.73	0.50
5	黄某	董事、人事经理	62000	9.09	0.20
合 计		—	682000	100.00	2.20

注:若激励对象放弃参加本股权激励计划,其对应股权由其他激励对象按照上表比例分配。

第六章 激励计划的有效期、授予日、锁定期和解锁期、限售期

一、有效期

本计划的有效期为限制性股票授权日起至激励对象解锁完毕或者行权股票被回购注销之日止,有效期为四年。

二、授予日

授予日为本激励计划经公司股东大会审议通过之日。

三、锁定期和解锁期

限制性股票授予后即行锁定。激励对象所获得的全部限制性股票适用相同的锁定期,均自授予之日起计算。在锁定期内,激励对象持有的限制性股票不得转让、用于担保或者偿还债务。在解锁期内,公司为满足解锁条件的激励对象办

理解锁事宜,未满足解锁条件的激励对象持有的限制性股票由公司回购注销。激励对象持有的股票分3次解锁,解锁安排为:

解锁期	解锁安排
第一次解锁	自授予期满12个月后,董事会认为满足第一次解锁条件的,其限制性股票总数的30%部分办理解锁安排
第二次解锁	自授予期满24个月后,董事会认为满足第二次解锁条件的,其限制性股票总数的30%部分办理解锁安排
第三次解锁	自授予期满36个月后,董事会认为满足第三次解锁条件的,其限制性股票总数的40%部分办理解锁安排

若第一、二解锁期内未达到公司业绩条件目标的,该部分标的股票可以顺延到下一年,在下一年达到业绩考核目标条件时解锁,若下一年仍未达到公司业绩考核条件目标的,该部分股票不得解锁,由公司回购注销。第三个解锁期内未达到业绩条件目标的,该部分标的股票不得解锁,由公司回购注销。

在授予日起的12个月内,激励对象并不享有所获得授权的限制性股票的以下权利,包括但不限于该等股票的投票权或者通过抵押,质押等任何方式支配该等限制性股票以获得利益的权利。

激励对象因获得的限制性股票而取得现金股利由公司代管,作为应付股利在解锁期内向激励对象支付。若根据本计划不能解锁,则由公司收回。

激励对象获授的限制性股票由于资本公积金转增股本、股票红利、股票拆细而取得的股份同时锁定。不得在二级市场出售或者以其他方式转让,该等股票的解锁期与限制性股票相同;若根据本计划不能解锁,则由公司回购注销。

四、限售期

本计划的限售规定按照《公司法》、《证券法》等相关法律、法规、规范性文件和《公司章程》执行,具体规定如下:

1. 激励对象为公司高级管理人员的,其在任职期间每年转让的股份不得超过其所持有本公司股份总数的25%;在离职后半年内,不得转让其所持有的本公司股份。

2. 激励对象为公司高级管理人员的,将其持有的本公司股票在买入后6个月内卖出,或者在卖出后6个月内又买入,由此所得收益归本公司所有,本公司董事会将收回其所得收益。

3. 在本计划有效期内,如果《公司法》、《证券法》等相关法律、法规、规范性文件和《公司章程》中对公司高级管理人员持有股份转让的有关规定发生了变化,则这部分激励对象转让其所持有的公司股票应当在转让时符合修改后的《公司法》、《证券法》等相关法律、法规、规范性文件和《公司章程》的规定。

第七章　限制性股票的授予与解锁条件

一、限制性股票的授予条件

激励对象只有在同时满足下列条件时，才能获授限制性股票：

1. 公司未发生以下任一情形：

(1)最近一个会计年度财务会计报告被注册会计师出具否定意见或者无法表示意见的审计报告；

(2)最近一年内因重大违法违规行为被中国证监会予以行政处罚；

(3)中国证监会或全国中小企业股份转让系统公司认定的其他情形。

2. 激励对象未发生以下任一情形：

(1)最近三年内被证券交易所公开谴责或宣布为不适当人员；

(2)最近三年内因重大违法违规行为被中国证监会予以行政处罚；

(3)具有《公司法》规定的不得担任公司高级管理人员的情形；

(4)公司董事会认定的其他严重违反公司有关规定的情形。

二、限制性股票的解锁条件

在行权日，激励对象按本计划的规定对获授的限制性股票进行解锁时，必须同时满足以下条件：

1. 公司未发生以下任一情形：

(1)最近一个会计年度财务会计报告被注册会计师出具否定意见或者无法表示意见的审计报告；

(2)最近一年内因重大违法违规行为被中国证监会予以行政处罚；

(3)中国证监会或全国中小企业股份转让系统公司认定的其他情形。

2. 激励对象未发生以下任一情形：

(1)最近三年内被证券交易所公开谴责或宣布为不适当人员；

(2)最近三年内因重大违法违规行为被中国证监会予以行政处罚；

(3)具有《公司法》规定的不得担任公司高级管理人员的情形；

(4)公司董事会认定的其他严重违反公司有关规定的情形。

3. 激励对象除满足上述条件外，还应符合下列条件：

(1)根据《公司激励考核办法》，激励对象上一年度考核合格且仍然在职；

(2)激励对象符合下列业绩考核指标的要求：

本计划在2016～2018年的3个会计年度中，分年度对公司财务业绩指标进行考核，以达到公司财务业绩考核目标作为激励对象当年度的解锁条件。业绩考核的指标为净利润增长率，指标每年度考核具体目标如下：

1)2016年的业绩考核以2015年净利润为固定基数，2015年公司净利润增长率不低于【　　】%；

2)2017年的业绩考核以2016年净利润为固定基数，2016年公司净利润增长率不低于【　　】%；

3)2018年的业绩考核以2017年净利润为固定基数，2017年公司净利润增长率不低于【　　】%；

(上述业绩考核指标由公司根据实际情况最终确定)

以上净利润是指经审计的扣除非经常性损益后归属于母公司所有者的净利润。

如公司业绩达不到上述条件，则激励对象相对应的行权期所获授的限制性股票由公司收回注销。

若第一、二解锁期内未达到公司业绩条件目标的，该部分标的股票可以顺延到下一年，在下一年达到业绩考核目标条件时解锁，若下一年仍未达到公司业绩考核条件目标的，该部分股票不得解锁，由公司回购注销。第三个解锁期内未达到业绩条件目标的，该部分标的股票不得解锁，由公司回购注销。

第八章　本激励计划的调整方法和程序

一、限制性股票数量的调整方法

若在本计划公告当日至激励对象完成限制性股票股份登记期间，公司有资本公积转增股本、派送股票红利、股份拆细、配股或缩股等事项，应对限制性股票数量进行相应的调整。调整方法如下：

1. 资本公积转增股本、派送股票红利、股份拆细

$Q = Q0 \times (1 + n)$，其中：

(1)Q0为调整前的限制性股票数量；

n为每股的资本公积转增股本、派送股票红利、股份拆细的比率(即每股股票经转增、送股或拆细后增加的股票数量)；

(2)Q为调整后的限制性股票数量。

2. 配股 $Q = Q0 \times P1 \times (1 + n) / (P1 + P2 \times n)$，其中：

(1)Q0为调整前的限制性股票数量；

(2)P1 为股权登记日当日收盘价;

(3)P2 为配股价格;

(4)n 为配股的比例(即配股的股数与配股前公司总股本的比例);

(5)Q 为调整后的限制性股票数量。

3. 缩股 $Q = Q0 \times n$,其中:

(1)Q0 为调整前的限制性股票数量;

(2)n 为缩股比例(即 1 股公司股票缩为 n 股股票);

(3)Q 为调整后的限制性股票数量。

4. 公司在发生增发新股的情况下,标的股票数量不做调整。

二、授予价格的调整方法

若在本计划公告当日至激励对象完成限制性股票股份登记期间,公司有派息、资本公积转增股本、派送股票红利、股份拆细、配股或缩股等事项,应对限制性股票的授予价格进行相应的调整。调整方法如下:

1. 资本公积转增股本、派送股票红利、股份拆细

$$P = P0 \div (1 + n)$$

其中:P0 为调整前的授予价格;n 为每股的资本公积转增股本、派送股票红利、股份拆细的比率;P 为调整后的授予价格。

2. 配股

$$P = P0 \times (P1 + P2 \times n) / [P1 \times (1 + n)]$$

其中:P0 为调整前的授予价格;P1 为股权登记日当日收盘价;P2 为配股价格;n 为配股的比例(即配股的股数与配股前股份公司总股本的比例);P 为调整后的授予价格。

3. 缩股

$$P = P0 \div n$$

其中:P0 为调整前的授予价格;n 为缩股比例;P 为调整后的授予价格。

4. 派息

$$P = P0 - V$$

其中:P0 为调整前的授予价格;V 为每股的派息额;P 为调整后的授予价格。

5. 增发

公司在发生增发新股的情况下,标的股票授予价格不做调整。

三、限制性股票激励计划调整的程序

公司股东大会授权公司董事会,在限制性股票授予前如出现前述情况时由公

司董事会决定调整授予价格、限制性股票数量。

第九章　本激励计划的变更与终止

一、公司出现下列情形之一时,本计划即行终止

1. 公司控制权发生变更;

2. 公司出现合并、分立等情形;

3. 最近一个会计年度财务会计报告被注册会计师出具否定意见或者无法表示意见的审计报告;

4. 最近一年内因重大违法违规行为被中国证监会予以行政处罚;

5. 公司股东大会决定终止本计划的;

6. 国家法律法规等规范性文件规定、国家行政机关认定的其他情形。

当公司出现终止计划的上述情形时,激励对象已获授但尚未解锁的限制性股票不得解锁,并由公司回购注销。

二、激励对象个人情况发生变化

1. 激励对象发生职务变更,但仍在公司内,或在公司下属分、子公司内任职的,其获授的限制性股票完全按照职务变更前本计划规定的程序进行。但是,激励对象因不能胜任岗位工作、考核不合格、触犯法律、违反执业道德、泄露公司机密、失职或渎职等行为损害公司利益或声誉而导致的职务变更,或因前列原因导致公司解除与激励对象劳动关系的,董事会可以决定对激励对象根据本计划已获授但尚未解锁的限制性股票不得解锁,并由公司回购注销。

2. 激励对象因辞职、公司裁员而离职,董事会可以决定对激励对象根据本计划已获授但尚未解锁的限制性股票不得解锁,并由公司回购注销。

3. 激励对象因退休而离职的,以其离职之日为截点,视为其符合下一期解锁条件(如激励对象自授予之日工作满一年不满两年的,视为满两年),其获授的限制性股票按照本计划规定的程序解锁,剩余的尚未解锁的限制性股票不得解锁,由公司回购注销。

4. 激励对象因丧失劳动能力而离职的,其获授的限制性股票将按照本计划规定的程序进行。

5. 激励对象因死亡或被法院宣告死亡的,其获授的限制性股票将由其指定的财产继承人或法定继承人代为持有,并按照死亡前本计划规定的程序进行。

6. 其他未说明的情况由董事会认定,并确定其处理方式。

第十章 限制性股票回购注销的原则

公司按照本计划规定回购注销限制性股票的,回购价格为授予价格,回购数量为授予数量,但根据本方案对回购价格和回购数量进行调整的除外。

一、回购的调整方法

若限制性股票在授予后,公司发生资本公积转增股本、派发股票红利、派息、配股等影响公司股本总量或公司股票价格应进行除权、除息处理的情况时,公司对尚未解锁的限制性股票的回购价格做相应的调整。

1. 资本公积转增股本、派送股票红利

$P=P0\div(1+n)$,其中:

n 为每股的资本公积转增股本、派送股票红利的比率(即每股股票经转增或送股后增加的股票比例);P 为本次调整后的每股限制性股票转让价格,P0 为限制性股票授予价格或本次调整前的每股限制性股票回购价格。

2. 派息

$P=P0-V$,其中:

V 为每股的派息额;P 为本次调整后的每股限制性股票回购价格,P0 为限制性股票授予价格或本次调整前的每股限制性股票回购价格。

3. 配股

限制性股票授予后,公司实施配股的,公司如按本计划规定回购限制性股票,则因获授限制性股票经配股所得股份应一并回购。激励对象所获授的尚未解锁的限制性股票的回购价格,按授予价格或本次配股前已调整的回购价格确定;因获授限制性股票经配股所得股份的回购价格,按配股价格确定。

二、回购价格的调整程序

1. 公司股东大会授权公司董事会依上述已列明的原因调整限制性股票的回购价格。董事会根据上述规定调整回购价格后,应及时公告。

2. 因其他原因需要调整限制性股票回购价格的,应经董事会做出决议并经股东大会审议批准。

第十一章 附 则

1. 本计划经公司股东大会审议通过后生效;

2. 本计划由公司董事会负责解释。

某股份有限公司董事会

年　月　日

限制性股票激励协议

甲方：某股份有限公司

法定代表人：

住址：

乙方：黄某

身份证号码：

住址：

根据公司法及其他相关法律法规及规范性文件的规定，结合甲方的具体情况，并经甲方董事会制订通过的《限制性股票激励计划（草案）》，就甲方对乙方实施限制性股票进行股权激励达成如下协议：

一、乙方的资格

乙方自______年____月____日起开始在甲方处工作，现担任甲方的董事、人事经理，属于公司的董事兼中层管理人员。经甲方董事会确认，确定乙方具有本次限制性股票激励计划的主体资格。

二、限制性股票的授予数量

乙方自本协议签订之日起，有权获得甲方向其授予的限制性股票62,000股，乙方认购甲方向其发行的限制性股票后，合计持有甲方62000股股票，占甲方已发行股份总数3100万股的0.2%。

三、限制性股票的授予、锁定及解锁

1. 限制性股票激励计划通过之日为限制性股票的授予日，甲方授予乙方的限制性股票自授予之日起12个月后进入解锁期。

2. 乙方获得的限制性股票自授予之日起12个月后、24个月后、36个月后由董事会根据对激励对象的考核情况分三次解锁。

3. 甲方向乙方发行限制性股票的价格为每股__5__元。

4. 当甲方发生送股、转增、配股、增发新股等影响公司股本数量的情形时,乙方所持有的限制性股票所对应的股票数量按比例作相应的进行调整,但涉及配股、增发需要认购的,认购款由乙方自行解决。

四、乙方持有的限制性股票依法享有股东部分权利

自协议签订之日起,乙方即拥有转让股份的收益权,但在解锁前无表决权。

五、乙方享有的限制性股票的权利限制

乙方持有的限制性股票在解锁之前由甲方公司管理其股权,乙方不得以任何形式转让、出售、交换、记账、抵押、担保、偿还债务等,甲方可以根据实际情况,部分或全部取消从事上述行为的乙方获得以后年度的股权激励资格或者延长其解锁期。

六、限制性股票的授予、解锁变现的终止或冻结

1. 本合同签订之日起四年后,当乙方因个人原因被辞退、解雇、离职时;当乙方严重失职、渎职、被判定刑事责任时;当乙方由于受贿、索贿、泄露甲方技术秘密(包括在正常离职后的保密期内),损害甲方声誉等行为给甲方造成损失时,甲方均有权决定乙方以后年度限制性股票的取消、或解锁变现的终止、冻结。

2. 当甲方发生合并、分立、收购、减资等情形时,甲方有权决定乙方持有的限制性股票提前加速解锁变现、终止或者冻结。

七、甲方出现以下情形的,乙方持有的限制性股票未解锁变现部分必须终止解锁并冻结

1. 因经营亏损导致停牌、破产或者解散的;

2. 出现重大违法违规行为的;

3. 股东大会作出特别决议的。

八、特殊情况下限制性股票的继承

自激励对象死亡之日所有未解锁的限制性股票即被消灭。但激励对象因执行职务死亡的,公司应该根据激励对象被取消的限制性股票价值对激励对象进行合理补偿。并根据法律规定由其继承人继承。乙方指定的继承人情况如下:

姓名:

性别:

身份证号码: